做新教师，从教育发现开始

教育发现

做新教师，从教育发现开始

XINGQU SHI ZUIHAO DE JIAOYU

兴趣是最好的教育

叶枫岚　编著

山东文艺出版社

序

没有兴趣就没有真正的学习,由此而言,"兴趣是最好的教育"!

"唐宋八大家"的韩愈(768—824)讲:"师者,所以传道受业解惑也。"传道第一,其次授业……"道"是学,"业"是术,学是对知识的热爱、兴趣,术是知识运用的技术、技巧,显然,学比术重要。近期华文出版社出版中国人民大学教授程方平先生的专著《中国书道》,他主张:"书道"和"书法"是截然不同的两个范畴,"道"是精神归属,是哲学、美学在书中的灵魂,探索的是志趣、爱好等心灵层面的价值,"字如其人"讲的是字的品位、风格;"法"是技术、技巧,是具体操作层面的东西。诚然,"道"是中国文化的经典、传统。

新中国成立后,"一边倒",以苏联为师,将斯大林向科学(知识)进军的口号搬到中国,以凯洛夫《教育学》为样板,强调"知识中心",后受"应试"制约,至今仍未摆脱"知识中心"的桎梏,而且"知识教育"理念由小学前伸到了幼儿园……甚或更前!

发达国家教育也重视知识,但更重视学生对知识的热爱、兴趣,以及与此相关的参与知识形成的过程、思维方法;课堂教学强调培养学生提出问题、探索问题的兴趣、能力;他们要求每一个学生都要一般发展(及格水平),更关注尖子生的兴趣、特长。据考证,美国小学生对其兴趣学科的认知可以达到中学生的水平,中学生可以达到本科生、甚至研究生的水平。显然,兴趣以及与此相关的过程、方法、提问等,比知识重要。

历史证明，这些对未来"成功指数"更重要的因素，正是我们当前教育的软肋，中国教育最大的悲剧是教师不重视学生的兴趣，学生没有发现自己想做什么！俨然，《兴趣是最好的教育》是对我国传统经典的继承，对"知识中心"的颠覆，也是与时俱进和先进教育国家接轨的尝试，它的意义不言自明！这是其一。

其二，《兴趣是最好的教育》共八章，约30万言，是叶枫岚先生20年主持兴趣教育实践、亲身历练的概括。20年间，叶先生和兴趣教育融为一体，《兴趣是最好的教育》不是用笔墨写出来的，更不是"枪手"杜撰的，是叶先生的理念、精神境界，是她对教育热爱、兴趣的表征，是她心血、汗水的写真，甚至可以说，《兴趣是最好的教育》等于叶枫岚！

其三，《兴趣是最好的教育》是一部典型的兴趣教育案例。是叶先生和她的团队教育教学实践的提炼、总结：兴趣教育课堂模式、德育模式、校本课程……有案例的性质！教育就是案例，或案例的迁移。案例是创造，有血有肉，是再创造的依据。

其四，兴趣教育前后20年，《兴趣是最好的教育》是叶先生认识的提升，也是鲁巷实验小学教师集体智慧的结晶，是叶先生教育生涯光辉的一页，也是鲁巷实验小学教育改革、发展的一个记录。应该说，《兴趣是最好的教育》是献给教育、鲁巷实验小学的一件珍贵的礼物！

其五，《兴趣是最好的教育》文笔通俗流畅，有可读性。

《兴趣是最好的教育》早将"兴趣教育"工作落到实处，叶先生这种敢于坚守，尊重生命，回归自然的教育姿态值得仰望。

引子：兴趣是最好的教育

现代教育的两大使命，首先是发现儿童，离开了对儿童兴趣的研究、激发和培养，就无法称其为教育。但是，小学生的兴趣具有盲目性、易变性、模仿性的特点，可以很快产生，也可以很快消失。如何让孩子保持持久的兴趣盎然状态？如何让短暂兴趣变为稳定兴趣，形成中心兴趣，进而上升为人生志趣？武汉市鲁巷实验小学秉持"新教师、新课堂、新学校"的定位，历经20余年打造"兴趣教育"实践研究，取得了丰硕的成果。

小鬼和龙虾

校长叶枫岚至今还记得23年前来鲁巷实验小学报到时的情景。

她是作为教学骨干被武汉市人才办引进的，可当她第一天兴致勃勃地来到新学校时，沮丧得眼泪都快掉下来了。新学校位于城乡结合部，毗邻一大片鱼塘，校园狭小，校舍破旧，操场边的杂草长得比人还高，生源基本上来自周边的菜农家庭。6个年级，一共也就400多学生。这大都市的学校，还不如她以前所在的县城实验小学呢！

更让人生恼的是，第一天上班，接手的是四年级的一个班，还没进教室，就听到一帮男孩子在教室里大声嚷嚷："等着吧，不用两周咱们就把新来的'小姐'老师赶出去！"原来这些被城市边缘化的孩子，对学习没有兴趣，旺盛的精力全用在调皮捣蛋上，4年时间已经先后换过好几任班主任。

叶枫岚骨子里"腾"地就升起了一股斗志！她笑着对那帮小捣蛋说："咱们来打个赌，不把你们带毕业我就不走！"

以后的日子里，这帮捣蛋鬼拿过叶枫岚的奖金，藏过她的备课本，每为班级做一点"好事"就迫不急待地向老师讨奖赏。但是，叶枫岚不急也不恼，更不向家长告状，她是舍不得，她慢慢地喜欢上了这些淘气捣蛋的小鬼们，在她的眼里，他们可都是她的"宝贝疙瘩"。相处得久了，叶枫岚就"开窍"了，她慢慢摸清了他们的脾气性格，抓住这帮孩子好动、爱出风头、勤劳的特点，和他们一起赛跑、搞校外社会实践，同时降低知识的难度，一步步树立孩子学习的自信心，激发学习的兴趣。

这批孩子不仅顺利毕业了，还竟然和叶枫岚成了最好的朋友。当年那些拿过她奖金的孩子，多年后还给她送来一大袋龙虾，他们依然是那副没大没小的样子，簇拥着她说："老师，当年拿您的钱，我们几个分着吃了。这袋龙虾，还债，也还老师的恩情！"说着说着眼圈就红了。再后来，这些"孩子"的孩子也都想办法送进鲁巷实验小学读书，他们说把孩子交给叶老师一百个放心。

"很多人对调皮学生、学困生不屑一顾，感到头疼。但是我觉得所谓的学困生，其实是教师最宝贵的教学研究资源。能走进他们的世界，教会他们学习的能力和做人的道理，才算教育的成功。"叶枫岚说，正是这届所谓的学困生，成就了她的事业，也拉开了她长达20年的"兴趣教育"研究序幕。

兴趣课堂：让每个"座位"都闪亮发光

鲁巷实验小学的课堂教学，有个"三不"原则：不上"打句号"的课，不能仅仅囿于教材、教参上的知识和观点，不能目中无人。

围绕"三不"原则，他们形成了别具魅力的"激趣—乐学"课堂教学模式。说是模式，其实并不固定模式化，它更多的是一种思想引领，一种课堂教学主张。模式强调以趣导学、以情导行，通过教师的引领，抓住学生的"心"，激发学生的"情"，活跃学生的"思"，培养学生的"智"，发展学生的"能"。

记者随机听了两节课，一节是二（9）班的数学课"平移和旋转"，一节是三（5）班的科学课"温度和温度计"。

数学课上，49名学生按传统座位排列模式坐成7排7列。

第一环节：设疑激趣，以趣生情——导入新知。授课教师孙云芳用投影仪播放了6幅游乐园的图片，有滑翔索道、摩天轮、太空梭等，让孩子们用手势来表现这些游乐项目的运动方式。随后，请同学们按运动方式分类，并给这两种运动方式起名：平移、旋转。

很显然，游乐设施的图片勾起了孩子们的极大兴趣，他们表现得很投入。这时孙老师出示了第二组图片，全部与生活有关，有电梯、窗户、风车、飞机螺旋桨、小转椅、缆车等，孩子们开始主动模仿图片做动作并分类。

第二环节：以趣激思，以思引探——进行探究。为什么这样分类？孩子们七嘴八舌地站起来表达自己的观点，有的说"电梯、推拉窗户、缆车都是在一条直线上运动"，有的说"风车、飞机螺旋桨、小转椅都是围绕着一个固定的点在做圆周运动",形成概念性认识。

第三环节：以探升趣，探中学法——表演展示。

1. 一男生上台，全班同学指挥他向各个方向平移或旋转。孩子们特别观察后得出，男生在回到自己座位时，必须旋转一下才能入座。该男孩快乐地转了3个圈，引起全班同学大笑。由此概括出知识点：平移时方向不改变。

2. 随后，全班同学以文具盒为学具，听老师口令表演平移或旋转。

3. 全体起立，利用自身做平移和旋转表演。

4. 说一说，找一找，身边哪些物体的运动是平移或旋转的。

孩子的话匣子关不住了，有的说水龙头开关是旋转的，有的马上补充说水龙头下的水滴是平移的；有的说投影仪的幕布放下来时是平移的，马上有人说收上去时是旋转的；有人说翻书是旋转，有人说开门是围着一个轴做运动，也是旋转……

第四环节：学用结合，用中延趣——思维拓展。

1. 孙老师仿照电脑游戏"QQ堂"的场景，设计了一段"小老鼠吃西瓜"的动画课件，请孩子们观察思考：小老鼠要平移多少格才能吃到西瓜？请帮它设计最短的路线。

孩子们说出了6条路线，孙老师按照他们的描述一一演示，最后得出最少要走9格。

2. 楼房会搬家吗？孙老师给孩子们讲述了上海104岁大楼整体平移的新闻故事，请同学们想象大楼是怎么移动30多米的。多数孩子都惊叹科技和知识的力量，这时有一个女生突然说："我想，是大家都睡着的时候，大楼长了4条腿，悄悄走过去了。"面对孩子们的哄堂大笑，孙老师简短有力地评述了这个答案："哦，这位同学很有想象力，这是童话的力量呢。"女生面带羞涩地坐下了。

随后,孙老师又出示了一幅凸形大楼的图片,提出要给大楼装彩灯,只知道楼高和楼宽,请孩子们帮助计算彩灯的长度。

有同学对着图形用手在空中比画着,有同学将图形画在纸上,他们通过线条平移,顺利计算出了彩灯的长度。

整节课热闹、有序,49名孩子自始至终情绪高涨,像开足发条的小马达,身体前倾,跃跃欲试。下课后,一堆孩子还围在一起,探讨大楼平移的问题。

随后听的科学课,课堂流程环环相扣,教师不断地设疑、激思、升趣、延趣,学生不断地进入"愤悱"状态,探求新知主动而迫切。所不同的是,课堂形式发生了变化,六七名学生为一组围坐一桌,自己动手操作,发现问题,提出问题,解答问题。教室就像一个强大的磁场,浓厚的兴趣荡漾在每个孩子的脸上,每个人都津津有味,每个座位都在发光闪亮。

"每节课的生成可能是千变万化的,但是趣、巧、实、活的教学精髓始终蕴藏其中。"余丹老师说。

"其实不只课堂有趣,我们的作业也很有趣。"下课后,几个孩子给我们搬来一堆作业本。

天!这哪是作业本?分明是一期期精彩的手抄报!

有的在作业空白处画上漫画,有的把页面设计成环形跑道,很多孩子还为自己的作业设计了特别的栏目名字,如语文的"生字堡"、"词语屋"、"句子大世界",数学的"火眼金睛"、"数学医院"、"小小魔术师"、"智慧风暴"等,这些充满童心的创意让我们蓦地发现原来作业可以这样有趣。

"只要孩子弄懂了知识，让他们用自己喜欢的方式呈现，又有何妨呢？"叶枫岚介绍，她鼓励教师们创意性地布置作业，少布置甚至不布置作业。

于是有老师将作业设计成一个个小小的闯关游戏，通过的同学就可以简化作业的内容和步骤。课堂上口头练习过的不再书面练习，于是"举手发言"，人人争先恐后；听写得到100分的可以不再抄词，于是识字的时间变得那么珍贵；当堂掌握可以不再反复，于是课堂抢记的效果让人吃惊……

作业是否一定只能由教师来布置呢？于是，就有了学生自创的每日一题、每日一练……作文是否一定是在语文作业中出现？加减四则运算是否一定是数学的特权？于是产生了汉字加减法、数学日记……作业是否一定只能写在本子上？作业是否一定要独立完成？于是作业成了一个充满创意的活动，成了学生们享受学习成果的一种方式。

批改作业也是一种智慧。一对一面批，集体订正，伙伴互评，作业展示……在鲁巷实验小学，作业批改不再繁重、枯燥，而是变成师生之间、同伴之间充满乐趣、温馨互动的新园地。

兴趣德育：温润涂抹生命的底色

"现在在义务教育阶段有一种认识误区，往往认为素质教育就是文体活动，发展兴趣就是社团活动。其实，搞兴趣教育绝不是几个社团活动那么简单。兴趣只有沿着'有趣—乐趣—志趣'轨道发展，才能真正起到激趣乐学的功效。"

"我们学校有20多个社团，几乎每个孩子都有自己的团队组织。但是我们的目的不仅仅是培养孩子某个领域的技能,而是想借此发展学生的广泛兴趣,转变不良兴趣,突出中心兴趣,使之对某一两个方面进行更为深入的钻研,并使其他各种兴趣都能直接或间接地为中心兴趣服务,最后形成人生志趣。"

说起"兴趣教育经",叶枫岚校长如数家珍,眼睛都亮起来。

学校有个"小小天使礼仪社",每周一到周五的校门口礼仪值日、大型活动的迎宾任务、队前教育课、礼仪大礼堂等活动都由这个社团承担。

对于这个能"倍长脸面"的活动,同学们都想加入。但是这个"小小天使"也是很难当的。"上岗"之前不仅要接受语言、形体等多方面的训练,而且还要天天早起,不怕苦和累。在具体的执勤工作中,仅仅"站得好"、"队礼敬得好"也不行,还要学会协调处理各种突发事件。

如何使训练和"上岗"变得有趣,让孩子们天天期待呢?礼仪社的辅导老师想出了许多招数,譬如让孩子们每天"晒晒校门口的故事","给队友画像",评选"英姿星"、"智慧星"等,这些别开生面的趣味活动大大淡化了训练的辛苦。在这个社团中,孩子们哭过、畏难过,但是,最终,他们学会了坚守、合作、宽容和欣赏,收获了自信、毅力、睿智和美丽。这些,岂是一个普通的礼仪兴趣班能达到的效果?

这样的故事,在每个社团、每个孩子身上几乎都能看到、体会到。

"走进数学王国——夏老师的信箱"社团由十多位高年级数学尖子生组成,他们根据信箱来信,去辅导其他低年级的学生。他们在辅导别人的同时,自己的逻辑思维能力、语言表达能力都得到了提高。谁能说,他们之中,以后不会出现几个数学家、几个优秀教师呢?

小学生写诗是很难的,但是在"黄老师诗社"里,三年级的孩子就写出了诸如"妈妈脸上有个小酒窝,爸爸喝了一口,就醉了"、"小雨滴就像小圆镜，小圆镜包裹着我，一不小心，它碎了，成了无数个我"这样纯美灵逸的诗句。诗的种子一旦播下，谁能预料它日后强大的爆发？

最让孩子们期盼的，莫过于"鲁小吉尼斯"活动了。每月第一周，早晨升旗仪式后，孩子们就可以上台展示自己的"绝活"，背书快、计算快、跳绳多、踢毽子多、做手影游戏像、模仿配音像……千奇百怪的项目，千姿百态的展示，只要你有戏，只要你敢秀，鲁小就有你的舞台！挑战、表演、颁奖，隆重程度绝不逊色于"世界吉尼斯"！学生小宇成绩平平，不爱说话，很少被人注意。但是他一口气做了200多个蛙跳，全校学生都为他鼓掌喝彩，他的班主任感动得落下了眼泪。在当晚的日记上，小宇写道："今天是我最快乐的一天，我终于相信，我也能成为最棒的学生！"

"做最好的自我，让每个学生都有成功的体验。"鲁巷实验小学社团的活动课程已经形成了"演讲与口才"、"文学艺术节"、"科技周活动"、"鲁小吉尼斯"等几大系列。学校还独创式地把全体社团活动模拟为"兴趣王国"，将整个社团分为五大部门，每个部门下设几个社团。王国实行选举制和换届制，产生五位部长和一位国王组成国会，德育教师、政教主任等组成国会智囊团。每天下午最后一节课，学校3000多学生全部采取走班制，分别到自己所在的社团去参加活动，整个校园生机一片，兴趣盎然。为此，学校周边的许多培优机构都悄然挪窝了。

所有这些活动，其实都承载着鲁巷实验小学一个重大的主题——兴趣德育两百步，给每个孩子一个"有趣、有志、有梦"的快乐童年。

小学时代是儿童人生美丽的春天，如何让这春天的天空更湛蓝明亮？如何为这美丽的春天铺就温润底色？

鲁巷实验小学根据多年德育工作的经验，编撰了《德育两百步》校本教材。每个学期,孩子需要完成多少步、怎样完成,教材中都有详尽的规划和说明,每周有专门课时。6年12个学期下来,从最初的如何学会向别人介绍自己,具体到个人卫生、行为习惯、交往行为、社会行为,到最后同窗深情共勉励,两百步温润推进,步步为营,真实记录着孩子们每一步成长的足迹,蓄积着孩子们的童真、童趣、童心,一步步涂抹、一层层凝厚生命的底色。

多元评价,吊足孩子的胃口

"评价是一种策略,它对我们教师提出了更高的要求。一个有意义的评价能点亮孩子智慧的心灯,促使孩子把学习作为一项有目的的活动,在一次又一次完成活动任务后,获得成功的快乐和体验,又自发地产生完成下一个学习活动的积极情绪。反之,一个差的评价,则可能随时吹灭一团尚在萌芽的火苗。"

从2004年起,鲁巷实验小学就不再评选"三好学生"和"优秀少先队员"了。取而代之的是"我的进步看得到"活动,设置"跨越奖、跳跃奖、飞跃奖",让每个学生跳起来,摘到桃子。

记者随意走进一间教室,看到后墙上有一棵"苹果树",全班49个孩子的名字和照片都在上面,每个孩子照片后贴的小苹果数量都不一样。记者随机问一个孩子:"是不是只有成绩好才能得到苹果呀?"

"不是不是,卫生好、上课发言多、做好人好事,都可以得到小苹果的!"

"得到很多苹果,又不能吃,有什么用呢?"记者故意发难。

"可以评星级少年!10个苹果就是一星级少年,20个就是二星级了!

最高可以成为五星级少年！"孩子们七嘴八舌地喊起来，显然不满意记者的"浅薄"。

"雏鹰争章"是很多学校的少先队活动，鲁巷实验小学把这项传统活动进行了创新，与学校的"七色花儿映校园"评价活动相结合，为每位学生设计了一个精美的成长记录袋，将奖章定为7种花，博爱花、礼仪花、乐学花、健康花、诚信花、勤劳花、环保花，每月采取自评、互评、家长评的形式考章，并把雏鹰奖章贴在记录册上，挂在教室的墙上和学校的网站上。

还有"优点卡"、"表扬单"、"校园形象大使"等活动，这些新颖有趣的评价活动，吊足了孩子们的胃口。

翻开一本本成长记录袋，不得不让人慨叹教师们的智慧和匠心。"所有这些，其实都遵循着一个原则，那就是关注生命成长的过程、知识获得的过程，关注这个过程中学生的情感、态度、价值观。评价必须体现发展的功能，绝不能一锤定音，盖棺论定！"

回想起那个认为"大楼长了脚"的女生，为她生活在这样一个兴趣王国中而如释重负。

一条看不见的"神鞭"

"我真是太感谢鲁巷实小了，这里一年时间的成长，超过我以前那么多年的总和。"听课结束后，我们和孙云芳老师在操场上聊天。她8年前从另外一所学校调进来。

她告诉我们，在小学，教师一旦评上高级职称，往往就感到职业生涯到了尽头。但是在鲁巷实验小学，每位教师人人有课题，个个能研究，年年出成果。学校建立了"星级教师制",每年推出减负增效质量星、科学人文星、敬业爱岗奉献星、开拓进取科研星和最具魅力星。

"连学生都是星级少年了,我们教师哪好意思落后?"

鲁巷实验小学编著了一本《兴趣工作指南》,全体教职员工人手一本。这本书对学校的每个岗位、每个时间段的工作都有具体的指导和要求。哪怕是一个刚入职的教师,对照指南,也能马上明白工作任务和方式。

光"照本宣科"是远远不够的,鲁巷实验小学的教师,每人都必须制订自己未来三年的专业发展规划书,学校也为每位教师制订了成长记录册,每一层次的教师都有各自向上攀登的明确目标,形成了星级教师、骨干教师、优秀教师、一般教师的"金字塔"培养模式。

"我觉得兴趣这个东西,就像一条看不见的不停抽打的神鞭。它抽打着学生的兴趣,像滚雪球一般,越滚越大,越来越向纵深发展;也抽赶着我们教师天天反思,不停学习。"数学教师刘枫在看到学生徐弈放写的《推翻"哥德巴赫猜想"》的论文时,深深体会到了自己的专业发展还有无限空间。

"老师的兴趣一旦激活,不用抽打,他们自己也会你追我赶,争优创新。"叶枫岚说。

在这条看不见的神鞭的抽赶下,鲁巷实验小学已经数不清有多少学生在各级各类大赛中大放异彩,有多少教师在各种教科研活动中尽显才华!他们的兴趣教育课题研究还曾经获得了武汉市政府科技进步二等奖,学校也是武汉市第一所小学素质教育特色学校。这些荣誉,得来不易,实至名归!

从"兴趣教学—兴趣教育体系—小学生兴趣发展—兴趣教育文化",

鲁巷实验小学走了20年；从"有趣—乐趣—志趣"，叶枫岚和她的同事们，还将走上一辈子！

"孩子的名字叫明天，孩子的名字也叫今天。决不能为了所谓的美好的明天，而牺牲孩子今天实实在在的幸福！"鲁巷实验小学为此语做出了最好的行动注释。在这个庞大的兴趣王国中，每个孩子、每位教师都是自己的国王，他们循着"有趣、有梦、有志"的发展之路，追寻着教育的明天！

(2011年3月30日中国教师报第379期　记者　刘婷　冯旭)

目　录

序

引子

第一章　概论
　　兴趣　/ 3
　　兴趣教育　/ 10
　　鲁巷实验小学的兴趣教育　/ 15

第二章　发展历程
　　兴趣教学　/ 31
　　兴趣教育体系　/ 39
　　兴趣发展　/ 43
　　兴趣教育文化建设　/ 50
　　兴趣教育校本型态构建　/ 56

第三章　兴趣课堂

课堂模式 / 61
小学语文的兴趣教学 / 74
小学数学教学中的兴趣培养与素质发展 / 98
小学英语教学与儿童情趣 / 111
体育高效课堂 / 119
基于交互式白板的兴趣教学模式研究 / 125

第四章　兴趣德育

德育理念 / 133
德育模式 / 137
德育实施 / 140

第五章　兴趣文化建设

乐学型学校文化 / 159
乐学型社区文化建设 / 180
乐学型家校文化建设 / 186

第六章　兴趣教育评价

兴趣教育评价 / 199
多元评价工具 / 205

第七章　校本课程

校本课程研究 / 213

校本课程开发　/ 217
以"丰富性"植入社团活动　/ 224
特色活动展示　/ 231

第八章　教师发展
教师成长与兴趣教育　/ 245
学校举措助成长　/ 257
教师体会　/ 269

后记　/ 288

第一章
概　论

以趣育趣，成就幸福教育人生，着眼于人的终身发展，充分尊重校园里每个生命的活力和创造欲，立志给每个孩子一个"有趣、有志、有梦"的快乐童年，为人的一生幸福奠基。

兴　趣

什么是兴趣

兴趣对人的学习、生活、工作乃至成才都是非常重要的，我们应从小培养自己的兴趣，充满兴趣地去生活、学习和工作。那么，什么是兴趣呢？

心理学认为，兴趣就是力求探究某种事物或从事某种活动的心理倾向。这种倾向是和愉快的情感体验相联系的。人的兴趣是多方面的，如对科学的兴趣，对文化艺术的兴趣，对社会的兴趣，对经济的兴趣，对政治的兴趣，对学习的兴趣，对劳动的兴趣，对体育的兴趣等等。

好奇是兴趣的起点　心理学认为，好奇心是个体遇到新奇事物或处在新的外界条件下所产生的注意、操作、提问的心理倾向。它作为一种优势心理过程，驱动个体主动接近当前刺激物，积极思考与探究。

好奇心是一种与学习密切联系的天然本性，好奇心是人类的天性，一旦面临新奇的、神秘的、自相矛盾的事物，就会产生探究行为。它是个体寻求知识的动力，法国教育家卢梭指出"好奇心只要有很好的引导，就能成为孩子寻求知识的动力"。好奇心是激发人进行探索的重要因素。不仅著名的科学家需要好奇心，我们普通人要学好知识，有所成就，也需要好奇心。

好奇心虽然是兴趣的起点，但它还不是兴趣。好奇心与兴趣的区别在于：其一，好奇心比较广泛，没有明确的方向。即使是兴趣广泛的人，也只是对几种事物或活动感兴趣，而不是对任何事物或活动都有兴趣。其二，好奇心一般容易满足。好奇心由对事物的某种疑问引起，疑问一旦解除，好奇心便得到满足而消失；兴趣则不然，它不一定由疑问引起，即使有些兴趣是由疑问产生，也不会随疑问的解除而消失，相反，会更加强烈。

兴趣的产生与发展 兴趣是在需要的基础上产生和发展的。所谓需要，是个体在生活中感到某种欠缺而力求获得满足的一种内心状态，它是机体自身或外部生活条件在人脑中的反映。以需要为基础的兴趣各不相同，比如有人对文学艺术感兴趣，有人则对科学技术感兴趣，还有的人对人际交往感兴趣。需要激励人们积极行动，是个体活动积极性的源泉，是人从事活动的基本动力。一个人只有对某种客观事物产生了需要，才可能对这种事物发生兴趣。当人的某种需要满足之后，他又会产生新的需要，这就使原来的兴趣也得到丰富和发展。人的兴趣在认识过程中得到满足，并不导致兴趣的消失或减弱，相反，兴趣会更加浓厚。

当一个学生对某事物有浓厚的兴趣时，他就会把自己的注意力高度集中在该事物上，而不受其他刺激的干扰，即使有其他诱人的刺激也很难使他分心。注意以兴趣为条件。一般来说，人对不感兴趣的事物或活动，往往不能注意。一个人对某事物或活动有兴趣，他才会有意识地去注意该事物或活动，甚至集中自己的全部精力去学习和研究，直至做出成绩。为此，教师还可以运用直接兴趣和间接兴趣相互转换和结合的规律，促使学生无意注意和有意注意的转换和结合，使学生的注意力集中到学习活动上，从而提高课堂教学效果。

愉快的情感体验，是兴趣维持的保证。俄国心理学家巴甫洛夫指出："愉快可以使你对生命的每一次跳动，对于生活的每一印象易于感受，无论身体和精神上的愉快都是如此，可以使身体发展，身体健康。"愉快可以使你对周围的一切事物都充满好奇心和探究心，充满浓厚的兴趣。

兴趣发展的三个阶段 即有趣（初级阶段）、乐趣（中级阶段）、志趣（高级水平）。

有趣就是兴趣过程的第一个阶段，也是兴趣发展的初级水平。在这个阶段或水平上，儿童往往会被新的现象和新颖的对象吸引，对它们发生直接兴趣。兴趣的范围在这个阶段很不明确，儿童总是对所有东西都感兴趣，今天爱这个，明天爱那个，朝三暮四，变化多端。这种兴趣很不稳固，一旦引起兴趣的对象消失，兴趣马上转移。这种兴趣是消极被动的，只停留在消极期待或欣赏阶段，因此，从长远的角度看，这样的兴趣不能成为活动的动力，也不会在个性发展中留下什么痕迹。儿童阶段的兴趣大多处于这一水平。他们的兴趣常随生随灭，带有直观性、盲目性和广泛性。

乐趣是兴趣发展的第二阶段，也是兴趣发展的中级水平，是在有趣定向的水平上形成的。乐趣阶段的学生会向专一、深入的方向发展，即对事物和现象的本质属性发生兴趣，对某一客体产生了特殊的爱好，对学科本身、活动本身、自然本身、社会本身有了一定的了解，而且产生了好感、系统感、简洁感、神秘感、美妙感、成功感、陶醉感，似乎整个身心都被激活，处于欲罢不能的境地。这个阶段的兴趣，往往受内在情绪的影响较大。这时兴趣的范围和儿童期比较起来缩小了许多，再也不是见什么稀奇就去爱什么了。他们的兴趣开始慢慢成为他们学习的内部动机之一，只是还没有达到不需要外部刺激强化的程度。教师可以根据学生的这一倾向加以引导和培养，使之成为学习的主要动力。一般来说，乐趣也具有三个特点，即专一性、自发性和坚持性。

志趣就是把兴趣作为自己的志向，也就是将个人的兴趣与崇高的理想和远大的奋斗目标结合了起来，它是兴趣过程的第三个阶段，也是兴趣发展的最高水平。在这个阶段，由于实现了理想与奋斗目标的统一，需要变成了兴趣，所以兴趣的范围变得非常明确，即一切兴趣围绕奋斗目标，兴趣也成了主要的学习动机，间接兴趣和直接兴趣得到了高度的融合，兴趣达到从未有过的稳定程度。这种高水平的兴趣能导致高水平活动的展开。

教师处在应试教育的轨道中，无法将精力放在培养志趣型学生的身上，再加上多少年来过分强调社会需要，忽视学生个人兴趣，使得个人兴趣很难与社会需要完全合拍，这种种因素，使我们的大多数学生在校期间根本无法形成志趣，使志趣形成的时间大大地滞后。这也从一个侧面给我们以启示，培养人才应该走"有趣—乐趣—志趣"的途径。

兴趣的发展类型　有人根据兴趣发展的过程将儿童兴趣发展归纳为五大类型：

持续发展型。有些儿童的兴趣从出生开始，一直保持到大学时代，甚至终生不变。

波动发展型。有些儿童在一个时期喜欢这种活动，另一个时期又喜欢那种活动，再过一个时期又回到原来所喜欢的活动上去。

一时热衷型。有些儿童某一时期热衷于某一活动和事物，并表现出强烈的兴趣，但是很快转向其他方面。

多角变化型。有些儿童兴趣很广泛，同时出现多种兴趣。

游移变化型。有些儿童的兴趣朝三暮四，游移不定。

这种划分只是从直觉角度进行的分类，不一定正确。但它可以帮助我们考察儿童兴趣的个别差异，去探究引起这种差异的各种原因，以便选择教育策略。

兴趣的作用

兴趣作为人的一种内部活动动机，对活动的作用是多方面的。最突出的作用即它的动力作用。我国古代著名的教育家孔子说："知之者不如好之者，好之者不如乐之者。"苏联现代教育理论家巴班斯基说过："学生如果没有稳定的兴趣，如果对知识没有内在的迫切需要，就不可能学习得富有成效。"捷克大教育家夸美纽斯认为，正确的教学应能激起学生"求学的欲望"，对学习"感兴趣并感到愉快"。

兴趣具有陶冶作用，兴趣使生活丰富多彩，使人生充实。它不仅开阔人的视野，开发人的智力，同时还能提高人的思想道德修养，陶冶人的高尚情操。许多对社会做出杰出贡献的人，他们都有各种各样的活动兴趣。物理学家爱因斯坦喜爱音乐，小提琴拉得好。居里夫人擅长跳舞，爱好旅游。数学家苏步青酷爱文学，擅长书法。

激发和培养学生兴趣，是一种优良的教育手段和有效的工具，是教育的一项重要任务。教学实践也证明，凡是学生感兴趣的科目或活动，学生学习的积极性就高，成绩也好，反之，学生就无精打采，成绩相应也差。学生最感兴趣的学科与成绩最好的学科之间密切相关，两者完全相符的均在50%以上。兴趣是导致成功的原因，而学习的成功也是导致兴趣的原因。一个学生如果学习成绩优秀，常常会受到老师和家长的喜欢，成为同学崇拜的偶像，他因此会对自己做出积极的肯定的评价，再去学习，他就会有自信心。也就是说，兴趣如果启发得当就会带来"成功→兴趣→更大成功→更浓厚的兴趣"的良性循环。

少年期兴趣特点

学校教育作为一种特殊的环境，对儿童兴趣的形成和发展起着主导作用。学校教育能遵循一定的教学原则，根据儿童的心理年龄特点，选择最好的教育内容和最优的教学方法，实施合理的科学的教育，促使学生在德、智、体、美方面得到全面和谐的发展。因此，学校教育是学生兴趣形成和发展的一个重要途径。

少年期的兴趣明显地反映了少年、半成人，半幼稚、半成熟，半依赖、半独立的过渡时期的矛盾特点。

1. 兴趣既有集中性，又有广泛性，兴趣的广泛性占优势

在学习兴趣方面，他们的求知欲很旺盛，除了课内的学习，还很关心课外的事物，喜爱文艺读物。但是不少学生的学习兴趣过于广泛，比较分散，给人以漫无目的和漫无中心的感觉。少年学生应当使自己学习兴趣的广阔性和学习兴趣的集中性结合起来，以课内学习兴趣为主，在发展课内学习兴趣的基础上发展课外学习兴趣。

2. 兴趣既有深刻性，又有表面性，兴趣的表面性占优势

儿童很早就对世界上各种事物和现象产生了兴趣，而且已具有了一定的认识能力，但是在较长时间内始终不能把世界作为一个整体来认识。少年加强自己兴趣深刻性的修养是必要的。

3. 兴趣既有稳定性，又有冲动性，兴趣的冲动性占优势

童年时期已经能够较长时间地听有趣的故事，能够长时间地观察自

己感到有趣的事物，能较长时间钻研对自己来说比较困难的知识。但却常常忽视学习任务和社会责任，常常看不起平凡的工作，常常在兴趣活动中为激情所促使，轻举妄动，常常忘乎所以，常常处理事情简单化。

少年时期的兴趣既有稳定性的一面，又有冲动性的一面，不能协调得很好。少年学生应严格要求自己向兴趣的稳定性发展，努力克服兴趣的冲动性。

4. 兴趣既有自觉性，又有自发性，兴趣的自发性占优势

兴趣的自觉性指的是能够有意识地支配自己的兴趣服务于当前主要的学习任务。兴趣的自发性指的是不能有意识地调节自己的兴趣，而是让兴趣受外界因素的控制和干扰。

童年时期，已经开始有了为成为对祖国有用的人而学习的自觉的学习兴趣。到了少年时期，这种兴趣的自觉性更有所增强，表现为比童年时期能更自觉地、有意识地支配自己的兴趣，能够更进一步把自己的学习兴趣与远大的社会意义联系起来。但是，少年时期兴趣的这种自觉性还很不稳定，很容易为学习活动中的一些外部因素所干扰，还缺乏常性，很容易动摇和变化。所以，少年还需为提高兴趣的自觉性做出努力。

青少年的兴趣由于受到各种内外因素的影响而处于不断的发展变化之中，因此对兴趣的年龄特征的研究具有重要的意义，它是我们对青少年进行教育教学的重要基础之一，教育教学的内容和手段必须符合学生兴趣发展的年龄特点。

（参见孟四清《兴趣是最好的老师》，百花文艺出版社2009年4月第一版）

兴趣教育

"兴趣教育"的内涵

兴趣教育研究是基于学校实际（一所典型的二元结构的城乡小学，学生不喜欢学习）和对新基础教育的再认识而确定的。"以趣育趣，成就幸福教育人生"是兴趣教育的核心价值。

1. "兴趣教育"是教育思想，从人最本质、最本能的心理倾向和兴趣出发，着眼于人的终身发展，充分尊重校园里每个生命的活力和创造欲，提倡一种有趣有效的教育，立志给每个孩子一个"有趣、有志、有梦"的快乐童年，为人的一生幸福奠基。

2. "兴趣教育"是教育策略，以趣导学，以情导行，通过教师的引领，抓住学生的"心"，激发学生的"情"，活跃学生的"思"，培养学生的"智"，发展学生的"能"，让兴趣荡漾于儿童的生活方式之中，形成一种基于教化而又超越教化的策略。

3. "兴趣教育"是教育过程，通过形象感知，进入悦目悦耳之境（诱趣）；通过教学内容的领悟，进入理性的悦心悦意之境（激趣）；通过创造性地运用，进入高层次的悦志悦神之境（升趣）。让兴趣的发展经历一个从"有趣"到"乐趣"，最终形成"志趣"的过程，使兴趣转化为学习内力，促学生体会到学习的快乐，掌握一种学习的方法。

4. "兴趣教育"是教育目标，让兴趣成为连接人的内心世界和外部世界的桥梁，把兴趣教育这把钥匙交给师生，让教师运用它开启学生智慧的闸门，养成一种好的学习习惯，既成就了学生也成就了自己，实现立校立人，达人达己，学校、教师、学生共同发展的目标。

"兴趣教育"的思考

"兴趣教育"作为一种教育观，荟萃了古今中外教育理论和现代先进教育思想的精华，具有朴实的继承性和强烈的时代性。苏霍姆林斯基说："所有智力工作都要依赖于兴趣，没有兴趣推动的智力和能力，其维持和发展是难以想象的。"我国大教育家孔子指出学习要由"知之"而"好之"而"乐之"；陶行知先生反对"教死书，死教书"，提出"教学合一"，把趣学、乐学与创造性学习结合起来，可见趣志、乐学的教育思想自古以来就极受重视。

心理学研究表明，学生学习的过程是他们的认知与非认知两种心理因素共同参与、相互影响的过程。学生学习的成功与否取决于认知因素的主体加工操作系统和非认知因素的主体动力调控系统的协同活动、密切配合的结果。心理学家认为认知操作系统本身是没有积极性的，它的积极性来源于非认知的动力系统，没有动力系统的参与和推动就不可能出现积极、主动的学习，也就没有良好的教育教学效果。这一动力系统的核心就是"兴趣"。我们可以说：兴趣是一种力求认识、探索事物的心理倾向。学生有了学习的强烈兴趣，有了专注学习的倾向，就会努力学习文化知识，主动探索学习方法，提高各方面的能力，从而达到素质教育的要求。研究"兴趣教育"的目的是研究如何使各个因素、结构、过程、结果达到最佳状态，形成体系，构成鲁巷实验小学独特的校本型态。因此，"兴趣教育"不是一个孤立的教育模式，它对其他模式（如：愉快教育、成功教育、主体教育、创新合作教育等）有一定的兼容性，但必须体现"兴趣教育"的特色。

1. 在教育教学过程中，以"兴趣"为切入点，激发学生主动学习的内驱力，调动学生的学习积极性和主动性，使学生的学习具有持久的内在动力。

2. 在教学中创造条件，引导学生探究，形成主动获取知识的能力。

3. 指导、帮助学生逐步学会学习。

4. 因材施教，给学生以信任和期望，满足每个学生的需要。

5. 鼓励自学与创新。

基于以上几点，我们着力于培养学生在认知领域、情感领域和动作领域的兴趣，制定了三个方面的学生发展目标，分三个子课题进行研究。

"兴趣教育"的目标、原则

目标：在一系列的教育教学活动中有效地激发学生的广泛兴趣，建立中心兴趣，转化不良兴趣，变苦学为乐学，变厌学为好学，变学业负担为学习需要，充分发挥学生的个性特长，达到愿学、乐学、会学、善学的目的。

遵循整体性—主体性—兴趣性三条原则。

形成心理品质—基础学力—智力品质—方法技巧四位一体的兴趣教育模式。

"兴趣教育"的实验操作

根据实验假设的目标，主要抓住三个操作变量进行操作实验。

1. 教育目标与评价体系的研究

目标体系包括教育总体目标、办学目标和学生培养目标。总体目标是：全面贯彻教育方针，全面提高教育质量，即面向每一个学生，面向学生每一个方面。办学目标是：办学有特色，教学有特点，学生有特长。学生培养目标是：全面合格、全面发展、生动活泼、张扬个性，引导学生学会做人、学会学习、学会生活、学会创造。评价体系有学生素质报告书、成长手册、兴趣教育课堂教学评价表等各种管理评价表。

2. 强化自我教育，激发主体情感，提高德育实效性的研究

学校在抓好德育常规工作的基础上重点开展自我教育，采用德育系列化和随机化相结合的方法来激发学生自我教育的意识，形成自我教育的动机，通过学生自主的活动，调动内驱力，督促学生进行自我控制、自我管理、自我评价、自我完善。在实验中学校的手段和方式如下：

（1）教师要以高尚的师德修养、无私奉献的敬业精神、真挚科学的治学态度、良好的师表形象赢得学生的尊重和爱戴。

（2）在教育过程中，调动每个学生的积极因素，运用"激励"，坚持以积极因素来克服消极因素，注重有意识地训练学生的自我教育能力。

（3）每位教师都要参与学生的群体活动，开展有计划和随意性的谈心活动沟通情感，交流思想，密切感情，以资教育。

（4）实行小干部轮换和岗位责任制，让每个学生获得群体信任感，发掘不同的智力潜能，形成班级生动、新颖和富于创造的工作局面。

（5）重视对学习困难学生及各种"特殊"学生的指导，要真诚信任，热情帮助，尊重学生的人格，做好转化工作。

（6）进行评语改革，优化评语方法，以第二人称缩短师生之间的距离，建立平等的师生关系，激励学生克服弱点，向更高境界攀登。

（7）创办家长学校，成立家长委员会，介绍家庭教育知识，交流子女教育经验。

（8）每学期组织一次家长开放日活动，请家长听课，参加学校的教育活动，统一教育要求。

3. 在学科教学中探索"兴趣教育"的方法、手段、方式及规律，优化教育教学过程的研究

教育教学过程从本质上来说是一种特殊的、有组织的认知过程。因此，在剖析教育教学过程以建立某种教学模式时，人们往往从认知程度上揭示教育教学过程的结构和顺序，"兴趣教育"作为一种教学活动，同样离不开教学过程中的认知基础，并以此作为构建课堂教学模式的一个基本参照系。然而，兴趣教育在其活动展开的过程中又始终注意发挥以兴趣为核心的各种情感的积极作用，使趣、知交汇在一起，融贯于整个教学过程中，同时学校强调，以激发兴趣、开发情感智力为主线，以学法指导、发展认知能力为重点，以训练创新思维为核心，以优化课堂教学结构为突破口，以培养学生综合素质为最终目的，做到学生主体与教师主导相统一，教法与学法相统一，传授知识与发展能力相统一，智力因素与非智力因素相统一，面向全体与因材施教相统一。我们力图从趣、知两个方面构建"兴趣教育"课堂教学模式。

鲁巷实验小学的兴趣教育

办学理念解读

鲁巷实验小学位于葱郁的瑜珈山脚下，秀丽的东湖之滨，美丽的武汉光谷广场旁，占地面积14000平方米。

建于1958年的鲁巷实验小学拥有众多的荣誉称号：中国教育学会中小学整体改革实验基地学校，全国特色品牌学校共同体的理事学校，全国十佳优秀学校，全国新课改先进学校，省、市首届教育科研"五十强"学校，市首批实验小学，市首家素质教育特色学校，市首家减负增效十佳学校，首批心理健康合格学校，湖北省中小学唯一一所教育界最高奖项——科学科技进步奖得主。

然而鲁巷实验小学最为独特也是最吸引学生和家长的是它的办学理念：基于兴趣，发展兴趣，为学生自主发展和终身幸福奠基。鲁巷实验小学在"德育为首，育人为本，培养品学兼优学生；科研为先，快乐为道，全面推进素质教育"的办学思想指导下，以"发展小学生兴趣"为主线，为孩子的一生幸福奠基，凸显学生主体，发展学生个性，探索出了兴趣教育模式。学校以优良的校风、教风、学风，以良好的"乐学型"办学文化特色和规范的办学行为，赢得了教育行政部门和社会各界的好评。学校坚持以生定教,以趣导学,进而培养学生的创新精神、创造欲望,全方位立体式地推进素质教育。

学校精神:秉承传统,创新超越。

办学特色:激发学生的学习兴趣,让孩子享受学习的快乐。

学校发展目标:追求激趣乐学兴趣文化,追求多元的人才质量,追求幸福的师生生活,追求卓越的办学品牌。

教师发展目标:品味创造,拥有尊严,收获成功。

学生发展目标:快乐学习,自主发展,幸福成长。

学校利用本地区的地理、人文优势,发挥周边教育资源的作用,为学生开辟广阔的社会实践活动空间;校园环境建设上,以学校现有条件为依托,结合民族精神、科学精神和人文精神的教育,突出以德立校、以趣育人的思想,让学生在校园里能充分感受到快乐学习、对话交流的教育氛围,使学生的行为能根植于中华民族传统与现代教育相结合中,并能获得持续发展的广阔空间。办快乐的学校:让每个学生在快乐的学校里乐学、会学,让每一位教师都乐教、善教。学校在文化建设上,倡导一种精神,即鲁巷实小人所应具有的"快乐、发展、自信、尚德"的精神,以形成鲁巷实验小学特有的乐学型人文气息。办关怀的学校:让师生学会"我爱他人和我被爱",奉行"没有爱就没有教育"的真谛,形成"师以敬业为乐,生以成才为趣"的乐学型文化特色,相互之间(教师之间、学生之间、师生之间)关注生命,以礼相待,形成一个我为人人,人人为我的共生共荣圈。

一、"基于兴趣,发展兴趣,为学生自主发展和终身幸福奠基"

办学理念是一所学校经过长期发展、历史积淀而达成的共识性价值体系,是学校精神和氛围的集中体现。办学理念的形成也是学校文化孕育积淀的过程，鲁巷实验小学就是在对兴趣教育的研究过程中发展壮大的。学校对兴趣教育的研究历经了"八五"、"九五"、"十五"、"十一五"、"十二五"几个阶段20多年的探索历程。在对兴趣教学—兴趣教育—兴趣发展—兴趣教育文化—兴趣教育校本型态递进式研究中，逐步形成了"品味创造，收获成功，拥有快乐"的教师发展目标，"快乐学习，自主生活，阳光成长"的学生发展目标，实现了教师和学生共发展，乐教与乐学相统一。"基于兴趣，发展兴趣，为学生自主发展和终身幸福奠基"是鲁巷实验小学师生共同的价值取向，逐步成为了学校的办学理念。

基于兴趣，发展兴趣，为学生自主发展和终身幸福奠基。"基于兴趣"是指，以学生现有的兴趣激发、调动为基础，促进学生主动学习、快乐学习、创造性学习；"发展兴趣"是指，促进学生现有的兴趣不断进步、完善，帮助学生形成广泛的兴趣，并初步形成中心兴趣。"基于兴趣"和"发展兴趣"的目的在于，让学生在他最感兴趣的领域充分发现自我、表现自我，进而为其身心全面有个性的发展奠定基础。

二、构建具有兴趣特色的校园文化，让学校处处充满蓬勃生机

校园文化的建设，直接关系到学校师生的校园生活质量，而师生校园生活的核心内容是他们的精神生活。鲁巷实验小学20多年来坚持构建兴趣教育文化特色，从人最本质、最本能的思维习惯和兴趣特征出发，着眼于人的终身发展，提倡一种有效的教学，立志给每个孩子一个"有趣、有志、有梦"的快乐童年。

1. 用物质文化陶冶人

一进学校，映入眼帘的是"兴趣是最好的老师"八个遒劲有力的金色大字，它代表着学校文化，传承着学校的办学理念，影响着教师和学生。校门正前方悬挂着以校园为背景的巨大喷绘，上面鲜红的美术字，异常醒目，向社会、向家长、向师生昭示着学校的办学宗旨。左侧是宣传栏，里面镶嵌着来自全校各个班级的精英，分别在国家、省、市各级竞赛获得殊荣。"今日勤奋学习，明日报效祖国"的荣辱观，在孩子们幼小的心灵发芽、长叶、生根。

学校现有三幢教学大楼。"智趣楼"、"童趣楼"和"情趣楼"的布置设计都颇费心思。或富有文化气息，或充满艺术氛围，让学生徜徉文化长河，吸取诗文之光华，享受人文的雨露，通过欣赏优秀、高雅的艺术作品来陶冶情操。

2. 用精神文化净化人

兴趣是点燃智慧火花的火种，是学习知识的动力。学校积极开展各种健康有益、有趣的课外文化活动，引导学生支配自己的业余生活。各班经常组织学生开展各种小型的文化娱乐活动，活跃学生的课余文化生活。学校的广播站、《兴趣苗圃》，全力营造正确的舆论导向，提升广大师生的精神素养。学校每年要举办一次全校性的大型文化艺术节教育活动，引导校园文化向健康高雅的方向发展。

近年来，学校致力于对校园环境艺术化的不懈追求，自创校歌《快乐校园，放飞理想》，自编校园集体舞、队列操、韵律操、武术操、纸棒操、秧歌舞等。温馨的环境，和谐的氛围，激发了师生的工作、学习热情。在精神建设方面学校还特别注重研究型教师的培养，让教育教学在研究的状态中行进，有效开展了"学习—研讨—行动—反思—再实践"系列活动，形成让教师在研究状态下工作，在工作中乐于研究的教师文化生活。

3. 用人文关怀凝聚人

人文化：目标要求与学生主体发展相结合，讲究教育目标的实在性。

良好行为习惯的养成教育与学生心理发展相结合，讲究教育目的的实效性。

快乐化：组织学生在丰富多彩的活动天地里体验、感悟、升华。引导学生在行动、思维的碰撞中思考自我行为表现的利弊。

民主化：对学生中的新问题、新现象，引导学生多分析、多发表意见。让学生在老师的微笑里，读出关切、赞许、接纳、平等、关注、谅解、宽容、批评……

让学生参与班级管理，开展"小当家"活动，自我服务，自我管理，自我教育；由学生当校园美容师，参与学校的净化、绿化、美化管理工作；校务、班务向学生公开，充分体现学生的主人翁地位。

三、构建兴趣教育课堂教学文化，让课堂充满生命的活力

早上漫步在鲁巷实验小学，随处入耳的是琅琅的诗文诵读声和清晰流利的英语对话声。音乐室里歌声、乐声和鸣，舞蹈室里舞姿翩跹，还有棋局正酣、笔墨飘香，车模、航模、头脑奥林匹克、无线电测向各显神通，这是鲁巷实验小学"乐学型"文化的缩影。

兴趣教育课堂教学文化，立足于发展学生的兴趣，促进学生自主乐学。利用兴趣来启动小学生的内在动因，支撑积极学习的状态，融知识、兴趣、发展为一体，形成努力—成功—努力—再努力—再成功的良性循环，使学生的学习具有持久的内在动力和积极的创新意识。

在课堂教学探索过程中，学校提出了"以生定教，以趣导学，巧讲巧练，过程扎实，方式灵活"的教学方法。抓住"趣、巧、实、活"这四个字，即兴趣教学课堂的"趣味性、集约性、实效性、创造性"四个原则，把创造还给老师，把课堂还给学生。

四、构建支撑兴趣发展的管理文化，让教育更具凝聚力和执行力

1. 建设促进小学生兴趣发展的课程管理文化

为有效地把学校的核心价值取向机制化、制度化，进而指引师生的行动，学校出版了《兴趣教育工作指南》一书，并在开足开齐国家课程外，结合学情开发了《乐学课堂新思维》、《颂经典和品华章》、《七彩大课间》、《快乐英语秀》等校本教材。校本教材主要用于兴趣小组活动，让学生自主选择喜欢的课程来学习，有效地培养和发展了学生的兴趣。

2. 建立促进学生个性张扬的班级管理文化

要创设一个理解与沟通、竞争与协作相结合的成长氛围，最首要的就是建立一种学生乐于接受的制度文化，学校要求教师在制定班级管理制度和执行《小学生守则》上灵活化，让制度成为学生朗朗上口的儿歌和具有特色的经文，让制度儿童化、趣味化，从而潜移默化地规范学生的行为。

在将制度赋予趣味的同时，学校还注重把教室内的墙面变成学生展现个性的园地，班主任还特别开辟了一些艺术园地、学习园地、创新之树以及象征着学生成长进步的星星榜等，让学生看到自己的进步并体验成功的乐趣。

3. 构建促进勤奋学习、善于工作的教师管理文化

每学期要求每一位教师认真填写自己的教育教学绩效管理表，并在同年级同学科中相互交流，反思自我，学习他人，让学校和各科管理制度内化为教师的自觉行为。同时还利用学校的宣传栏和文化墙，定期评选并宣传学校的专业引领型教师和师德优秀教师，利用学校的《兴趣苗圃》专刊，展示教师的教育教学智慧（研究沙龙—教学论谈—优秀案例）。加强教师的成就感管理，把完成任务变成教师自己职业生存的方式和实现内心渴望的最大幸福，从而实现自我超越的愿景。

五、构建发展兴趣的活动文化,让兴趣课堂无限延伸

学校是社会的重要组成部分,学生的社会化必须依托社会各方面的参与支持,需要把兴趣教学课堂延伸到家庭和社区,形成学校、家庭、社区相结合的兴趣教育文化网。鲁巷实验小学现已与十个共建单位、四个社区签订了"文明共建合同书",巧妙地整合了教育人力资源,发挥了社会各界人士对青少年的影响教育作用。

1. 建立"兴趣教育"家长学校,帮助家长理清在家庭教育中如何促进孩子愿学乐学,发展个性特长。

2. 结合社区优势,鼓励并指导学生自主设计有趣、有益的实践活动。以广泛开展社会服务活动为桥梁,培养学生服务他人、服务社会的精神。

如学生根据家庭住址,自己组成"假日小队",在社区开展服务活动。有的小队开展了流动书亭;有的小队在车站兑换零钱,方便旅客;有的小队对一些社会现象展开了调查,提出合理化建议;有的小队还写出《发展中的光谷》的调查报告,为本班的校本课程开发提供了一线资料。

3. 以学生自我管理为手段,每当寒、暑假来临,学校为了让学生过一个文明、健康、安全、愉快的假期,特对每一个学生提出必做的要求,并建立家庭、社区、学校联系卡。

4. 开展丰富、有趣的社区俱乐部活动,如:小巧手创作赛、小导游设计赛、小书画小乐队表演赛等,既丰富了社区文化生活,更锻炼了学生,放飞了孩子们快乐的童心。

特色兴趣教育理念

　　学习兴趣是学生学习活动的一种力求认识的心理倾向，是推动学生学习最有效最直接的原动力。正如20世纪伟大科学家爱因斯坦所说，兴趣是最好的老师。然而如何更好地培养并发展学生的兴趣，引导学生快乐学习、自主生活、阳光成长呢？鲁巷实验小学已经探索出了一条有效之路。多年来，学校在兴趣教育的递进式研究中，逐步构建了"以趣导学"的课堂教学模式、"以趣激情"的德育模式、"以趣促动"的活动模式、"以趣促评"的评价机制，并将兴趣教育提升到促进生命成长的高度，让生命因兴趣教育而不断丰润，让兴趣教育因生命成长而光彩绽放！

　　北宋哲学家张载曾有言："人若志趣不远，心不在焉，虽学无成。"此言一语中的，指明了兴趣教育的本质意义，那就是：一个人一旦对某事物有了浓厚的兴趣，就会主动去求知、去探索、去实践，并在求知、探索、实践中产生愉快的情绪和体验。由此可见，激发学生的学习兴趣，培养学生的创新思维，是全体教育工作者努力的方向。

　　一、兴趣课堂，因个性飞扬而活力四射

　　经过研究与实践，学校确立了"尊重学生的兴趣，把课堂还给学生，让小学生的童年生活有趣、有志、有梦，充满生命的活力和创造欲；尊重教师的兴趣，让教学充满智慧的挑战；促进教师和学生共同发展"的办学思路，拟定了"立志、博学、善思、多能"的学生培养目标；历经了教育教学的单项改革和学校整体改革，开展了"小学兴趣教育"的系列实验研究，达成了"用爱心滋润学生健康成长，用兴趣激发学生主动学习"的共识，构建了"以生定教，以趣导学"，抓住学生的心，激发学生的情,活跃学生的思,发展学生的智,培养学生的能的素质教育课堂教学模式。就这样,"兴趣教育"充满了生机与活力;就这样,平凡的工作也变得激情四溢;就这样,幸福人生从这里精彩起航!

"兴趣是最好的教育"是全体鲁巷实小人共同的育人意识和精神向导,这个意识不仅是外显的物化,更重要的是通过这外显物化浸润到内隐的层面,内隐于师生的生活学习之中,即普遍存在于比较稳定的思想意识、思维方式和行为方式之中。在这一理念的引领下,鲁巷实小人对"课堂"这一概念有了全新的认识,认为,课堂是学生自我发展的主要阵地,必须要最大限度地把课堂还给学生,让学生动起来,让课堂活起来。因此,学校不断地领悟新课改的精髓,不断地在实践中反思,在反思中提炼,构建了具有鲁巷实验小学兴趣特色的"四要素三拓展"的课堂教学模式。

四要素:生趣是支撑点;导学是基本点;悟法是关键点;巧评是生长点。三拓展为每节课的设计依据,即学科内容的"纵横拓展";依据学生学情的"立体拓展"(分层要求、分层练习、分层达标,人人收获);依据学生个性的"家校拓展"(兴趣爱好和个性作业的无限延伸),实现学生自主学会求知。

二、兴趣管理,因以趣为导而精彩纷呈

学校的管理方法是在学校管理活动中为实现管理目标,保证管理活动顺利进行所采取的一种方式。在日新月异的今天,要保证学校工作高效运行,必须在管理上有所创新,因为,只有创新才能适应实施素质教育的需要。在兴趣教育研究不断深入的过程中,鲁巷实小坚持"以趣为导,以人为本,助人发展"的管理思路,形成了以趣聚魂的精神与行为并举的兴趣管理文化。

年级（备课）组管理——以趣聚魂。学校由外在监控管理转向从教职员工的内在动力入手，以趣育趣，充分发掘全体教师的主人翁意识，实行以年级（备课）组为本位的管理，使年级（备课）组成为自主管理、自主发展和自主实现的主体。操作策略是：提倡全员参与，适当行政控制，强调过程管理。全校近200名教职工共分为15个组，分别制定出具有不同特点的管理目标，既有共性又有个性。学校行政为每个组服务，校长的角色和职责从直接控制的角色转向为年级（备课）组服务。在年级（备课）组的管理中，年级（备课）组的职权得到强化（如评先、评优、绩效等），使教师成了学校管理的主人。这种主人翁式的管理模式，是学校集体利益与个人发展的有机融合，充分调动了教师的主动性、积极性、创造性，推动了学校总体管理质量的提升。

教师管理——以趣睿智。为了进一步加强教师队伍管理，建立一支稳定、合格的师资队伍，学校在教师管理上采用"星级教师制"、"金字塔形发展模式"和多元载体等有趣有效策略，凝聚教师精神，提升教师素质，推动教师成长。

学生管理——以趣践行。"用爱心铺垫生命的底色，用兴趣点亮孩子智慧的心灯"是老师们践行学生管理的宗旨。在实践中学校始终坚持"三线一体"的互动管理方略。

班级管理——以趣焕彩。班级是学校的基本单位，是构成学校良好形象的基础，鲁巷实验小学的班级管理采取现场管理与规范管理相结合的方式：在"听课观班"中检验学生的学习力；在"特色新班"创建中检验师生的综合力和创造力；在不定期的"学业检查"中检验督促学生良好学习习惯的养成；在"鲁小吉尼斯之星评比"中树立身边的榜样；在一年一度的"科普周"和"文学艺术周"展示活动中凸显乐学型班集体的特色。

三、兴趣活动，因寓教于乐而引趣生情

兴趣活动是校本课程研发的源头，是开发教师教育智慧，培养学生的个性特长和综合实践能力的有效途径。鲁巷实验小学坚持"课程开发，自主选择，走班管理"的原则，沿着学科拓展和主题实践两方面开发以学激趣、以行引趣的校本活动课程，让学生在活动中激趣、在活动中发展，引导学生关注多方面的新鲜事物，协助学生发展并初步形成中心兴趣，让兴趣成为学生的优秀个性追求，让志趣融入到学生的发展中，从而让学生多层次地获得知识技能。

以"趣味式"植入德育活动。学校利用周一红色驿站、周二蓝色快车、周三金色港湾、周四橙色频道、周五绿色家园时间，开展"兴趣德育·彩色旅程"常规德育活动，用"天天德育"扮靓学生生活的每一天。同时，以"爱"、"德"、"美"、"乐"为核心，以四个坚持（坚持"我与社会共同进步"、坚持"我与他人一起成长"、坚持"我与自然协调发展"、坚持"我的进步看得到"）为教育主题，实施"兴趣德育·快乐成长教育工程"，获得良好的效果。

以"滴水式"植入学科活动。在健康课堂上，卫生老师和心理健康老师贯彻"健康第一"的思想，把时间还给学生，把空间留给学生，把方法教给学生，把健康带给学生。同时，创建了"4＋2＋1＋X"的体育模式："4"每周4节体育文体活动课；"2"每天课间操、眼保健操，"1"指每天一次二十分钟社区体育活动；"X"每学期组织一次体育节或文学艺术节及各项小型体育竞赛。"4＋2＋1＋X"的体育模式保证了学生每天一小时的文体活动时间，让孩子们在玩中求乐、玩中益智、玩中交友、玩中辅德。在音乐课上，学校把器乐引进课堂，活跃了课堂气氛，提高了学生学习兴趣。在科技课堂教学中,教师采用多种方法提高学生的科技创新能力、动手操作能力,师生自制的多种教具在课堂上得到广泛应用……

以"丰富性"植入社团活动。"头脑不是一个要被填满的容器,而是一个需要被点燃的火把。"因此,学校坚持致力于拓展兴趣发展空间,以培养学生创新精神和实践能力为重点。在中高年级组建多种学生社团,通过社团开发丰富多彩的兴趣活动课程,依据"实践体验、文学艺术、语言交际、科学探究、学科延伸"进行分类,学生根据自己兴趣爱好选修,多层次地获取知识技能,给他们的终身发展打下扎实基础。

以"体验式"植入实践活动。学校结合学校地域文化优势,开展了"走进楚文化"、"走进光谷"等系列主题实践活动,学生通过实地考察、上网、采访、发放调查表等各种途径,了解家乡悠久历史和家乡现在的发展变化。在实践中,学生不仅掌握了搜集资料的方法,还深切地体会到高科技的神奇、楚风楚韵的优美。此外,学校还结合社区优势,鼓励并指导学生自主设计有趣、有益的实践活动。如在"创新素质实践行"活动中,大力开展了"彩色旅程·体验教育"等系列生动有趣的主题活动,让学生在实践中培养创新精神,从而学会生存、学会做人、学会创造。

以"互动式"植入家校活动。为形成学校、社会和家庭教育的一体化,学校与磨山植物园、709社区、双塘社区、工程大学社区、专门的中小学综合实践教育场所等合作,构建了学校的立体教育网络,让兴趣教育课堂延伸到家庭、社会。

四、兴趣教研,因教学相长而走向卓越

随着"科教兴国、科研兴校、科研强师"战略目标的实施,开展教科研已成为学校发展的重要标志,也是学校由传统办学理念向"科研兴校、科研强师、质量立校"的办学理念转变的重要体现。为了使兴趣教育的研究成果实践于课堂,学校举办了各种丰富多彩的校本教研,使教师在兴趣特色校本教研活动中,尽情地体验学习的快乐、研究的快乐、互助的快乐、交流的快乐、成功的快乐……在快乐中提升自我,做幸福鲁巷实小教师。

为激发教师参与教学研究的热情,鲁巷实验小学在兴趣教育研究委员会的组织下,成立了两个教学互助团队,即骨干精英团队和教坛新星团队,引领校本教研活动。学校聘请各学科权威教育教学专家,利用周二、周四、周五参与指导"课内比教学"活动,一学期,听课达百余节。几位年近七十的老专家对教育教学研究的那份情有独钟,那份一丝不苟,感动着每一位团队成员。那种纯研究型的学术氛围,不带一丝浮华的直率,让人懂得了良师益友的真正内涵,使教师们自发地形成团队凝聚力,传递了校本教研的温度。

该活动不仅仅惠及上课教师,还带动了各自备课组的其他教师参与,使大家不出校门,就有和教育教学专家面对面交流的机会。这一活动的长期开展,除了提高教师课堂教学技艺外,还促使教师们养成遇到问题及时解决,教学之后勤于反思的好习惯,使学校常规的课后反思有了理论的提升。本学期,近百名教师在活动中的交流课例,90多人次的论文、案例、比赛课分别在全国、省、市、区获奖。

为了进一步推进"激趣乐学高效课堂"的建设工作,笔者撰写了《构建有效模式 成就高效课堂》一文,对学校从"八五"到"十二五",20余年兴趣教学研究的成果进行了整理和提炼,完善了具有兴趣特色的"四要素三拓展"的课堂教学模式。在集中校本培训时间里,利用专题报告对模式进行指导解读,全校教师在学习后,还参与了答卷考核,内化模式。在"课内比教学"工作中,教师们能熟练地运用"四要素三拓展"模式,结合自身实际,形成各具特色的教学风格,打造出一节节趣、巧、实、活的兴趣课堂。

同时,学校还提倡教师要在模式的基础上形成自己的教学风格,并用文字提炼"我的兴趣课堂"教学特色,由兴趣委员会编辑修改审定,李怡老师的《生本课堂 唯美绽放》、程淑静老师的《灵动课堂 快乐体验》、宋小燕老师的《创意课堂 活力无限》等70多位教师的论文入选长江出版社出版的《我的兴趣课堂》一书。孙云芳等8位教师代表东片参加了区级"课内比"活动,其中5位教师在强手如林的竞赛中战胜对手,脱颖而出,成为区级参与市"课内比"的选手,其中两位获一等奖,三位获二等奖,展示出鲁巷实小教师的风采。

学校利用期末学生离校后教师相对集中的时间,举办一学期一次的常规兴趣教育工作论坛活动,丰富教师的精神生活。论坛活动分为三个层次:一是教师自主回顾,即对自身的教育教学常规进行梳理,撰写反思、心得及读书笔记;二是备课组内的同伴互动,即交流教案、案例、论文,并推荐优秀作品和个人;三是全校的展示,即在各组推荐的基础上,为教师提供展示交流的舞台。

兴趣是学习的动力之源,兴趣是开发潜能的钥匙。在兴趣教育文化的滋养下,鲁巷实验小学的兴趣教育取得了丰硕的成果。展望未来,我们有理由相信,充满朝气的鲁巷实验小学必将在探索兴趣教育的道路上,实现新的飞跃,开创更加灿烂辉煌的明天!

第二章
发展历程

　　鲁巷实验小学兴趣发展之路风雨20余年,历经兴趣教学—兴趣教育—兴趣发展—兴趣教育文化建设—兴趣校本型态构成的递进过程,其间通过持续领悟与反思,形成了独具特色的兴趣文化,正在构建自身的兴趣教育校本型态。

兴趣教学

兴趣教学研究源于学校的发展走向和改革开放大武汉的需求，植根于一所不足20亩校舍面积、典型二元结构城乡结合部的鲁巷小学（鲁巷实验小学的前身）。当时学校有400多名学生，教学质量与周边的关山小学、卓刀泉小学、南望山小学相比，也没多大的特色和优势，如何顺应社会发展的需求找到学校发展的突破口成为摆在全体学校成员面前急需解决的问题。为此，老校长杨雪芬请来了原华中师大、现沈阳师大的孙绵涛教授，湖北大学吕渭源教授和当时在华中师大、现华东师大的杨晓微教授等专家。在他们的指导下，学校对现状进行了实际分析，明确了"抓课堂教学，促整体改革"的发展目标，在学校已有的"四段式"课堂教学单项成果和经验的基础上，确立了《抓兴趣教学，促整体改革》的"八五"教育科研课题。课题立项的一个出发点，就是要让身处鲁巷这个郊区的孩子也能享受到和城里中心校、名校孩子同样优质的教育，让这些朴实活泼的孩子喜欢学校，热爱学习，学会学习。研究依据两个理论假设：一是在教学中以兴趣为手段，激发学生的学习热情，变要我学为我要学，变苦学为乐学；二是以课堂教学为突破口，创武汉市区实验小学。实践研究中实施三个举措：

一、更新教育观念，改革教学方式

首先，学校在教师中开展了"理论学习，改变教法"的主题活动。

学校为教师提供学习的主题和参考书目,如:什么是兴趣,兴趣与爱好,兴趣与动机,兴趣与成功,怎样利用和激发学生的学习兴趣等。要求以学科备课组为单位,结合当时《大纲》内容展开学习、讨论,通过学习,逐步引导大家树立起"三全"、"三爱"的教育思想,在教学中实现"六个转变"。"三全"是全面提高质量,全面育人,面向全体学生。"三爱"是爱事业,爱学生,爱学校。"六个转变"是把"应试教育"转变为"素质教育";把"只重教不重学"转变为"既重教又重学";把"注入或满灌、学生厌学"转变为"激发学习兴趣的启发式,让学生乐学";把"单纯传授知识"转变为"文与道、知识与能力的和谐统一";把"封闭教学"转变为"开放型教学";把"一刀切式成人化教学"转变为"因材施教,分类指导"。这样帮助大家端正办学思想,树立正确的人才观、质量观、教育观和学生观,为开展"兴趣教学"的研究奠定了必要的思想基础。

在操作中按照"学习理论—研讨实践—总结交流—推进发展"的基本步骤,以点带面,分层推进。学校每学期要求教研组围绕教学过程的几个方面(即教学目标、教学内容、教学方法、教学手段、教学程序、教学调控等),结合自己的教学实际选定一个子课题,开展链式教研活动(即析课—上课—评课—说课)。

学校还结合专题研究活动在教师中开展了"六个一"活动,即教师每学期自订一个课题,制订好课题计划;上好一节汇报课(或说好一节汇报课);交一份最佳教案;读一本教育理论书;写一篇专题论文;参加一次研讨会。这些活动促进了全体老师参加研究活动的积极性,形成了浓厚的教研氛围,使教师们的理论水平、教学水平都得以提高。

二、探索教学模式，突出研究重点

"八五"课题研究的重点是《抓兴趣教学，创"三园式"实验小学》，其核心就是要探究出能有效激发学生学习兴趣的课堂教学模式。

学校调查分析实验班学生学习兴趣的特点，以及教师在教学中影响学生学习兴趣的因素，以便教师有针对性地改进教学方法。学校要求教师在教学中坚持做到：在"实"字上下功夫；在"趣"字上做文章；在"活"字上想办法；在"新"字上动脑筋，从而有效地调动了教师更新教法的积极性。在实验中，学校教师逐步总结出了激趣引情的有效方法。

第一，学习目的的教育。要求教师在学科教学、课外活动、思想教育中采用生动而适合学生心理发展水平的教育方式，激发学生从小树立好好学习，攀登科学高峰的雄心壮志和浓厚兴趣。

第二，学习材料的挖掘。包括教材的意义（应用的价值），形象的趣味（有趣的故事等），逻辑的魅力（如：语文教学中字词的构造，句子的结构与表达，段篇的血肉与骨架）。譬如：有位老师在引导学生分析完《黄河象》一文后，根据课文中科学家假想的有趣故事出示了一道题：课文中假想的故事里，哪些情节是必然发生的，哪些是不一定会发生的？经过激烈的讨论得出：老象陷进淤泥是必然发生的，但原因可能是过河时陷进淤泥，也可能是在追赶中慌乱时陷进淤泥……接着，老师又根据学生善于编故事的心理特点，问学生：你能根据刚才讨论出的结论重新假想博物馆中那头黄河象的来历吗？学生纷纷举手，兴趣盎然，分别假想了那头黄河象的不同来历。这便是教师利用学习材料中"形象的趣味"激发学生兴趣的成功一例。

第三，教学方法的选择。教学方法很多，学习内容不同，各人情况不同，条件环境不同，所采用的教学方法应该不同。科学的教学方法，对于调动学生学习的主动性、积极性，具有不可忽视的作用。实验证明，教学方法的选择，一般要做到如下几点：直观手段的合理运用，教学内容的优化组合，发人深省的课堂提问，催人奋进的激励方法（如表扬、奖励……）等。

在实验研究过程中，学校实验教师首先在语、数学科提出了以激发兴趣为主线，以思维训练为核心，以自学讨论为形式的兴趣教学结构模式，即：

$$\underrightarrow{\text{开篇导入}} \quad \underrightarrow{\text{自学研讨}} \quad \underrightarrow{\text{演练考评}}$$
$$\text{诱 趣} \qquad\quad \text{激 趣} \qquad\quad \text{延 趣}$$

每个环节要求做到：

开篇导入，使学生产生新奇之感受；

引导自学，使学生产生探索之欲望；

交流讨论，使学生体验成功之愉悦；

演练考评，使学生体验运用之乐趣。

此模式只是一个弹性框架，要求教师根据不同的学科、不同的年级进行改造。在课堂结构上做到以"趣"贯穿课堂教学始终，达到课伊始，趣已生；课进行，趣更浓；课结束，趣犹存的效果。随着该项实验研究的深入，研究转向以探索思品、语、数、自然、体、音、美、劳等各学科在低、中、高各学段的最佳教学结构（模式）为重心，使兴趣教学模式更贴近了学科特点和学生实际。当时教学新授课的课堂教学结构和师生双边活动可操作模式分别图示如下：

图1:

时间安排	教学结构	教学程序	应发挥的作用
5分钟左右	习旧引新	1. 基本训练	以旧引新,为思维活动定向或铺垫
		2. 引入新课目标导向	导入新课,激发学习的内驱力
20分钟左右	探索新知	3. 遵循目标探索新知	利用最佳时间讨论、讲解、获取新知
9分钟左右	反馈调节	4. 形成性练习	对照目标,反馈调节
		5. 课堂小结	抽象概括,形成规律,纳入新知系统
6分钟左右	达标检查	6. 课堂作业	独立作业,巩固知识
		7. 课后思考题	提供表现机会,发展学生思维能力

图2:

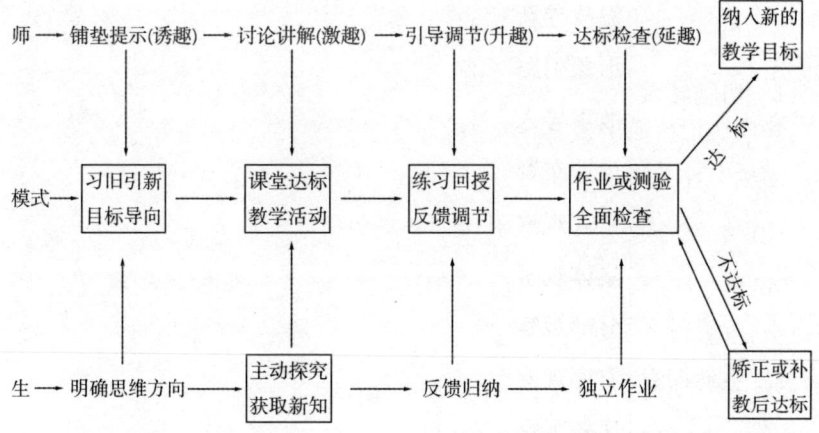

在部分学科教学操作模式形成后,实验教师又不断探索、修改、完善教学模式,向其他课型进行"移植"性推广研究,以形成兴趣教学模式群。在"模式"操作熟练的基础上,部分实验老师又致力于"乐学"

教学风格研究,摆脱固定教学模式的束缚,发挥教学上更大的创造性,以达到教学过程的优化,教学效果的提高。

三、总结研究成果,思考再研究方向

在这五年一轮的探究实验中,学校始终以激发兴趣为手段,以优化课堂结构为重点。在语、数学科模式的引领下,各个学科在课堂教学结构上,遵循了以"趣"贯穿课堂教学始终的原则,体现了各自独特的特点:

语文阅读课(李天恩牵头):创设诱因,激发兴趣→再现情境,引导自学→讨论讲读,消化转化→解决疑难,练习巩固。

数学新授课(叶枫岚牵头):习旧引新,诱发兴趣→质疑激趣,探索新知→反馈调节,练中升趣→达标检查,延伸兴趣。

自然观察课(江双盛牵头):

1. 切题导入 ┃ 温故导新
　　　　　　┃ 形象引路
　　　　　　┃ 故事导入
　　　　　　┃ 设迷布疑

2. 主动探索 ┃ 个人观察
　　　　　　┃ 集体观察
　　　　　　┃ 分部观察
　　　　　　┃ 有序观察
　　　　　　┃ 比较观察
　　　　　　┃ 分类观察
　　　　　　┃ 组织研讨

3. 留有余味 { 跟踪观察
　　　　　　动手记录

思想品德课（张红娟牵头）：{ ①创设情境注重"导"
　　　　　　　　　　　　　②循循善诱，阐明"理"
　　　　　　　　　　　　　③联系实际，注重"引"
　　　　　　　　　　　　　④养成训练，落实"行"

体育课（徐琳善牵头）：

1. 引趣导课 { ①美化场地，诱发情趣
　　　　　　②巧摆器材，培养情操
　　　　　　③发挥名人效应，激发情感
　　　　　　④游戏开课，乐在课中

2. 改革教法 { ①创设情境，以境激情，以情激趣
　　　　　　②采取小集体活动，满足儿童活动欲望
　　　　　　③先试后讲，激发热情
　　　　　　④对比演示，激励竞争

3. 课后延趣 { ①讲评鼓励法
　　　　　　②学生表演
　　　　　　③老师优美或超前动作演示

音乐课（雷云杉牵头）：{ ①组织教学：创设意境，引起兴趣
　　　　　　　　　　　②检查复习：温故导新，增强兴趣
　　　　　　　　　　　③学习新知：设疑解疑，保持兴趣
　　　　　　　　　　　④巩固练习：丰富形式，延续兴趣

美术课（李汉清牵头）：激发兴趣→预设目标→角色转换→操作实践→评阅鼓励。

这一套各学科教学模式雏形，让各学科课堂在探究整体优化、提高教学质量上有了一定的依据，获得了一些激发学生兴趣的方法和手段，锻炼了一批教学实践研究骨干，更让学校办学效益得到提升。在武汉首次区级实验小学评估考核中，鲁巷小学被武汉市教育局考核批准为首批市级实验小学，鲁巷小学终于成为鲁巷实验小学。在为圆梦而兴奋的同时，学校也清醒地认识到，兴趣教学课堂模式还需不断地完善和改进。如何在激发兴趣的基础上，培养、保持学生的学习兴趣，并迁移到学生的自主实践、自我管理和自我完善发展上？如何让兴趣在学生的成长中发挥更加积极的教育效应？这些问题上，学校还需努力。

兴趣教育体系

在"八五"抓兴趣教学实验研究的基础上,学校向武汉市教育规划办申报了《小学"兴趣教育"体系探索》的重点课题,力图从兴趣教育入手,培养创新意识,探索出一个有特色、有新意的素质教育模式。课题围绕两个主题而展开:一是以兴趣为手段,激发学生学习的内在动力,变苦学为乐学,变厌学为好学,变被动学习为创造性学习,变学业负担为学习需要,充分发挥学生的主观能动性和个性特长,使学生素质全面提高。二是要使兴趣在学生的主动学习和自主发展中起到积极的推动作用,创设和谐的教育氛围,探索研究优质高效的小学教育教学模式。

一、以趣导学:构建学生自主学习的课堂教学模式

在"八五"抓兴趣教学的基础上,学校经过深入研究,反复实践,形成了"导趣—导学—导法—导评"的课堂教学模式。此模式以认知为基础,充分发挥兴趣的推动作用,不仅设计了主导的活动,更关注到主体的体验,这在当时是极具领先意义的。此模式以激发培养学生兴趣为前提,以发展认知能力为重点,以思维训练为核心,以优化课堂教学结构为突破口,以培养学生的创新精神,全面提高学生素质为最终目的,做到学生主体与教师主导相统一,传授知识与主体发展相统一,智力因素与非智力因素相统一,面向全体与因材施教相统一。

基于以上认识，学校采取学习理论—研讨实际—总结交流—逐步推广的步骤，重点实验，分层推进，着力抓好三课。①抓科研课题，上好实验引路课。要求实验班的各科教师按照课堂教学模式，结合各科教材的特点，每周二上实验研究课，其他教师自愿听课，并定期在全校上实验引路课。②抓教研活动，上好研究课。在各科教研组长的具体指导下，以科研课题及《评价标准》为内容，以课标教材为依据，以如何激发学生的学习兴趣为着眼点，以轻负担、高质量为目标，改进教学方法和教学结构，注重学法指导，每位老师在组内上一节研究课，供大家相互学习，共同提高。③抓青年教师提高，上好优质课。每年组织 35 岁以下的教师集中 4 周时间开展"兴趣杯"赛课活动，将 50 多位青年教师按科分为三大组（语、数、综）分头开展活动，把教案、上课、写教学设想三项按 3∶5∶2 的比例进行评分，选出优劣，最后由各组评选的一等奖第一名在全校上展示课。经过反复的实验研究而形成的"以趣导学"模式，其最大的特点就是：融知识、兴趣、发展为一体。教学从学生的潜在水平活动开始，按照最近发展区的内在要求，实现了最近发展区——→新的最近发展区——→开发智力的教学过程发展链。

通过研究，课题组认为教学有模，但无定模，贵在创造，教学中要创造性地运用模式，寻求各自独特的教学风格，但必须体现以趣导学的兴趣特色。

二、以趣促动，构建学生自主实践的活动模式

学校对活动课的内容、特点、模式、要求等进行探索性研究，从文学艺术活动课入手，以点带面，反复研讨实践引路实验课、组内普及课、提高展示课和班队会活动课比赛等，构建了活动准备（引趣）—教师指导（生趣）—学生操作（添趣）—展示评价（升趣）的模式，此模式具

有这样几个鲜明的特征：第一，课程目标和内容的综合性；第二，学生地位的主体性；第三，学习过程的活动性；第四，活动方式、时间、空间的开放性。

根据以上特征，着重强调以下四点：1. 强调学习的兴趣和需要；2. 强调学生自主；3. 强调实践活动；4. 强调创造性的活动。从而体现"自主—尝试—合作—创造"的活动课特色。

三、以趣激情，构建学生自主教育的德育模式

在当今社会，学校德育把学生看成被控制的客体，忽视了学生是道德生活的主体，重教师灌输轻学生自我教育，学生道德水平以听话来衡量的弊端和市场经济呈现的多元、多变的道德价值取向，要求学生在道德生活中必须学会独立思考、自我判断，要求道德间接教育与自我教育相融合。鲁巷实验小学充分利用班级管理和少先队活动这两条主线，在抓好德育常规活动的基础上重点开展自我教育，采用德育系列化和随机化相结合的方法来激发学生自我教育的意识，形成自我教育的动机。通过学生的自主活动，调动学生的内动力，促使学生进行自我控制、自我管理、自我评价、自我完善，初步形成了激发动力—自主体验—明理悟行—完善自我的自我教育模式。

这一模式以主体教育思想为指导，以尊重学生道德生活主体地位为前提，以创设道德情境，激发动力，引导自主体验，启发明理，以理激情，深化德育实践为特征，以培育自我教育能力，增强实效性为目标。

四、以趣促评：构建自主评价的管理机制

自主评价是自我教育的根本保证，引导学生正确地进行自我评价是为了更好地促进学生的发展。让学生寻找差距，从而不断完善自己，学校在实验中拟定了小学生素质评价的目标体系，初步形成了自我评价的

管理机制。

"以趣导学"的学生自主学习的课堂教学模式，是在"八五"学科教学操作模式基础上，在理论上的提升和实践上的概括。一般人们在建立某种教学模式时，只是从认知角度上揭示教育教学过程的结构和顺序。而学校在构建"以趣导学"的课堂教学模式时，不仅要以认知为基础，将它作为构建模式的重要参照系，同时还要注意发挥以"兴趣"为核心的各种情感因素的作用，使知趣交汇在一起，贯穿于整个教学过程之中，其意在教学过程中充分利用"兴趣"这一个性心理倾向，开足学生学习过程中的非认知动力系统的发条，推动认知操作系统的主动发展，让课堂焕发出生命的活力，让每一个学生在每一节课上享受到热烈的沸腾和多姿多彩的精神生活，让师生的劳动闪现出创造的光辉和人性的魅力。"以趣促动"的学生自主实践的活动模式是推动学生自主乐学的动力。"以趣激情"的学生自主教育的德育模式，是开启学生情感智慧闸门的根本保障。"以趣促评"的学生自主管理机制是激发、培养学生的学习兴趣，养成良好的行为习惯和高尚的道德情怀，实现自我管理的重要手段。这四个自主形成了"兴趣教育"体系，达到了研究的预期目标。

"九五"课题的研究成果获得了学生、家长、教师和社会的高度认可，其社会效益日渐提升。在武汉市人民政府科研成果评比中，鲁巷实验小学一举获得科学进步奖二等奖第一名。因此，鲁巷实验小学晋级为省、市两级素质实验学校，省、市教科研实验基地学校，湖北省教改名校。

教育科研让鲁巷实小人看到了科研兴校的办学效应，也促使其用研究的眼光审视课题研究和学校发展的前行方向。

兴趣发展

在 "十五"开题之前，鲁巷实小从学生、家长、教师三群体的调查问卷中了解到，当前小学生感到学习不快乐的一个重要原因是学习不是基于自己的学习兴趣，而是被迫学习自己不感兴趣的东西，老师若不注意激发、利用学生的兴趣，就会导致学生产生心理压力和学习负担。"八五"和"九五"期间学校将兴趣作为促进学生发展的手段来研究已初见成效，随着素质教育的不断推进和新课改的理念需要，研究更需要发展新的内涵，明确主攻方向。在学术指导专家湖北大学吕渭源教授和华中师大陈佑清博导的亲临指导、研讨、论证中，选定了省、市两级规划重点课题《小学生兴趣发展研究》。

一、课题研究实现三个目标

20世纪80年代中期以来，上海一师附小，北京一师附小、无锡师范附小等校，针对小学生学习负担重、学得痛苦等现象，开展的"愉快教育"、"快乐教育"的改革实验，只将兴趣当作与动机、情绪、意志、理想等相并列的一种非智力因素看待，把兴趣当作一种促进学生学习和发展的手段。而鲁巷实小既把兴趣作为培养小学生创新意识、实践能力和发展个性的手段，又作为小学教育应追求的目标来研究，力图让学生在最感兴趣的领域充分发展，为学生全面而有个性的发展奠定基础。

在此前提下，学校拟定三个研究目标：（1）探索小学生兴趣发展的目标;(2)开发促进小学生兴趣发展的课程;(3)完善促进小学生兴趣发展的教学模式。

根据研究的目标,课题遵循学习提升—问题研讨—多级实践—及时反思—提炼成果五个步骤,分三个子课题进行:

1. 小学生兴趣发展目标的研究

(1)发展学生多方面的兴趣:研究阻碍小学生兴趣发展的因素;研究发展小学生兴趣的条件;研究小学生兴趣的特点(基础性、倾向性);同时通过多种多样的、形式各异的教育教学活动来发展学生的广泛兴趣,发挥学生的主观能动性,促进学生的全面发展。(2)发现和初步形成学生的中心兴趣:着重探讨兴趣和创造力之间的关系。(3)转化学生的不良兴趣。

2. 促进小学生兴趣发展的课程研究

(1)对国家的学科课程进行改造和补充。

(2)开发、新建促进学生兴趣发展的校本课程。

3. 促进小学生兴趣发展的课程实施过程研究

(1)建立适应各种课程教学的课时结构。

(2)探讨有利于促进学生兴趣发展的教学组织形式。

(3)形成激趣—乐学的现代课堂教学模式。

为满足课题研究和教师发展的需要,学校不定期地开展形式各异的读书活动,并将读书活动与专家报告、对话结合起来,让教师在读书中享受,在交流中碰撞相融。通过系列的校本培训活动,教师对于兴趣品质的特点有了更清晰的认识。

二、呈现两个调查报告

为确保研究的真实信度,学校做了几项调查,一是就课堂教学改革,完善教学模式研究,从教学兴趣和学生兴趣以及学生喜爱的教学方式做了随机抽样调查。

学校对60位不同学科的教师代表做了如下调查:

内容	评价统计		
教学目标的全面性	全面	较全面	不全面
	34人占57%	26人占43%	
教学过程的趣味性、发展性	突出	较突出	不突出
	29人占49%	28人占45%	3人占5%
师生间的互动性	良好	一般	差
	21人占33%	35人占53%	4人占6%
学生间的合作性	良好	一般	差
	20人占33%	35人占59%	5人占8%
是否注重激发学生的学习兴趣	注重	较注重	不注重
	32人占55%	28人占45%	
教学策略的转变	转变	有所转变	没有转变
	18人占33%	36人占60%	6人占10%
教师角色的转换	转换	有所转换	没有转换
	20人占33%	35人占59%	5人占8%
课堂学习生活是否快乐、有效	快乐、有效	较快乐、效果一般	不快乐、没有效果
	30人占50%	28人占47%	2人占3%

二是,在二(2)、三(6)、四(1)三个实验班进行了学生学习兴趣情况调查。把调查的情况与实际课堂教学以及新课程进行了比较与分析,学校看到了课堂教学中的困惑和难题。从教师的角度看有两个矛盾,即新的教学理念与教师传统的教育教学观念的矛盾,学生喜爱的新的教学方式与传统的教学方式的矛盾;从学生的角度有两个难题,即活跃的思

维方式和批判精神的培养难，自主乐学的方式和合作精神的培养难；从课堂管理的角度看有两个难点，即如何既能活跃课堂气氛，又能保持课堂秩序，如何使课堂讨论具有本质的吸引力。

另外，为解决教师在研究中的困难问题，鲁巷实小还做了测试抽样调查，调查发现两个问题：一是怎样开展研究活动，如何表达研究成果；二是怎样的教育教学活动让学生觉得有趣又有效？围绕这两个问题，课题组成员深入到各教研组开展行之有效的研究活动，要求人人有课题，个个在研究，从问题出发选择一个侧重点进行探索。

在研究的过程中，学校要求人人有课题，各课题是有层次的。其层次体现为：次子课题—主子课题—总课题，组内—校内—请进来—走出去；其过程表现为分层研究—分层汇报—定期反思—反复摸索，逐层、逐级地在实践中反思，在反思中实践。

三、初步探索出小学生兴趣发展的特点及规律

通过研究，我们初步探索出小学生兴趣发展的特点及规律。兴趣是人们认识、掌握某种事物，并经常参与该种活动的心理倾向，或者说是人们积极探究某种事物的认识倾向。无数事实证明，在影响学生学习和个性发展的非智力因素中，兴趣所起的作用最大。学习兴趣是指学生对学习内容抱有积极态度，并采取认真思考、勇于探索和不懈追求的行动。学习兴趣对提升学生的学习动机、激发学生学习的积极性起着巨大的作用，小学生的兴趣需要不断地培养和发展，其发展过程有一定的特点和规律。

小学生兴趣发展过程的特点有：

1. 由直接兴趣向间接兴趣发展

在课题研究中学校发现，一些老师对怎样运用兴趣来引导学生自主

学习和自我发展的认识不够深入，他们认为培养和发展小学生兴趣就是通过各种新奇手段的刺激来引起学生兴奋、好奇、关注而已。只要在教学过程中能运用变化多样的教学方法手段，就能维持学生的学习兴趣，达到促进学生学习的目的，结果发现效果不甚显著，学习兴趣不能持久。究其原因，就在于我们对兴趣的认识表面化。

学生在学习过程中生成的兴趣，是对学习内容的特殊性和有趣性所产生的好奇倾向，很大程度上停留在学习内容表面。但学校同时也应该看到，在兴趣生成的背后，是学生对学习内容的关注和探究，而这种关注和探究不是随意产生的，其实是因为学习内容与学生对学习目的、意义和价值取向的需求存在必然联系。学生的兴趣有一个发展的过程，即具有从直接兴趣向间接兴趣发展的特点，直接兴趣是由学习内容或活动新鲜有趣直接引起的，间接兴趣是由学习内容或活动的结果具有的意义所引起的。直接兴趣指向学习形式本身，而间接兴趣指向学习过程的结果。

2. 暂时兴趣逐步过渡到稳定兴趣

小学生的兴趣还不够稳定，往往不能持久，既可以很快产生，也可以很快消失。他们可能一会儿喜欢唱歌跳舞，一会儿又喜欢计算制作，时而喜欢阅读演讲，时而好足球跑步。处于萌发阶段的兴趣，只停留在好奇层面上，具有盲目性、易变性、模仿性，这种暂时的兴趣对学习活动的积极影响并不持久。暂时兴趣发展到稳定兴趣有一个过渡阶段，这个阶段非常关键。因为它的发展存在两种可能：一种是向前发展，另一种是向后退缩。这就需要架起向前发展的桥梁，即抓住学生的兴趣点，引导他们进一步认识学习内容的应用价值和精神价值，把学习与自己的理想结合起来，方能持久有效地促进学习活动的深入进行，从而帮助学生形成稳定兴趣。

研究发现，在学生的学习兴趣由直接向间接发展，暂时向稳定过渡的过程中，中、高年级是一个非常关键的时期。低年级的学生，由于知识的局限和学习活动目的性不强，他们的兴趣往往容易被具体生动的形象吸引，总是根据自己对事物本身的喜好来认识事物。他们的学习兴趣，并不完全是因对学习活动的意义和结果的认识而产生的，而是因学习形式而产生，如教学中有趣的游戏、动人的故事、创设的逼真效果、老师声情并茂的讲解、和蔼可亲的态度等。如果学生只对学习形式本身感兴趣，其学习动机必定是不稳定的。中高年级学生的知识逐渐增多，认识水平进一步提高，对活动的目的和意义有所认识，而且能主动去关注。这时，他们对于事物的兴趣就不完全是由事物本身的新鲜有趣引起的，而是他们的某些目的、某种需要激起的，这样，间接兴趣便得到了发展，这个时候教师就要善于抓住时机，以养成学生正确的学习理念和优秀的思维品质为切入点，将兴趣建立在崇高理想追求和正确的价值取向之上。只有这样，学生兴趣才能持久稳定，才能真正达到兴趣发展促进学生乐学的目的。如，低年级学生在开始参加科技活动的时候，往往只关注于如何制作或装置（各种小制作），但对有关构造或装置的原理不大感兴趣。到了高年级，老师可以引导学生提高认识，比如懂得构造或装置的原理有多么重要，对提高自己的科技制作水平、发现和解决问题的能力，对进一步认识奇妙的科学世界有多么大的帮助等。

3. 兴趣范围逐步扩大，但还未形成中心兴趣

随着时代的发展和学生知识的增多，五彩世界在他们眼里更加新奇诱人，他们会对许多事物感兴趣，教师还要独具慧眼，善于发现最适合学生发展的兴趣点，在广泛兴趣基础上，开发学生兴趣潜能，发现并协助他们确立一个中心兴趣。

小学生兴趣的发展也有一定规律可循的。孔子说："知之者不如好之者，好之者不如乐之者"，这句话实际上给兴趣发展指明了一个方向，即"知之"、"好之"、"乐之"。前人的哲理名言和无数成功人士的成长轨迹，为我们小学生发展指出了一条坦途，就是遵循兴趣发展的规律"有趣—乐趣—志趣"三个阶段向前走。

根据小学生兴趣发展的特点及规律，学校通过三个层面来发展学生的兴趣，即创建一种乐学文化，创设一门乐学课程，探索几种兴趣发展的内容。

鲁巷实小研究的最大特点就是及时反思，及时提炼，及时应用推广，不断地改进发展。随着课题研究的进行，办学效应得到了快速提高，特别是得到江南片区老百姓的高度认可。在这期间学校先后兼并了周边的"中南财经政法大学附小"、"武汉工程大学附小"等五所小学，学校规模迅速扩大。与此同时，经中国教育学会中小学整体改革专业委员会考校，由原来"整改委"的会员学校升级为"实验基地"学校。

兴趣教育文化建设

教育文化的建设,是一种从根本上揭示事物发展规律的理性思维引领,是育人规律的把握,它整合我们的感觉,冲击旧有的观念,拨正育人的视角,洞悉人才的缺陷,是一种战略在教育上的确立。在深入推进素质教育的改革实验中,教师的职业倦怠越来越明显,鲁巷实验小学的又一五年教育战略如何?笔者和班子成员分别下到各年级组进行调研,经过调研和专家的反复论证,我们与中国教育学会中小学整体改革专业委员会和省教科所共同申报了《小学"兴趣教育"文化建设的研究》课题实验,其意在充分尊重校园里每一个生命的活力和创造欲,把握义务教育的精髓,夯实基础,关注个性,保证教育教学和管理的有效性,即尊重教师兴趣,把创造还给教师,引导教师通过自己的教育智慧为学生创设一个会学习、快乐学习的"场"。这个"场"就是尊重学生的兴趣,在学生现有的兴趣基础上予以激发和调动,有效地促进学生自主、快乐、创造性地学习,同时还要智慧地促进学生现有兴趣不断进步、完善,帮助学生转化不良兴趣,形成广泛兴趣,并初步建立中心兴趣。即用具有兴趣特色的校园文化陶冶和引领师生的校园生活;用支撑学生兴趣不断发展的管理文化发掘师生的智慧,凝聚师生的向心力和各项工作管理的执行力;用"激趣—乐学"的课堂文化激发课堂教学中双主体的潜能,减负增效,提高教育质量,开发校本课程;用丰富多彩的趣味活动文化指导学生的综合实践活动，走进家庭、走进社区、走进社会。这就是鲁巷实验小学发展的战略思考。

办学办的就是一种文化，一种能凝聚人心的氛围。鲁巷实验小学的兴趣教育文化建设就是要把学校打造成"精神的乐园，智慧的国度，梦想的天堂"。

兴趣教育文化建设，以"趣"为径，以"课堂教学"为载体，从校园、管理、课堂、活动四个方面来为师生构建幸福的家园，激情的心园，智慧的学园，创新的乐园。

此项研究围绕三个内容来展开：

一、探索兴趣教育文化的总体特征

通过本课题研究，逐步构建"基于兴趣，发展兴趣，为学生自主发展和终身幸福奠基"的价值观、思维方式和行为方式，使之成为鲁巷实验小学兴趣教育文化的总体特征。

二、探究兴趣教育文化的组成要素

1. 建设凸显兴趣教育特色的校园文化

围绕"激趣—乐学"这一思路，从实际出发，力求为师生创造花园、学园、乐园的环境，通过绿化、美化和净化，让师生一进校园就有一种主题鲜明、布局有序、清新美观的感受。

（1）生态花园

体现绿色环保，环境卫生整洁。植物园：盆景、苗圃、楼顶绿、绿色办公室。

（2）文化学园

让每一处风景都会说话，每一面墙壁都会说话。建设体现兴趣教育特色的教室和办公室文化，让教师与学生的作品在墙上"说话"。

(3) 趣味乐园

儿童乐园趣味性；教师休憩园愉悦、舒畅；校园空间环境生活化、人文化。

2. 建设促进学生兴趣发展的课程和教学文化

立足于发展学生的兴趣，力求实现学生自主乐学，以激发学生的学习兴趣为教学的起点，以和谐的师生活动营造教学所需要的愉悦气氛，以学生所获得的快乐情绪作为强化学习需要的保证，追求"激趣—乐学"、扎实有效、富有个性的课程和教学文化。

3. 建设和谐有效与时俱进的管理文化

管理文化是学校文化建设的保证。它包括学校的制度管理、教师管理、课程活动、班级管理。学校管理文化要遵循教育与管理规律，顺应时代发展，凸显办学个性，体现学校特色。校长是学校文化的倡导者，管理干部和广大教师是学校文化的建设者。

三、探索教师自身的兴趣素质和对学生兴趣发展的影响

培养教师对教师职业的兴趣，让教师的兴趣引起学生的兴趣，让教师的快乐影响学生的快乐。用兴趣成就教师理想、志向，培养教师对专业知识的兴趣，提升其兴趣品质，使教师成为一个兴趣广泛、品味高雅的人。提高教师综合素养，以此促进学生的兴趣发展。

为保证课题的有效实施，学校组建学术专家指导团，邀请吴秉丙、吕敏为学术顾问，陈佑清、吕渭源、杨海松、陈国安为课题指导专家，成立了兴趣教育研究委员会，实行三级课题管理制，分别实施。

三级课题管理制

	研究专题	负责人
一级	《小学"兴趣教育文化"建设的研究》	叶枫岚（全面负责）、甘亚玲、李怡（组织实施）
二级	《探索兴趣教育文化的总体特征》	叶枫岚、张红娟
	《体现兴趣教育的课题教学建设》	叶枫岚、甘亚玲、程淑静、李怡
	《建设和谐有效与时俱进的管理文化》	叶枫岚、张红娟、程丽芬、马昆学
	《构建体现兴趣教育文化的教育活动体系》	叶枫岚、程丽芬、邓丽、杨祖文
	《教师自身的兴趣爱好等素质对学生兴趣发展的影响》	叶枫岚、甘亚玲
三级	《促进学生兴趣发展的校本课程开发》	叶枫岚、程淑静、李怡、刘枫、钱纪文
	《兴趣德育体系构建》	程丽芬、邓丽
	《家长学校建设对学生兴趣发展的影响》	程丽芬、邓丽
	《家长学校建设对学生兴趣发展的影响》	张红娟、程丽芬
	《组建学生特色社团、搭建兴趣活动展示台》	邓丽、刘飞
	《兴趣发展对学生心理个性发展的促进作用》	余丹、程丽芬、邓丽

以各级研究专题为依托，实行专项研究责任制，建立不同层次的专题研究实践团队，制定具体操作方案。如：课程教学文化建设专题在研究中，结合新课程理论开展了"走进新课程，变革教学方式"的系列活动（随堂听课、教案评比、优质课竞赛、晨会比赛），要求每一位教师结合学校的重点课题和各自的子课题，带着问题去学习、思考、实践，从每一节课做起，从备、教、改、导、评的每一个环节做起。优质课比赛采用随堂听课的形式进行现场考查，评委听完课后做课堂教学现场调查，结合评定分数，课后要求教师说课，着重思考三个问题：如何将学生对学科知识的浅层兴趣转化为深层兴趣？教师在教学过程中应扮演什么角色？在备课过程中，在课堂上教师应该着重思考什么？

　　通过系列教中研、研中教的活动，教师的教学观念发生了变化，教学方式得到了变革，"激趣—乐学"的现代课堂格局基本形成。

　　小学兴趣教育文化的研究、建设，沿着精神和物质两条脉络，开创了促进师生自主发展的具有兴趣教育特色的显性文化和隐性文化，全面提升了学校的办学特色和品位。在此期间学校被武汉市人民政府督导室评为武汉市首家素质教育特色学校；在《中国教育学会中小学整改革命专业委员会》第七届学术年会上向全国名校展示了鲁巷实小的兴趣教育文化特色，《中国教育报》、《中国教师报》、《湖北日报》、《长江日报》、《人民网》、《央视网》、《湖北电视台》等多家媒体相继报道。学校进入了全国特色品牌学校的行列，2011年10月被评为全国"现代优秀"学校，办学经验与特色在政府实施均衡教育中发挥正面引导作用。在杨海松局长的部署下，学校将原楚雄小学纳为分校，从理念文化、校园显性文化、课堂教学文化、学生习惯养成等方面进行改良和重建，三年时间让一个薄弱学校成为了武汉市标准化建设合格校和素质教育特色校。此外，作为"国培"基地校的鲁巷实小，不仅每学期要接待各学校的跟岗培训教师，还与天门一小、西藏乃东县中心小学、海南省保亭中心小学建立了结对帮扶关系，让兴趣教育办学特色得到了应用和推广。

兴趣教育校本型态构建

教育不是权术，而是人教，人教即教化，是心灵的沟通、感化，它没有永固的模式照搬，教育的过程永远是一个创造的过程。

笔者和即将接任校长的张红娟带着困惑访谈了吕渭源教授和叶显发教授，请教"十二五"学校发展的着力点，请陈佑清博导亲临指导兴趣教育研究委员会工作。综合多方研讨成果，确定将《小学兴趣教育的校本型态研究》作为"十二五"研究课题。

型态是形态的稳定形式。形态是指事物在一定条件下的表现形式，即事物的形态或面貌。当这种表现形式经过沉淀固化下来时，"形态"就转成了"型态"。

兴趣教育的校本型态（以下简称"型态"）研究，是将已存在的兴趣教育形态，提炼为独具鲁巷实小特色的兴趣教育型态，简言之，就是鲁巷实验小学兴趣教育的一个抽象，是鲁巷实验小学面貌的概括。"型态"是对学校二十年的兴趣教育研究实践的梳理和提升，是从已取得的兴趣文化、兴趣课堂、兴趣德育三方面的成果中萃取的精华。

型态，是指兴趣教育的校本化，不同的学校场域有不同的型态。兴趣教育作为一种教育理念，在我国 20 世纪 80 年代就产生了。在鲁巷实验小学，兴趣教育的作用，已经超越了辅助、伴生作用，成为一种先导机制。

其研究意义有三点：

1. 校本科研发展的必需。鲁巷实验小学围绕兴趣教育研究了二十多年，锻炼了教师，提升了学校，取得了一些成绩。但，就总体讲，是从不同的角度（如激发兴趣、兴趣课堂、兴趣文化等）针对教育中的具体问题（如兴趣教学模式、策略、手段等）而进行的研究，系统性不足；客观地讲，沉淀、积累的材料是丰富的，但，是表层的，零散的。提出"型态"课题，旨在梳理理论，将其固化。

2. 基础教育发展的必需。基础教育的本质就是奠基。我国传统教育重视"双基"（基础知识、基本技能），这个无可厚非，但比知识更重要的应是兴趣、过程、方法，而这些恰恰是我国教育的弱项，也是我们急需解决的问题。

3. 人本教育发展的必需。人本，人是根本，人本教育是"人的教育"，是人自由成长、自身解放、人性提升的教育，诚然，教育本身应是一个愉快的过程。与"应试"教育背离人本的现状相比，兴趣教育是教育的返璞归真，是人本教育的必需。

拟定了基本的研究思路图：

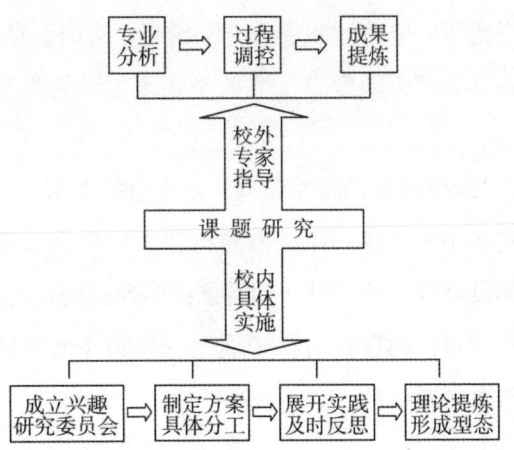

按照单项研究—系统研究—综合研究的进程，遵从如下的技术路线，从理论和实践两个层面来构建鲁巷实验小学的"兴趣教育"校本型态。

技术路线：

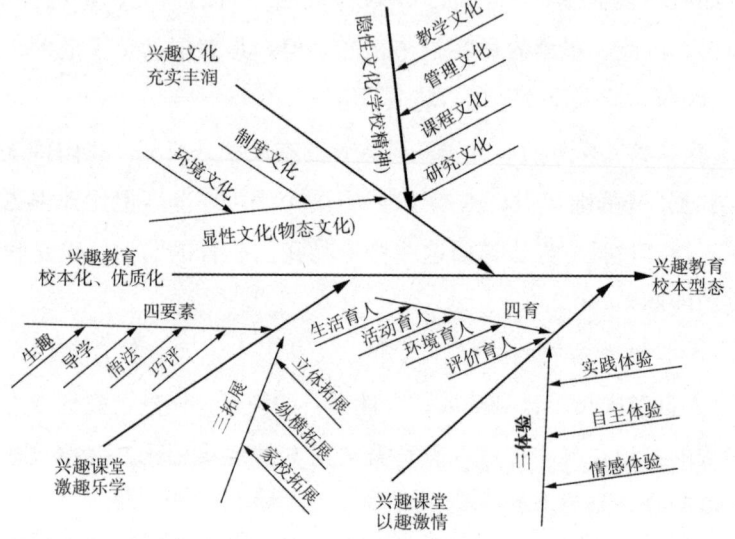

在选题的讨论会上：

教育局李书记说：坚持"兴趣教育"研究，走内涵发展之路。

杨局长说：享受"兴趣教育"成就幸福人生，是鲁巷实小人的价值追求。

陈局长说："激趣乐学，高效课堂"是永恒的主题。

全体鲁巷实验小学人说：用心血履行伟大的使命，用爱心铺垫生命的底色，用兴趣点亮成长的心灯，用智慧指引前进的征程。

鲁巷实小要用自己的誓言为孩子插上一双腾飞的翅膀，为学生搭建一座通向未来的人生彩桥！

第三章
兴趣课堂

　　以兴趣为动力,以促进学生的主体发展为目标,更新观念,于教学中创造性运用"四要素三拓展"的模式,寻求独特的教学风格,彰显"趣、巧、实、活"的基本特点。

课堂模式

　　要达成真正的高效课堂,就得让学生在课堂学习活动中有"法"可依,有"规"可行,这个"法"和"规"就是课堂教学模式。学校在多年的"兴趣教育"研究实践中,领悟新课改的精髓,在实践中反思,在反思中提炼,构建具有鲁巷实验小学兴趣特色的"四要素三拓展"的课堂教学模式。

一、构建模式的指导思想

　　依据"自主发展"的教学观,坚持激发兴趣、发展主体的理念。以激发学生的学习兴趣为前提,以培养认知能力、让学生学会学习为重点,以思维训练为核心,以优化课堂教学结构、变革教学方式为突破口,以促进学生学会学习、自主发展为最终目标,做到学生的主体与教师的主导相统一,传授知识与合作探究相统一,智力因素与非智力因素相统一,面向全体与因材施教相统一。

二、构建模式的思考与定位

　　"四要素三拓展"模式的产生,源自"情知互动"的教育思想,基于如下思考:

1. 认知是"知"与"情"完美的结合

　　通常,人们把认知与情感割裂为两个过程,认为情感是认知之外的非智力因素,一味强调认知的重要性,过分突出、重视知识传授。

美国心理学博士丹尼尔·高曼提出了"情感智力"的概念,他认为情感也是智力,而且是对人的社会生活幸福与否产生重大影响的智力,认知实质上是情感的,而情感实质上也是认知的,认知是"知"与"情"共生共赢的完美融合。

2. 求知过程中,小学生的情感因素直接影响着学习效果

知、情水乳交融,在思维中是同时进行的,"创造想象的最大创造永远产生于情感之中"(苏联心理学家捷普洛夫)。研究证明,情感低落时,想象力只有平时的二分之一,甚至更低。小学时期是情感养成的重要时期,也是情感丰富、脆弱且波动性较大的时期。因此,抓好小学生学习的情感因素,调动学生认知的兴趣,让兴趣在小学教育中发挥积极的作用,对小学生知识摄取、高尚品质养成有十分重要意义。

3. 学校教育因素中存在着感性的,也存在着知性的

感性的因素是指可见的,有形的,愉悦的;知性的因素指知识的,思考的,方法的。兴趣是一切动力的源泉,教师用"兴趣"将感性与知性融为一体,在教学中,不断制造兴趣的支撑点,抓住学生的"心",激发学生的"情",活跃学生的"思",培养学生的"智",发展学生的"能",实现学生的自主发展。

三、教学模式的基本特征

融知识—兴趣—发展为一体,形成努力—成功—再努力—再成功的良性循环,使学生具有持久的内在动力和积极的创新意识。

四、构建模式的主要目标

激发学生的学习兴趣,开发学生的智慧潜能,培养学生的创造意识,达到好学、会学、善学、乐学的目标。

五、教学模式的解读

1. "四要素三拓展"模式的核心要素

其中生趣是支撑点；导学是基本点；悟法是关键点；巧评是生长点。兴趣是教学模式主线，是核心。

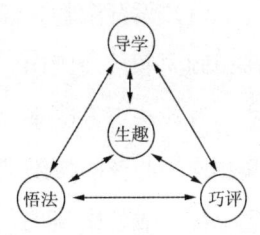

为达到教与学、知与趣的和谐统一，相互转化，相互促进，每一个环节都包括知、趣两方面的内容：

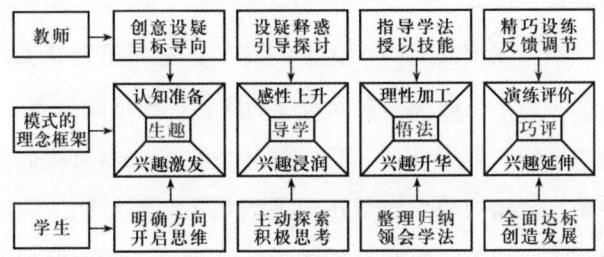

三拓展为每节课的设计依据，即依据学科内容的"纵横拓展"（本学科深入和与相关学科知识的整合），依据学生学情的"立体拓展"（分层要求、分层练习、分层达标、人人收获），依据学生个性的"家校拓展"（兴趣爱好和个性作业的无限延伸），实现学生自主求知。

2. 具体实施

在具体实施中，课前抓教师教学观念的更新和深度备课。更新观念做到三个转变（引导学生由学会向会学转变、学答向学问转变、问知识向问方法转变），处理好四个关系（兴趣教学与教师个性、兴趣教学与学科特点、兴趣教学与年段特征、兴趣教学与教学艺术）；深度备课要求挖掘教材本身的知识点和兴趣点，结合学生实际，创造性地使用教材，推行个体初步设计—同伴研讨成形—风格深度修改三步走的学案设计。

课中抓四个教学环节的把握，即：

(1)设疑激趣,以趣生情。兴趣是与愉快的情感与情绪表现相伴的认识倾向和活动倾向。为了激趣生情,教师采用迁移法、悬念法、故事法、游戏法等方法来引起学生的认知冲突,引发学生的学习兴趣,引出紧扣学生心弦的教学情境。学生在教师创设的情境中或趣味横生,或悬念于怀,或处于新旧认识的冲突之中,或徘徊在知与不知的矛盾圈内,产生探奇览胜的求知欲,学生由疑生趣,驱动大脑兴奋,自然而然地进入最佳学习状态。例如:教学"倍的认识"时,师说:同学们,每当我们走进校门,映入眼帘的是一个美丽的花园,花园里百花盛开,招来了许多蝴蝶。这时把学生的思绪引入所学的内容,出示蝴蝶图;提出问题:这两种蝴蝶相比较,谁多谁少,我们已经学过了,今天我们要学习一种新的比较关系,黄蝴蝶的只数是花蝴蝶的几倍?要想知道黄蝴蝶的只数是花蝴蝶的几倍,该怎样想呢?这样学生的思维自然而然地进入了学习状态。

(2)以趣激思,以思引探。苏霍姆林斯基说:"在人的心灵深处,都有一种根深蒂固的需要,这就是希望自己是一个发现者、研究者、探究者。在儿童的精神世界里这种需要特别强烈。"因此,当学生进入了探求新知的最佳状态时,教师要抓住时机,依据教学目标,有意识地展示前后一致、逻辑严密的有利于学生概括的教学材料,发掘教材中的兴趣因素,不断地制造兴趣的支撑点。在展示知识形成的过程中启发提问,引导探索,培养兴趣,激活思维。

①发掘教材中的兴趣因素,激发学生主动学习的兴趣。教学材料的逻辑展示,有利于引导学生主动参与探索知识形成的过程,即从"学会"到"会学",从"善学"到"乐学"。例如教学"三角形的面积计算"时,老师指导学生将三角形学具拼摆成已学过的长方形或平行四边形,学生

在动手、动脑中情绪高涨，会排出各种图形。教师有意识地将学生摆的各种图形通过多媒体课件逐个进行切割、拼补，寻找这些图形与三角形之间的联结点。经过一系列的观察、比较，学生发现，不管哪种摆法都可以推导出三角形面积公式：$S_\triangle = 1/2ah$。此时他们不仅学会了三角形面积计算公式，理解了教学知识的内在联系，而且感受到数学的图形美、结构美，对数学学习产生了浓厚兴趣。同时体验到亲自动手摘取果子、获得结论的喜悦。更重要的是学到了学法，达到兴趣与思维同步的目的，使学生享受到通过"乐学之旅"到达"会学彼岸"的兴趣。

②尊重自主意识，创设自学情境，激发求知的成就感。苏霍姆林斯基说："请记住，成功的欢乐是一种巨大的情绪力量，它可以促进儿童好好学习的愿望……"学生在学习过程中，克服困难而获得成功，就会感到满足，因而兴趣增添，成为继续学习的一种强大动力。教师在教学实践中尊重学生的自主意识，创设自学情境，是激励求知的有效途径。

第一：创境激情，引导自学。

第二：运用迁移规律引导探索。

第三：结合教材，联系学生活动实际，组织社会实践活动，充分发挥学生的主体作用。

（3）以探激趣，探中学法。随着教学的进行，学生在主动探究的过程中，必然要从感性认识上升到理性认识，从认识的初步加工发展到深度加工，这是整个教学过程的最核心环节，因此，教师必须不失时机地在学生掌握基础知识的过程中指导学生揭示规律，将教法与学法有机地结合起来，相互转换，形成学生自己的学习方法。同时也让学生在对教学材料进行理性加工的过程中体验到成功的愉悦和快感，使学生的学习兴趣得到升华。

（4）以知促趣，知趣交融。在一节课里能否把学生学习的兴趣保持在教学全程是一节课能否成功的保证。在一节课的应用与发展阶段,运用好激励评价的手段,应尽可能创设学科知识发展的机会,引导学生自己解决生活中的实际问题,由内心的成功体验产生情感满足,进而成为推动下一步学习的动力,促使短暂的兴趣发展为持续性的求知欲,形成"教学实践—内在兴趣—成功体验—新的兴趣"的兴趣教学魔力圈。教学时要把握好时机,在应用与发展的初级阶段,设计一些低起点、小坡度、多形式的巩固练习,使学生在完成练习中体会成功,学习兴趣逐层高涨,人人都想在解决问题中大显身手。这时教师要抓住契机,结合学生的心理和教学内容,采取不同的方式设计发展型的练习来培养学生的思维能力。最后还要结合整节课使学生的学习兴趣得以延伸,同时也为新知的学习做好迁移的准备。

课后抓案例剖析,要求教师听课、评课必须做到"三个一",即找一个创新点、找一个改进点、提一条好建议,形成尝试—诊断—赏析的循环链,达到发现问题,研究问题,解决问题,构建灵动、立体的高效课堂的目的。

六、实施模式的操作策略

1. 激发兴趣策略

深钻教材寻趣、创设情境引趣、设置悬念诱趣、鼓励质疑激趣、自学研讨生趣、自选练习延趣、判断选择升趣。

2. 合作探究策略

(1) 主动参与探究,体现四动(动手、动口、动脑、动情);

(2) 在探究中拓展思维,力求体现两个不同,思考问题的角度不同,解决问题的方法不同。

3. 自主讨论的策略

(1)师生讨论;(2)同座讨论;(3)小组讨论;(4)自学与讨论相结合。

4. 激励评价策略

(1) 自评、互评、表扬进步；(2) 重过程评价，鼓励参与探索；(3) 重分层评价，人人体验成功。

七、实施模式的过程

1. 以兴趣为动力，以促进学生的主体发展为目标，更新观念，把握模式的灵魂

通过学习，更新观念，做到几个转变：(1) 变教师的教案为学案；(2) 变目标的盲目性为目标的明确性；(3) 变讲堂为学堂；(4) 变一刀切要求为分层达标，因材施教；(5) 变重知识传授为重学法指导，重全面发展和重创造；(6) 变单一的组织形式为多种组织形式相结合；(7) 变重终结性评价为重形成性评价。

2. 以典型课例为突破口，启发引导教师理解模式的操作特点

学校以一、三两个年级为重点实验年级，着重在语文、数学、英语、科学四个学科深入实践，利用各科备课组的固定研究日，开展同学、同备、同课、同研、同评活动，在活动中要求教师根据学科特点和学生实际，以模式为依托，上好研究课，同时课题组跟踪改进，步步深入，逐步形成模式的操作特点。

3. 以课内比教学，创"首席教师"活动为依托，分层推进，反复实践课堂教学模式

课内比教学是学校课堂教学改革的一项常规工作，我们始终坚持"常规做到极致就是卓越"的理念，明确比教学不是一堂评比课，而是比备课、比上课、比说课、比观课、比评课、比反思。学校通过同一学科纵向比、不同学科横向比、个人比技能、小组比合作等形式，立足学生实践，不断变革教学方式，每学期开展三晒四检验活动。

三晒：新上讲坛的教师周周晒，着重晒基本教学结构、基本教学流

程和适应学生的基本方法；同学科教师组内晒，着重晒对学科教材的解读和课堂教学效益的最大化；骨干、名师引领晒，着重晒兴趣课堂教学风格的形成。

四检验：在蹲点领导"听课观班"中检验学生的学习力；在"特色新班"创建中检验教师乐教、学生乐学的班风班貌，检验学生学习的综合力和创造力；在不定期的"学业检查"中检验课程计划的节节达标、单元达标和学科达标的合格率、优秀率；在鲁巷"星级评比"中检验常规教学流程，检验学、研、备、教、改、导、辅、思各个环节的落实情况，扬长补短，常抓常新。

从而形成"教改新星—学科骨干—首席、名师—学者、专家"这种教师队伍发展的"金字塔"模式。

4. 以活化课堂教学模式为最高境界，注重实效，鼓励教师追求个性，形成各自独有的风格

学校要求教师在教学中要创造性地运用模式，寻求各自独特的教学风格，体现趣、巧、实、活的基本特点。

把握以下四点：

（1）在教学过程中，以兴趣为切入点，创设学生学习的最近发展区，让学生在课堂学习中不断进入"愤悱"状态中。

（2）在教学中创造条件，把握时机不断制造兴趣的支撑点，引导学生探究，形成主动获取知识的能力。

（3）因材施教，给学生以信任和期望，满足每个学生的需要。要求教师在处理教材和设计教学方案时，注意到：①搞清楚什么是学生已经懂的，对学生已经懂的内容，教师只作检查就可以了；②对于学生自己读教材就可以懂的内容，教师就要求学生进行概括与提炼，学生概括、

提炼不到位，教师再给予指导和帮助；③对于学生看教材也不懂但通过合作学习可以搞懂的内容，教师要组织小组讨论；④对于学生看了教材也不懂，通过讨论还不懂的内容，教师必须讲授和阐明；⑤对于教师讲了也不懂、必须通过实践才能搞懂的内容，教师要进行活动设计与示范。

（4）鼓励自学并领悟学习方法。

5. 有效作业，巧学趣练

作业作为教学过程一个不可或缺的环节，是在教师的指导下，由学生形成技能的过程。

可是，当今大多数孩子面临的是过重的课业负担，"减负"的呼声越来越深入人心，怎么才能做到"减负增效"？

高年级语文、数学备课组做了一些思索，开展了《有趣有效作业设计》的专题研究，用"趣"化解学生的负担，初步实现"减负增效"，并在全校推广起来：

（1）作业巧施，闯关分层

为了让不同程度的学生各有所获，教师遵循因材施教的原则将作业归类、分层，让学生根据自己的程度自由选择。一开始，各班的学生无一例外地选择最容易、最简单的练习，看来"作业"这东西，是孩子烦透了的事。于是教师改变角度，将作业变为一个个小小的闯关游戏，通过的同学就可以简化作业的内容和步骤。这一方法，立刻引起了孩子们的兴趣，课堂上口头练习过的不再书面练习，于是"举手发言"人人争先恐后；听写得到一百分的可以不再抄词，于是识字的时间变得那么珍贵；当堂掌握可以不再反复，于是课堂抢记的效果让人吃惊……其实知识还是那些知识，作业量也未变，只是孩子们将曾经头疼的作业当成了快乐的负担，而不再感觉是负担而已。

(2) 作业巧做，创意万千

语文教师发现有学生抄词或是练字时不愿意一行行地写，而是像走迷宫式地绕着写，或是倒着写、跳着写，为什么出现这种情况？其实孩子这种心理并不难理解，天天吃一个菜，久了谁都会腻，每课的作业形式大致相同，日子久了，学生自然感觉无趣，天性活泼的他们只有"苦中求点乐"。于是，教师倡导孩子们巧做作业，作业的内容是不能变的，学生可以改变作业的方式，用自己喜欢的方式来完成，有的孩子根据作业的内容，设计了特别的名字：语文的"生字堡"、"词语屋"、"句子大世界"，数学的"我是小小神算手"、"火眼金睛"、"数学医院"、"小小魔术师"、"小小法官"、"数学乐园"、"加减乘除"、"智慧风暴"等，这些充满童心的创意让我们蓦地发现原来作业也可以这样。

(3) 作业巧批，温馨互动

作业怎么批改才是最有效的反馈方式？在教学实践过程中，面批作业是最直观的反馈，也能最有效地巩固教学效果。一对一的面批，能够通过作业更有针对性地对学生进行课堂学习的查缺补漏。在常规教学中学校提倡教师对课堂作业面批。

除面批外，在教学实践中，还可以运用多种批改形式，如集体订正、伙伴互评、作业展示等，当教师发现学生普遍感觉学习内容不好理解，掌握有难度，提出的问题较为集中时，教师可以采用集体订正的方式反馈相关问题，并通过小组群学来解决；当作业的内容难度较低，题目较多，如听写、口算等，可以同桌或学习小组成员互相批改，这样不仅可以大大提高效率，还可以充分满足学生的好奇心和成就感，让他们体会当个小老师的乐趣。多种形式的练习配合多种形式的反馈，巧学趣练，可以实现学生真正意义上的减负。

6. 课堂评价

众所周知,教学评价是教学过程中一个不可缺少的基本环节,它是实施课堂教学模式的根本保证,它能从整体上调节和控制教学活动的进程,保证教学活动向预定目标前进。教学评价既是上一个教学环节的结束,又是下一教学环节的开始,在教学中起着承上启下的作用。

(1) 学校制定了"教学目标明、教学语言美、教学方法和学生思维活、教学时间利用佳、教学效果好"的课堂教学评价标准

鲁巷实验小学"激趣乐学"高效课堂教学评价标准

指标Ⅰ	指标Ⅱ	指标Ⅲ	权重	得分
学生学习行为(60)	学习状态	1. 参与学习活动的态度:学生对教学内容和形式感兴趣,学习主动,方法灵活。	5	
		2. 参与学习活动的广度:学生全员参与语文学习活动,课堂气氛活跃。	5	
		3. 参与学习活动的深度:学生全程参与语文学习活动,基本上有语言表达的机会,有充分思考的时间和空间。	5	
	学习方法	1. 形成探究学习的能力,学习掌握合作探究、交流吸取的基本方法,使听、说、读、写、算、做等学习实践活动充分、扎实地开展。	6	
		2. 围绕"生趣、导学、悟法、巧评"的模式有效参与课堂学习活动,主动探索,敢于质疑。	6	
		3. 能将学习活动与生活经验相结合,运用查找资料、处理信息的方法辅助自己的课堂学习。	6	
	学习效果	1. 达到既定的课时学习目标,在教材内容的理解、表达方法的运用、概括能力的发展方面有新收获,信息量适度,学生负担合理,短时高效。	9	
		2. 学生学科综合素养得到提高:具体以各学科课时目标而定。	9	
		3. 学生带着"兴趣"参与学习活动,又带着"兴趣"走出课堂,用"兴趣"培养发展滋生的创造精神和实践能力。	9	

指标Ⅰ	指标Ⅱ	指标Ⅲ	权重	得分
教师教学行为（40）	教学态度	1. 面向全体，平等对待，关注个体差异，促使学生全面可持续发展。	4	
		2. 教学目标的设立符合新课程标准的要求，根据不同学科的特点，采用不同的教学设计，强化学生的自主体验，体现"教师主导和学生主体的统一"这一教学原则。	4	
		3. 教学态度亲切、严谨、务实，教学活动氛围平等、宽松、和谐，鼓励学生求新求异，善于激发学生学习兴趣。	4	
	教学过程	1. 遵循学生的认知规律和学科知识学习规律，围绕目标突出重点，体现年段特点。	6	
		2. 教师具有对学生进行示范的素质，注重培养学生良好的学习习惯，有计划地给予学生学习方法的指导，尊重学生的独特体验，采用多样的评价方式，合理调控教学。	6	
		3. 教学环节清晰紧凑，高效实用，学习进程张弛有度，充分发挥现代教育技术在解决教学重难点及创设情境等方面的作用。	6	
	教学特色	1. 在正确、全面、深刻解读教材的基础上，创造性地运用教材，设计教学，实施教学。	4	
		2. 具有较强的课堂教学驾驭能力，能灵活、恰当地根据学生反应与参与状况，及时调整教学节奏和步调，进行正确的教学反馈。	3	
		3. 形成具有个性特征的教学风格，求真务实，实现有趣高效。	3	
综合描述			总分	

（2）课堂评价分类权重

目标明确10%；方法灵活10%；自主探究20%；兴趣浓厚20%；教学效果40%。

教学评价权重图示：

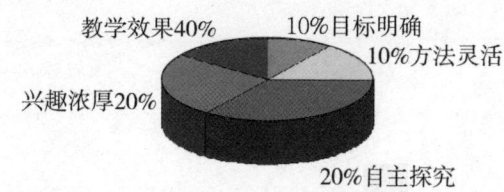

总之，课堂教学不是简单的知识学习的过程，它是师生共同成长的生命历程，也是激情与智慧综合生成的过程，只有构建有效的模式才能实现教学目标的高度达成，激励学生探究活动的高度参与（学习态度积极，情绪高涨），才能引领师生感受到高度的幸福（学习愉悦、快乐、健康）。

小学语文的兴趣教学

小学是学生学习语文的启蒙阶段,这个阶段的学习对学生以后的语文学习起着至关重要的作用。学生是语文学习的主人,在教学过程中,要加强学生自主的语文实践活动,引导他们在实践中主动地获取知识,形成能力。语文教学最基本的任务是培养学生的听、说、读、写能力,小学阶段的任务具体为识字、写字、阅读与简单写作能力的培养。经过多年研究与实践探索,鲁巷实验小学形成了自身特色的系列经验。

提高小学生识字能力

新大纲明确指出:学生是语文学习的主人。在教学过程中,要加强学生的自主语文实践活动,引导他们在实践中主动地获取知识,形成能力。识字是阅读和习作的基础,提高识字效率,加快识字步伐,让学生尽早闯过识字关,就为较快地提高读写能力打好了基础。因此使学生学会一定数量的字,也是低年级语文教学的一个重点。怎样提高低年级识字效率呢?

一、培养学生识字的兴趣

学生进入小学之前或多或少都接触过文字这个东西。例如:看到大人阅读书报,他们就会问大人书里讲些什么?这时大人们总会说,等你将来上学了,老师就会教你识字,字识多了,你就会自己看书读报了。可见,儿童在上学前就有了识字的愿望；上学了，在教师的教育下，学生的识字愿望就更强烈了。可是，文字终究是枯燥的符号，对儿童来说，识字不会像看电影、听故事那么有趣。因此，在识字教学中，培养学生识字的兴趣，就显得十分重要。只有使儿童对识字产生兴趣，才能使他们积极主动地去学习；只有他们主动地去学习了，才能迅速提高识字教学的质量。

怎样培养学生识字的兴趣呢？

1. 在识字教学中采取生动形象的教学方法，最能培养学生学习的兴趣

学生初学汉字的难点是识记字形。根据汉字的特点，一般的教法是，教独体字采用划笔画、记笔顺的办法让学生识记字形，教合体字除了划笔画外，主要教学生运用偏旁部首和独体字来分析字形结构。

除此之外，还要善于联系生活实际，采取看图画、说顺口溜等方法，运用学生的形象思维。例如教"日、月、水、火"这一课，先让学生看课本插图，拼读音节，在了解字义、读准字音的基础上分析字形。在分析"日"的字形时，教师问："你们看，太阳是什么样子的？"学生回答："是圆的。"教师就告诉学生，古代劳动人民是用图画来写"日"字的（板书⊙），后来不断变化，就成了现在这个样子了。用同样的方法分析"月"的字形（插图上的月亮是弯弯的）。这样运用图画联系象形字的特点来讲字形，就比单纯地划笔画形象得多，学生有兴趣，记得牢。

又如教"安"字的"宀"时，先让学生看拼音 bǎo gài tóu 读出宝盖头的名称，然后问学生："盖头盖头，你们看，它像什么东西的盖头？"边问边用手指一指宝盖头上面的一点。学生马上活跃起来了。有的说，它像锅盖，有的说，它像茶杯盖头。又一位学生说它像瓶子盖头。"像瓶子盖头吗？"一个学生马上说，不像，瓶盖上面没有这一点，这样一讨论，把"宀"形象化了，学生对上面的一点印象特别深，记得特别牢。

以后再教秃宝盖，就更容易了。又如教绞丝旁"纟"，教师拿出一绞丝给学生看，把"纟"和一绞丝的形象联系起来，学生就很感兴趣地把绞丝旁的写法和名称记住了。

当发现学生对某个字的某一笔容易写错，就联系学生生活，用形象化的说法帮助学生记忆。"球"字右上角的一点学生很容易漏写，教师就对学生说，这一点，就好像你们踢足球时，足球从空中落下来，掉到这里来了。这么一讲，学生写"球"字时，就会联系到踢足球，想到"球"字右上角的一点，就不会漏写这一点了。

由于教师注意形象地分析字形，发展了学生的形象思维能力，当教师启发学生自己动脑筋想办法记住字形时，学生非常感兴趣，思维活跃。几十个小脑袋常会想出许多形象化的记忆字形的好方法。例如教"安"字时，一个学生说，"安"字像女孩子头上戴顶帽子。教"要"字时，一个学生说，"要"字上面是西瓜的"西"，下面是女孩的"女"，另一个学生马上说"女孩子'要'吃西瓜"。

用顺口溜来分析字形的方法，也是深受学生欢迎的。如：扁口中间加一竖中中中，了字加横子子子，王字加点主主主，刀字出头力力力，开字双出头井井井，等等。

2. 在生字教学中，不断变换教学方式，能引起学生的兴趣，集中他们的注意力

教学生字，教师要将读读、讲讲、写写这几种教学方式经常变换，单一的教学方式（或读或讲或写）持续时间过长，学生就会感到乏味，注意力容易分散。读、讲、写的方式也要不断变化。例如多读，就可用齐读、个别读、分组读、男女读、同桌互读，还有"开火车"读等各种方式交替进行。假如总是齐读，时间一长学生就会感到厌烦，读得有口

无心，影响教学效果。

　　组织学生进行一些教学活动和游戏，不仅能使学生消除疲乏，而且能使学生自然地获得知识、巩固知识。例如在教了"前、后、左、右"四个字后，就让全班学生做一个游戏：教师出示"左"字卡片，学生就用左手摸自己的左耳朵；教师出示"右"字卡片，学生就用右手摸自己的右耳朵；教师出示"前"字卡片，学生把两只手放在胸前；教师出示"后"字卡片，学生把双手放在背后。谁做错了，教师就叫他站起来，先读卡片上的生字，读对了再做动作，读错了或读不出，请同学帮助他。这样，在游戏中让全班学生复习了这四个生字。

　　还有运用生字小卡片，指导学生在课内课外做各种联系。例如：叫学生将前一天学过的生字卡和今天要教的生字卡片分别用夹子夹好，带到学校里来，教过生字后，就让学生运用自己的小卡片来复习生字。先让学生把卡片一张张取出来，取出一张读一张，同桌互相检查，看是否读对了。一人读错了，另一人就帮他改正。然后将卡片一张张分开放在自己的课桌上。教师读一个生字，全体学生就找出这张卡片来。同时还可以用这些卡片来组词。学生对这些活动都很有兴趣的。

　　3. 经常采用表扬鼓励、比赛等方法，提高学生识字的积极性

　　在教生字以后，开展比一比、赛一赛的活动，寓复习巩固于比赛之中，也能提高学生的学习兴趣，收到良好的效果。例如：不按次序出示今天教过的全部生字卡片，采用"开火车"的办法，以小组为单位，学生依次站起来认读。一个组的全部学生都读对了，就给记一个五角星。得五角星的组是优胜者，全班鼓掌，表示祝贺，并向他们学习。

　　此外，经常开展一些比赛活动，如写字比赛，比谁写得好；默字比赛，看谁默得对。这对培养和鼓励学生的学习兴趣和学习的积极性，也

是很有作用的。

二、培养学生识字的自学能力，是提高识字效率的关键

对学生的识字情况调查显示，语文课中的识字教学，是学生掌握生字的主要途径，但不是唯一的途径。许多成绩比较好的学生，比一般的同学识字多一些，这些字都是他们自己在课外学的。因此，教会学生识字方法，培养学生识字的自学能力，是提高识字效率的关键。

培养学生识字的自学能力，可以从以下两个方面来做的：

首先，是让学生正确地牢固掌握两套识字工具，汉语拼音和笔画笔顺、偏旁部首，不让一个学生掉队。通过"拼音识字"和"笔画笔顺、偏旁部首阶段"的教学，让学生学会拼音和独体字、笔画笔顺规则。运用两课时集中教授"看图学词学句"部分出现的偏旁部首。这样，在教合体字时学生就能运用偏旁部首和独体字来分析字形，记忆字形了。

其次，掌握了识字工具，就根据学生认识事物的规律、学习语文的规律和汉字本身的规律，教给学生识字方法，培养学生识字能力。如教"米"字时，学生说，"米字上面的点撇，像一粒一粒的米"。教"门"和"雨"时，学生说，"门字就像一扇门，'雨'字里面的四点，就像雨点"。教师又有意识地教他们运用形声字的特点来分析字形，如教"们"字时，教师告诉学生："们"和"门"的声母都是 m，韵母都是 en，但声调不同，"们"是轻声，"门"是第二声。"们"表示有很多人，所以在"门"的左边加上个单人旁。以后，学生都会动脑筋，想办法，帮助他们把字义和字形联系起来分析。如分析"话"的字形时，有的学生已在课外认识了"舌"字，就说：说话就是发言，所以左边是个"言"字旁；说话要用舌头，所以右边是个"舌"。分析"棉"的字形时，学生说：棉花不是像棵小树吗，所以左边是木字旁，棉花不是白的吗，所以右上是

"白",棉花可以织毛巾,所以右下是"巾"。学生有了一定的识字自学能力,对识字的兴趣就更浓了,积极性也更高了。因此一讲分析字形,大家的手就举得高高的,有的学生还情不自禁地喊:我有个好办法。

生字数量增多以后,就会出现同音字、形近字混淆的情况,教师通过"比一比"的练习,教学生从字音、字形、字义三方面进行比较,正确掌握每个字的音、形、义。学生学会了比较法,碰到形近、音近字,自己就会区分。如教"外"时,学生马上联想到"处",比较了他们的不同写法。

学生掌握了识字工具,懂得了识字方法,就能在课外,通过各种途径自己识字。如教"体"时,一个学生说:右边是个"本",下面的一横不能漏掉,漏掉就变"休"了。用"有"组词时,有的学生错说成"有爱"时,立即有许多学生指出"友"的下面是"又",不是"月"。"本"、"休"、"友"这些字都是学生运用两套识字工具自己在课外学会的。由此可见,教会学生识字方法,培养他们的识字能力,就大大提高识字效率。

三、将识字与写字、阅读、说话相结合,既提高识字质量又培养阅读、说话能力

识字与写字相结合。实践证明,学生识了,抄写几遍以后进行默写,跟不抄写只读几遍就进行默写,比较起来,前者的成绩要比后者好得多。这说明了学生在初步掌握字的音、形、义的基础上,必须继之以书写,才能牢固掌握字形。

识字与阅读相结合。识了字,就要让学生认真读书,多读、熟读。要时刻注意培养学生踏实认真的读书习惯。读书要做到"三到":眼到、口到、心到,一个字一个字地认读。首先要求把音读正确,把每一句话的内容读清楚,然后在理解课文的基础上读得流利,能正确表达课文的思想感情。课外阅读在巩固字词,丰富学生的知识和词汇,训练阅读能力等方面都起很大的作用。从一年级开始，教师就要引导和指导学生阅读课外读物。《课外语文》《拼音识字》《格林童话》以及一些适合他们程度的拼音读物，都是学生喜爱的课外读物。

识字与说话相结合。发展学生的语言是巩固字词、运用字词的重要手段。可采用组词、组句、连词成句、组句成文、在阅读中换词、改换句子、复述课文、缩句扩句等方法来发展学生的语言。例如《黄山奇石》这一课，要求学生想象一下"天狗望月"、"狮子抢球"和"仙女弹琴"这些奇石的样子。并说一说，再写一写。学生都能结合课文和平时词句的积累，想象出许多丰富的文字，"在一座陡峭的山峰上，有一只天狗。一动不动地蹲坐在山头，望着天空中圆圆的月亮。这就是有趣的'天狗望月'"。要鼓励学生多用从课本中学到的词语，使他们的语言逐步规范化，从而达到对字词的巩固。

通过两年的研究，学生由原来的被动识字变为主动识字；由以前的一个字要记好几分钟变为一分钟记好几个字；学生的阅读速度由研究初的一分钟读十几个字到现在的一分钟读一百多个字。这些都表明对学生提高识字效率的研究是有效的、可行的。

（课题执行人　张琼）

小学写字教学四步法

写字教学是小学语文教学的一个重要内容，是素质教育的重要组成部分，又是继承和弘扬民族优秀传统文化的一项基础工程。学校立足学校实践，借鉴兴趣教育的主要思路与模式，把科研与教学相结合，整合校内外教学资源开展提高小学生写字水平的研究，经过多年探索与实践，探索出一套让学生的书写水平逐步提高的教学模式——小学写字四步法，即"激趣—导学—练习—评改"。

激趣	1. 讲述故事。教师根据学生崇拜名人、模仿名人的心理,可收集古今书法大师少年时代练字的传说故事,讲给学生听,从而激发学生热爱写字的情感。 2. 开展活动。教师根据学生好胜的心理,开展一些活动,调动学生写字的积极性。如成立书法兴趣小组,开展写字比赛,举办书法大赛,以及组织学生向报刊投稿等等。 3. 佳作欣赏。通过佳作的欣赏,使学生从作品结构的疏密、点画的轻重、墨色的浓淡、行笔的疾缓中得到美的享受,从而达到激发学生写字兴趣的目的。
导学	1. 指导观察。从"胸有成竹"的成语中得到启示。写好字的第一步应集中注意力,仔细观察字的结构、形体、笔画,在观察中发现汉字的构字规律和写法特征。只有做到这一点,写出的字才会结构合理,比例适当,大小均匀,端正整洁。 2. 指导分析。在观察的基础上,分析字的上下、左右等构造特点,大小、宽窄、高低的形体,以及字的结构规律。这样,不仅可使学生把字写得美观,更主要是培养学生分析字形的能力,从而达到举一反三。 3. 指导书写。写字教学要重视书写的指导。一是常规指导,它包括坐姿要领,执笔姿势,基本笔画和基本笔顺规则。各种笔画的书写方法,运笔技巧,要反复练习,使学生形成一种技能。二是共性指导。学生写字有一些共性的错误,教师要了解这些共性,在学生动笔之前采用多种方法、多种形式进行指导,避免重犯。三是关键笔画的指导。即先帮助学生找出字的关键笔画。如"鸟"字、"色"字等,然后指导书写。如这两个字的第一撇不能写得太短。四是范写指导。这是一种润物细无声的教学过程,它将语言变为实践,便于学生模仿操作。
练习	1. 讲究方法。学生练写时要讲究眼到、心到、手到,并严格要求坐姿和握姿正确。 2. 讲究科学。如练习量要适中;给学生足够的时间;尽可能找出结构、形体相近的字进行练习,做到一次一得。 3. 抓好平时。养成"提笔即是练字时"的习惯。
评改	1. 要民主。教师按照"评价标准"作示范评改,让学生学着教师的评改方法进行自评、互评,从而提高分析、评改的能力。 2. 要仔细。教师要自行设计一套符号,对于好字、错字和太大、太小、太长以及歪斜等写得不规范的字,都要用符号标明。 3. 要仔细。教师在课堂上必须评改几份典型作品,其余的作业在课下批改,并及时让学生订正。 这个过程既是提高写字水平的手段,又是激发学生习字的一种动力,达到延趣的目的。

(课题执行人　周开菊　王二虎)

小学生课外阅读兴趣培养

《语文课程标准》明确指出：培养广泛的阅读兴趣，扩大阅读面。增加阅读量，提倡少做题，多读书，读好书，读整本书。十岁左右孩子的最大心理特点是，已经具有了一定的知识，又充满着对周围世界探索的愿望。幻想是这个年龄的孩子把握世界的一种方式，大人们一定要保护孩子珍贵的想象力。为了使学生课外阅读不流于形式，不停留在表面，真正使学生从课外阅读中获取各方面的知识，提高语文素养，就要加强指导，注重实效，而在指导中激发学生课外阅读的兴趣尤为重要。

一、激发学生阅读兴趣

1. 优化阅读环境，敲响读书之门

学生的成长很大程度上受到环境的影响，优化阅读环境，让学校弥漫书香气息是我们做教师的追求，如在教室里贴上温馨的阅读暗示"书籍是人类进步的阶梯"，"发奋识尽天下字，立志读遍天下书"，"读经典的书，做有根的人"，"书山有路勤为径，学海无涯苦作舟"等。

此外，让生活弥漫书香气息也是每个家长的追求，将书香气息带给家庭，推动家庭阅读正常化、持久化，为学生阅读兴趣的培养提供优越的环境。

2. 榜样激励，推开读书之窗

英国著名哲学家培根曾经说过："书籍是人类进步的阶梯。"对社会有着卓越贡献的学者无不是由大量阅读引起的阅读兴趣，迁移为强烈的学习兴趣、求知欲而走向成功。因此，教师首先要经常向学生介绍名人读书的故事，以榜样的力量激励学生。其次，教师还要以自身为表率，在学生面前多读书，利用闲暇的时光读书，让自己成为一个"腹有诗书气自华"的人，潜移默化地影响学生。再次，还要和家长沟通，每位家庭开辟专门的读书场所，规定相对稳定的读书时间，制定长期的短期的读书计划，在家长的带动与监督下，创造浓厚的家庭读书氛围。最后，榜样的示范还体现在班级学生上，即使是在编排座位时，也要考虑同桌的阅读习惯、阅读品质的差异，让同桌之间互相激励，互相补充。

3. 开展读书活动，是推动学生读书的润滑剂

其实学生并不是讨厌读书本身，细心观察你会发现，学生对一些喜欢的书籍不仅阅读而且乐于阅读，所以我们就需要把推荐学生阅读的书变成学生感兴趣的书，这就需要一些推动性的活动来激发其兴趣。如：

（1）我是故事大王——故事大家讲

孩子都喜欢故事，让他们在班上讲讲自己看到的好故事，评评谁讲得好，能更大地激发他们读故事的积极性。

（2）我是小小推荐家——好书给你看

有的孩子觉得《哈利波特》、《柯南》有意思，有的倾向于读史《资治通鉴》，有的喜欢科普类别，也有的觉得《红楼梦》有韵味，互相推荐一下，使得孩子们的视野更加开阔，兴趣面更广，收获自然也多。

在阅读过程中，如果放任自流，肯定是无法收到实效的，开展"读书擂台赛"、评选班级"小书虫"、"走进名著"、"手抄报"、"诗歌朗诵会"等形式多样的读书活动既能有效地检查阅读情况，巩固阅读效果，又能激发学生的阅读兴趣，推动课外阅读步步深入。

4. 指导读书方法，掌握读书钥匙

（1）不同体裁的文章用不同的方法阅读，要求学生初步掌握精读、略读、浏览"三读"法。名家名篇就用精读法，一字一句地读，一句一

句地理解,对于童话故事等文章就采用略读法,意在了解大概内容,对于一些报刊、杂志等就采用浏览法,以上三种读书交替使用,长此以往,学生的阅读量会大大提高,只有广泛的阅读,才能做到厚积而薄发。

（2）得法课内,得益于课外

一要读思结合,"学而不思则罔"。阅读应特别注意教给学生思考方法,边读边想,把读的过程变成思维加工的过程,让学生的阅读实践过程,在主动积极的思维和情感活动中,加深理解和体验,受到情感熏陶,获得思想启迪,享受阅读乐趣。

二要读写结合,让全体学生动起来,使阅读和写作逐步内化为学生的内驱力。开卷有益,写下心得体会可以加深自己的理解,而分享这些收获可以得到更多意想不到的收获。萧伯纳说:"倘若你有一个苹果,我也有一个苹果,而我们彼此交换这些苹果,那么你和我仍然是各有一个苹果。但是,倘若你有一种思想,我也有一种思想,而我们彼此交换这些思想,那么,我们每人将有两种思想。"班上这么多学生,每个人想法不一样,即使看了同样的书,感受也不一样。写读书心得的学生,会觉得此书越读越有意思,继续看下去;看读书心得的同学,会了解到自己不知道的东西,对这些没有读过的书产生兴趣。这样一来,大家都不同程度地保持或者激发了阅读课外书籍的兴趣,形成学习的良性循环。

5. 读好书,好读书,读书好

学生阅读的面宜广,不但阅读的内容要广,阅读的题材、风格也要广。正如鲁迅在《给颜黎民的信》里说的那样,读书"必须如蜜蜂一样,采过许多花,这才能酿出蜜来,倘若叮在一处,所得就非常有限,枯燥了"。但是,书"有当读之书,有当熟读之书,有当看之书,有当再三细读之书,有当备以资查之书",当然也有一些不适合学生读的书。作为一名语文教师，创设一些情境使得学生在良好的氛围中有兴趣地阅读适合他们的课外书尤为有效。

要根据学生的年龄特点和知识水平帮学生选好读物，引导学生读优秀的课外作品，从作品中获得知识，陶冶情操，健康成长，从而达到"好读书"，最后将读书的外部刺激转化为内在的动力，认为读书是一件有意义的事，将书视为自己终身的朋友，达到"读书好"的程度。另外，还要引导学生读生活这部大书，我们这个时代再也不需要"两耳不闻窗外事，一心只读圣贤书"的人了，而是要"家事国事天下事事事关心"，要关注生活，关注时事，关注社会，正所谓"世事洞明皆学问，人情练达即文章"。

让心灵沐浴书香，做一个有修养的人，不仅是时代的需要，也是为孩子的一生着想，为孩子的生命奠基！正处于生长发育期的小学生求知欲旺盛，但缺乏辨别能力。当他们在茫茫书海中寻觅时，教师应当根据学生的阅读能力、思想状况、年龄特点、兴趣爱好和教育需要，认真地帮助他们选择有益的读物，这样才能激发他们阅读的兴趣，有效地提升学生的课外阅读质量。

二、以教材为突破口，开启课外阅读之门

著名语文教育家吕叔湘和张志公先生都认为：从自己学习语文的经验看，得自课内和课外的比例是"三七开"，即大概有30％得自课内，70％得自课外。前苏联教育家苏霍姆林斯基也曾说过："让学生变聪明的方法，不是补课，不是增加作业量，而是阅读，阅读，再阅读。"可见，课外阅读是提高小学生综合素质的有效途径，课外阅读在语文学习中乃至在学生成人、成才的道路上都占有极其重要的地位。

教材作为学生语文学习的主阵地，不仅以其经典性和示范性为我们提供了无穷无尽的教育资源,其蕴涵的思想文化精髓更是打开了一扇又一扇学生的心灵之门。所以我们不仅要用教材教文字,习方法,更要充分抓住教材的引领性,把学生领进更广博的课外阅读领域,做到以一篇带多篇,以精读带博读,将学与用结合起来,将知识与生活结合起来,这才是真正的大语文观。依据教材进行课外阅读指导,是我们语文老师常用的策略。一般,在学完了新课以后,我们老师经常会根据文本的特点和学生的知识水平、认知特点,不失时机地向学生推荐一些纵向或横向拓展的课外阅读,如学完《草船借箭》一课,向学生推荐读《三国演义》;学完《刷子李》一课,向学生推荐读冯骥才的《快手刘》、《泥人张》;学完《皇帝的新衣》一课,推荐学生读安徒生的原作;学完《意外》一课,推荐学生读高尔基的《童年》等。但如何真正做到让学生得法于课内,得益于课外,切实地激发学生阅读兴趣,培养学生阅读能力呢?

下面,以上完《格列佛游记(节选)》一课后引导学生进行拓展性课外阅读为案例,谈谈关于如何提高拓展性课外阅读实效的问题。

1. 把好课堂教学关,为课外阅读奠基

因为课外阅读"得法于课内",所以,课堂上对典范性文本的学习尤为重要。教师要对教材内容进行深入研究,对文章艺术思想的把握、对要教给学生什么、用什么方法教、教的流程等等,都要进行通盘考虑、全面规划,既要让学生在课堂上了解作者,了解小说的背景和性质,品味语言的特色,让学生学会读懂文章的方法,又要调动起学生阅读原著小说的兴趣,点燃课外阅读的欲望和激情。也就是说,课堂上的这一课,既是语文课,又是一节读物推荐课,一举两得。出于这样的考虑,设计以下教学过程:

（1）播放《格列佛游记》电影片段，导入课堂教学。（用影音资料，迅速拉近文本与学生的距离，激发阅读的兴趣。）

（2）围绕小人国的奇趣经历，品味作者离奇的想象、荒诞的情节以及有趣的人物。

（3）了解作品诞生的文化历史背景，挖掘讽刺手法的运用以及深刻的主题，帮助学生深入全面地理解作品内容。（讽刺手法的运用是文章的难点，教师抓住作者对故事中某些人物和细节的影射处理，引导学生学会从文字的背后体会文章的灵魂——揭露当时英国统治阶级的腐败与黑暗。）

这样，学生在学了这节课后，既对小说有了一个较全面的认识，又学到了从细微处、从文字背后品味文章寓意的方法，为后面的阅读奠定了一个很好的基础。

2. 精心设计推荐环节，为课外阅读点火

学完课文后，学生已经对文学作品有了一个大概的了解，对于作品的新鲜劲已经过去了，那么如何进一步激发学生阅读的兴趣，让学生顺理成章地想要赶快去读呢？教师也应该花一番心思，精心设计推荐环节。比如说，对于故事性强的作品，可以再介绍一个有趣的开头或讲一个有趣的情节，吊起学生阅读的胃口；对于语言优美诙谐的作品，可以朗诵上一段，用来吸引学生；对于知识性强的作品，可以择要讲一些学生前所未闻的知识，开阔学生的视野；对于生动曲折的作品，可以简介文章主要内容，或运用多媒体播放书中一段精彩场面，让他们有一种蠢蠢欲动、不读不快的感觉。上完《格列佛游记（节选）》一课后，教师可这样激发学生的阅读兴趣：

(1) 谈话：你知道格列佛还游历了哪些国家？（大人国、飞岛国、慧骃国）

(2) 故事简介：

《第二卷：大人国游记》格列佛在利立浦特人的心目中是个庞然大物，但一到布罗卜丁奈格，他就像田间的鼬鼠一般小了。格列佛被当作小玩意装入手提箱里，带到各城镇表演展览。后来，国王召见他，他慷慨陈词，夸耀自己祖国的伟大、政治的贤明、法律的公正，然而均一一遭到国王的抨击与驳斥。

《第三卷：飞岛国游记》飞岛上的人长得奇形怪状，整天担忧天体会发生突变，地球会被彗星撞击得粉碎，因而惶惶不可终日。在科学院里，设计家们正在研究如何从黄瓜中提取阳光取暖，把粪便还原为食物，繁殖无毛的绵羊，软化大理石等课题。

《第四卷：慧骃国游记》这个国度里，居主宰地位的是有理性的公正而诚实的智马，供智马驱使的是一种类似人形的畜类耶胡，后者生性淫荡、贪婪、好斗，好吃懒做，喜欢在田间寻找、争夺一种发亮的石头。

(3) 质疑：作者借写小人国来讽刺英国统治阶级的腐败，那么写其他三个国，又是为了讽刺什么呢？

这样，将学生注意力一下子引到了课外，孩子们都纷纷饶有兴致地读起原著小说来。

3. 做好读前指导，为课外阅读导航

老师顺水推舟地引出推荐的读物后，为保障学生阅读的顺利进行，就需要指导学生运用系统科学的读书方法和迁移课堂上学到的方法来品析文字，指导学生合理安排读书时间，提升学生的阅读技能。几种最基本的读书方法有：浏览性阅读（泛读、速读、略读、跳读）、吸收性阅读（通读、精读）、细品性阅读（再读、选读、写读）等。由于《格列佛游记》文章篇幅较长，情节曲折，含义深刻，为了让学生学有所得，学有所进，建议学生用以下的方法进行阅读：

（1）用含义不同的符号标记重要内容。

（2）做读书笔记：①批注笔记②提纲笔记③摘录笔记④心得笔记。

（3）运用课堂上学到的方法和查询资料的方法对作品进行深入分析、研究。

运用以上方法作指导，学生读起书来就更有据可循，更提高了读书的实效性。

4. 丰富检查交流的形式，让课外阅读上台阶

学生在读完《格列佛游记》后，急需要一个沟通和交流的平台，好把自己在阅读中的所见、所感、所得进行共享和提高，那么，我们教师就要为学生提供一个丰富多彩的交流空间，让他们在合作、交流中加深对所读内容的理解，掌握更多的信息，同时提升鉴赏作品的能力，习得更多的阅读方法。在交流《格列佛游记》阅读体验时，可以采取以下多样的形式：

（1）举行关于本书的读书知识竞赛（目的：检查阅读效果，鼓励认真读书、认真思考的孩子）

（2）举行关于本书的讲故事比赛（目的：培养口头表达能力）

（3）读书心得交流（目的：信息互通、取长补短、共同进步）

（4）自办小报展示（目的：多渠道展示读书收获，增强阅读的信心）

（5）优秀读书笔记评选（目的：多渠道展示读书收获，培养良好读

书习惯）

相信这样一系列交流活动的开展，不但能激发学生的阅读兴趣，增强学生继续阅读的信心，而且能帮助学生把这种阅读的兴趣和热情长久地保持下去。

5. 继续扩大课外阅读的层面，让课外阅读无限延展

在阅读《格列佛游记》的一系列活动结束后，学生对富有幻想色彩的游记类小说的兴趣会被很快调动起来，那么，教师可以因势利导地将学生的视野引向更广阔的阅读空间，向学生推荐更多相关题材的作品，也可以向学生推荐几个值得研究的问题，鼓励学生在书海里自由冲浪、各展所长。教师可顺势开展延展阅读：

（1）谈话激趣

同学们，古今中外还有很多有趣的游记类小说，比如：《西游记》、《镜花缘》、《鲁滨孙漂流记》、《汤姆索亚历险记》、《八十天环游地球》、《地心探险记》、《绿野仙踪》等。它们当中有的也像《格列佛游记》一样蕴含着深刻的意义，有的则刻画了了不起的人物形象，有的展示着无穷的科学魅力，还有的充满了奇丽的幻想、童真童趣，赶快拿起书，让我们走进这神奇的探索之旅吧！

（2）温馨小提示

用上我们学到的读书方法用心去读，可以就写作背景、人物形象、作品特色等方面进行深入研究，拿出自己独特的、富有创造性的见解。

阅读参考题：

《镜花缘》与《格列佛游记》在内容与形式上有什么异同？

比较《鲁滨逊漂流记》与《格列佛游记》两个主人公的性格。

《地心探险记》有一天会变成现实吗？

……

在延展阅读方面有了这样的引导，既激发了学生跃跃欲试的读书兴趣，又有很好的方法引路，避免了走马观花式的读书，使课外阅读的有效性大大提高，学生也能实实在在地从阅读中吸取知识，培养各方面的能力。

总之，我们教师在语文课堂教学中应充分挖掘一切有利因素，引导学生更广泛、更有效地课外阅读，带领学生到奥妙无穷的大千世界去探索，到优美的语言文字里去徜徉，在广阔的课外阅读天地中自由翱翔！

（课题执行人　黄飞　贺聿雯）

附录：二年级语文识字教学实录

教学内容背景材料：

义务教育课程标准实验教科书语文（鄂教版）二年级上册第116—117页。

一、激趣导入

1. 师：小朋友，快去看一看，宋老师给你们带来了什么礼物？（出示：课件一）

2. 师：多么热闹的场面呀！小朋友们你知道他们在干吗？

生：他们有的在舞狮子，有的在赛龙舟，还有的在踩高跷。

生：他们有的在猜灯谜，有的在唱大戏，还有的在舞龙灯。

3. 师：这些是我国劳动人民在长期的劳动、生活中形成的具有民族特色的活动。今天，我们就来学习识字（四），了解我国的传统节日和民俗活动。

二、我会认

1. 师：小朋友们你们用什么方法来认识不认识的字？（生说完后，师说一说。）

生：(1) 我通过查字典。

(2) 我看课后的查字表。

(3) 我可以向我的同桌请教。

2. 师：现在，快去读一读课文吧！遇到不认识的字用刚才说的方法去多读几遍，读准了为止。

3. 组长拿出卡片，可以以多种形式检查你的小组成员是否每个字音都读准了。

4. 师：哪个小组愿意读一读。

生：(1) 我们小组选择开火车的方式来读一读要求会写的字。

(2) 我们小组以开火车的形式来读一读要求会认的字。

(3) 我们想请另一小组来读要求会写的字。

5. 师：真不错，那我们一起来读一读这些字好吗？蝴蝶飞起来。

(1) 师拿出要求会写的字，点生读，生读一个全班一起读。（重点指导：耍、踩）

师：你要提醒大家读"踩"字时注意什么？

生：我要提醒大家"踩"字是平舌音，千万不要读成翘舌音。

师：你要提醒同学们读"耍"字时要注意什么？

生：我要提醒大家"耍"字是翘舌音，读"耍"字时要把舌头翘起来。

(2) 师：这些字你们会读了，下面有三个"生字宝宝"的名字有一点难，你们有信心读准它们的名字吗？生：能。（指导：重、粽）

(3) 师："重宝宝"有一个孪生兄弟，它们长得一模一样，可是名字不一样，你们能准确地叫出它们的名字吗？

生：能。

师：现在"重宝宝"找到了小伙伴你们还能认出它来吗？（出示：重阳、重量。师指名读，然后全班读。）

6. 师：把"字宝宝"送回家你还能认出它来吗？生：能。

（1）师以开火车的形式抽读卡片。

（2）全班一起读。

7. 师：看一看这是什么？小朋友们你知道里面的哪些民俗活动呢？（课件出示课文：耍狮子、舞龙灯、踩高跷、赛龙舟、唱大戏、猜灯谜）

生：我知道"耍狮子"的活动，两个人一个人当狮头，另一个人当狮身，顶着狮子的模型，随着锣鼓声和鞭炮声做各种姿势。（生说完，课件就显示相应的画面和解说。）

生：我知道"赛龙舟"的活动，这个活动是为了纪念战国时伟大的爱国诗人，在端午节那一天，人们在喧天的锣鼓声中，划着龙舟比赛。（生说完，课件就显示相应的画面和解说。）

8. 师：你们知道的可真多呀！想看一看其他的民俗活动吗？

生：想。

师：那你们一起高兴地大声地喊一喊，它们就会出来了。（生说一说自己想看哪一个活动，然后可以一边做动作，一边大声地读词。）学生说到哪一个就出示哪个活动的画面。

师：看，耍狮子、踩高跷、唱大戏、猜灯谜的民俗活动都出来了。在咱们中国人自己的节日里呀，人们以各种活动来庆祝。听，到处是锣鼓喧天；看，到处是喜气洋洋。

9. 师：想去参加这热闹的民俗活动吗？请四位同学来表演，其他同学一边拍手，一边读词好吗？

10. 师：刚才我们参加了热闹的民俗活动，再看看在什么节日里我们不仅可以看到这些活动还可以了解其他的民间习俗。

（课件出示课文：元宵观灯 清明远足 端午吃粽 中秋赏月 重阳登高 除夕团圆）

（1）师：从文中你知道了哪些传统节日？

生：我从文中知道了元宵节、端午节、中秋节。

生：我还知道了清明节、除夕、重阳节。

（2）师：你了解其中的哪些节日？联系实际理解词语。

生：我了解中秋节，农历八月十五就是中秋节，这一天一家人在一起一边赏月，一边吃月饼。（生说一个，教师就相机出示相应的图画和解说。）

生：我了解清明节，每年的公历四月五日前后就是清明节，这一天阳光明媚，人们很自然地想到郊外，看看那如茵的草地，呼吸呼吸清新的空气，于是清明节这天就有了远足、放风筝的活动。此外，人们还在这一天扫墓、祭祖。

（3）师：有一个小朋友也想和我们一起来讨论，你们欢迎吗？

生：欢迎。（课件出示重阳登高、除夕团圆的画面和解说。）

师：你还知道哪些节日？（生简单地介绍端午吃粽、元宵观灯）

（4）师：想记住这些传统节日吗？

生：想。

师：快，选择你喜欢的形式去读一读。

（5）师：你想以什么形式来读一读？

生：我想请我的好朋友以接龙的方式来读一读。

生：我想请我的好朋友以拍手的形式来读一读。

生：我想做动作来读。

师：老师想和你们以一问一答的形式读，老师读节日，你们来读活动内容好吗？

生：好。

（6）师：了解了这些传统节日和民俗活动，现在我们再一起去回顾一下吧！齐读课文。（出示课文：耍狮子 舞龙灯 踩高跷 赛龙舟 唱大戏 猜灯谜 元宵观灯 清明远足 端午吃粽 中秋赏月 重阳登高 除夕团圆）

三、我会写

1. 师：我们记住了这么多快乐的民俗活动和传统节日，那我们怎样来写好这些字呢？

课件出示生字：踩 谜 宵 端 夕 耍

2. 师：你们用什么办法来记住它们的样子？

生：我把他们分类，"踩、谜、端"都是左右结构的字，"宵、耍"都是上下结构的字，"夕"是独体字。

生：我用熟字换偏旁的方法来记"踩"字，"踩"字是把"彩虹"的"彩"字右边的三撇换成"足"字旁。

生：我通过想象来记"谜"字，有一个人迷路了，他向别人问路，所以"谜"字有一个言字旁。

生：我用去偏旁的方法来记"夕"字，就是"多"字去掉"夕"字头就是"夕"字。

生：我用想象的方法来记"耍"字，可以把上面的"而"字看成"儿子"的"儿"字，那么儿子和女儿一起做游戏就是"耍"字。

3. 师：你们的办法可真多！今天，我们来学写"谜、耍"。（师边范写边讲解）

4. 师：想不想写一写？那就试着写一写这两个字吧！（放音乐）

5. 提醒双姿。（注意头正、肩正、双足稳，一拳一尺加一寸你做到了吗?）

6. 作品展示。

师：你觉得这两个字写得好吗？说一说你的见解。

生：我觉得这个"谜"字的一捺写得好，写得又平又稳，托住了上面的"米"字。

生：我觉得这个"耍"字写得好，"女"字的一横长度适中，托住了上面的"而"字。

生：我觉得这个"谜"字的言字旁没有写好，言字旁的一点应该稍上一些。（师拿出红笔修改。）

师：你们观察得可真仔细，相信你们一定能写好这两个字。

四、课外拓展

1. 师：今天，我们了解了这么多的传统节日和民俗活动，还想知道更多吗？你准备用什么方式去了解？

生：我去看书，从书上查阅。

生：我可以上网查一查。

生：我可以问爷爷奶奶或者爸爸妈妈。

生：我可以问老师。

2. 师：不仅我国有这样的传统节日和民俗活动，外国也有，那快去用你们刚才说的方法去查一查、读一读吧！感兴趣的话你们还可以画一画，下节课，我们来交流交流好吗？

教学反思：

这节课对我的教学有了很大的启发。

首先，在教学过程中，重视了教师是学习的指导者，学生是学习的主体，是知识的探究者，在小组检查学习中学生主动参与，人人动脑、动口，尝试探究生字，活跃了思维，提高了学生的自主学习能力。

其次，通过学生对已掌握的识字方法的梳理，充分显示学生的主观能动性，同时运用多媒体创设情境，能充分激发学生的兴趣，使学生在愉快的气氛中进入新课的学习。

再次，引导学生利用自己的生活经验，描述自己的理解和认识，能有效地发展学生的语言表达能力和思维能力。在识字教学中，让学生选择自己喜欢的方式去学习，可以使课堂气氛活跃，思维被激活。

最后，使语文教学不只局限在课堂，而是有机地拓展到了课外，实现了语文课与生活的衔接，同时，激发了学生从课外汲取知识的热情。

我有理由相信这样培养的学生会更加自信、乐观，敢于实践，勇于创新，这不正是未来社会需要的人才吗？抬眼望向窗外，雨过之后，花朵上露珠滚动，在阳光的照耀下，焕发着异样的光彩，不正像孩子们那一张张纯真稚嫩的笑脸和一颗颗勇于探求、勇于实践的心灵？

（执教教师　宋春芳）

小学数学教学中的兴趣培养与素质发展

要变"应试教育"为素质教育,其实就是通过教学活动来促进学生身心素质的全面发展。小学数学——义务教育中的一门基础学科,在教与学的过程中怎样才能促进学生身心素质的发展?

心理学研究表明:学生学习的过程是他们的认知与非认知两种心理因素共同参与、相互影响的过程。在这个过程中,认知因素是主体的加工操作系统,非认知因素则是主体的动力调控系统。学生学习的成功与否取决于这两个系统的协同活动、密切配合的结果。心理学家认为认知操作系统本身是没有积极性的,它的积极性来源于非认知的动力系统,没有动力系统的参与就不可能出现积极的学习,也没有获得良好学习效果的可能。这个动力调控系统是需要、动机、兴趣、信念、价值观等心理成分构成的一种意向的发展,而推动这一意向积极发展的就是"兴趣"。

兴趣可以激发一定的情感,唤起某种动机;兴趣可以培养人的意志,改变人的态度;兴趣还可以磨炼人的性格。在多年的教学实践中笔者深深地体会到:只有当学生产生了浓厚的兴趣时,才能有积极的探索、敏锐的观察、牢固的记忆和丰富的想象;只有产生了浓厚的兴趣,才能积极提出问题、研究问题,努力改进学习方法和创造性地运用知识。

一、创境设疑，激发兴趣，主动参与

当教学目标确定后，教师的首要任务就是要紧紧围绕教学目标来激发学生，唤起学生思维，唤起学生的求知欲望。著名心理学家布鲁纳曾说："学习的最好刺激乃是对所学材料的兴趣。"因此在教学中必须遵循教材的认知结构和学生的认识规律，在新旧知识关系最密切处创设情境，设置疑问，为学生创设"最近发展区"，使学生处在一种欲知不能欲罢不甘的状态，进而产生浓厚的兴趣和旺盛的求知欲，使其在思维活动开始后不再需要意志的努力，不受外界的干扰而进行积极、主动的思维活动。

如在教学"乘法的初步认识"时，可以这样创境设疑。

当学生口算出：① 5+5+5+5＝　② 1+5+4+2＝　③ 9+9+9＝　④ 4+3+3+5＝　⑤ 1+1+1+1+1+1＝　⑥ 4+2+2+2＝　然后要求学生找出加数相同的加法算式：

① 5+5+5+5＝20　③ 9+9+9＝27　⑤ 1+1+1+1+1+1＝6

师：这三道加法算式的加数都是一样的，我们就把这样的加数叫做相同的加数，小一休说："像这样 5+5+5+5，4 个 5 相加我们就需要写三个加号，要经过三次口算才能算出得数，如果要是 10 个 5，100 个 5，许多个 5 相加那算起来该有多麻烦，我跟智慧爷爷学会了一种新的简便的算法，比如：5+5+5+5 就可以写成 5×4＝20。"这是一种什么算式呢？（师自己答乘法算式）加法怎样才能变成乘法呢？你们想不想当聪明的小一休？（异口同声地说：想！）好，我们一起来认识乘法。

这种创境设疑的引入法，较好地激发学生的探索欲望，使他们的思维处在积极主动获取知识的状态，有效地培养了学生的需要意识。

二、引导探索，培养兴趣，激活思维

苏霍姆林斯基说："在人的心灵深处，都有一种根深蒂固的需要，这就是希望自己是一个发现者、研究者、探索者。在儿童的精神世界里这种需要特别强烈。"在一节课中不仅在课的开始要通过情境设计来揭示矛盾导入新课，还应在整节课的教学过程中不断地揭示矛盾，使问题不断深化，让学生经常处在发现问题与解决问题的各种矛盾之中。为此在这一阶段的教学中要依据教学目标，有意识地展示前后一致、逻辑严密的有利于学生概括的教学材料。在展现知识形成的过程中启发提问，引导探索，培养兴趣，激活思维。

例如：教学"两位数加一位数、整十数（不进位）的加法计算"时，教师设计了以下探索活动：

1. 在操作中探讨问题

（1）摆摆说说：在教师的演示下，要求学生有步骤地用自己的小棒摆出36＋2的教学图。

师：根据你们摆的小棒图，想一想36＋2怎样算比较快，想好了的同学自己移动你的小棒图，老师来看谁是聪明的小一休。

问：你是怎么想的呢？（先用36里面的6个一加上2个一得8个一，再用8个一和3个十合起来很快就算出了36＋2得38。）

又问：假如现在没有小棒图，你怎么计算36＋2呢？（把36看成30和6，先用6加2得8，再用8加30得38。）

学生口述老师板书，并要求学生各自小声地自由说一说计算的思维过程，再请各小组的代表说算理。

（2）用同样的方法指导学生学习36＋20。

2. 在观察比较中归纳小结

（1）比一比：

问：这两道算式有什么相同和不同之处？

相同：都是加法，第一个加数都是两位数。

不同：第一题是两位数加一位数，第二题是两位数加整十数。

（2）想一想：这两题的计算方法有什么相同和不同之处。

相同：都是把 36 看成 30 和 6。

不同：两位数加一位数先用 6 个一加 2 个一得 8 个一，再用 8 个一加 3 个十得 38，两位数加整十数先用 3 个十加 2 个十得 5 个十，再用 5 个十加 6 个一得 56。

（3）同位说一说：计算两位数加一位数时先算什么再算什么，计算两位数加整十数时先怎么算，后怎么算。

3. 在学法指导中解决问题

（1）引导学生根据小结想一想，口算这样的计算时分几步进行。

一看：看把两位数分成几个十和几个一。

二想：想先算什么，再算什么。

三算：按步骤算出结果。

四查：检查计算的方法和结果是否正确，不对的重算。

（2）说一说 45＋3，45＋30 这两题先算什么，再算什么，然后计算出来。

（3）试算 24＋5，24＋50 后再说一说口算的思维过程。

经过一系列的探索活动，两位数加一位数，加整十数的计算方法的问题得以解决，在这一问题的探讨中，学生学得主动、活跃、有趣，在解决问题的过程中使学生感受到了自己的智力活动，体会到了一个发现者、研究者、探索者成功的喜悦，同时培养了学生的目标意识。

三、应用发展，增添兴趣，拓展思维

学生理解了知识，就整个教学过程来说，并没有完结，还需要引导他们灵活地运用所学知识解决一些简单的实际问题,来训练学生的思维,使他们在运用中加深对知识的理解。

学生在接受知识时,已经初步掌握了一定的思维方法,智能网络结构发生了或大或小的变化。在此基础上,需要强化联系、深化记忆、形成稳定的思维定势,使思维深化,并将所学到的知识系统化,把知识转化为能力。然而这时学生的注意力容易分散,学习兴趣容易转移,因此设计的练习必须有利于增添兴趣,有利于注意力的保持,有利于学生逐渐对教学材料本身产生兴趣,从而获得良好的教学效果,达到真正培养学生思维品质的目的。

1. 设计的练习要有层次,要有矛盾,后一个矛盾要比前一个矛盾更深刻

(1) 难点问题分层练习　成为难点的主要有两个方面:一是知识本身较抽象,学生不易理解掌握;二是学生掌握得精确性差,易产生错漏。如商中间有"0"的除法,由于位值原则比较抽象,学生计算也常出差错,因而它成为学习的难点。

从练习的角度讲,突破难点最好是"分层次练习"各个击破,为此我设如下的练习:

①明确"0"在数位中的作用的练习。

a. 说出下列各数是由几个千、几个百、几个十、几个一组成的?

214　　7005　　403　　1205　　540　　8070

b. 如果把上面各数中的"0"去掉行吗?为什么?

②商的定位练习。(看下面算式回答)

a. 商的最高位在哪位,为什么?

b. 商是几位数,为什么?

这个练习使学生明确：计算前先把商的位数定好，可减少"漏0少位"的错误发生。

③商值比较练习。

下面两道题的商为什么不一样，哪道题的商不对？为什么？

这个层次练习，强化了商中0的产生与作用，化抽象为具体，加深印象。

④反例自纠练习。

下面的计算对吗？不对的打"×"，并订正。

（2）易混问题对比练 通常分结构型对比和正误性对比。通过对比检查学生对新知的理解和运用的程度，是发现性的智力活动。同时也是通过反馈调节，让学生在比较中释疑，在释疑中激趣。

（3）扩展思维发散练 这一层次的练习是要更深入地揭示矛盾，使学生能把获得的知识和思维方法综合起来灵活运用，使其思维向深度和广度延伸，培养思维的变通性和敏捷性。如学习乘法分配律后，$67×5+133×5=（67+133)×5$ 可以扩展到 $67÷5+133÷5=（\_\_\_+\_\_\_)÷\_\_\_$。

2. 设计的练习手段要新奇，形式要多样

如：比赛、改错、正误判断、各种教学游戏、故事等。比赛是利用学生的好胜心来激发学生的学习兴趣；改错是让学生在质疑、释疑的过程中进一步巩固新知，增强学习自信心，磨炼克服困难、解决问题的坚强意志；将知识寓于各种游戏故事之中，让学生忘掉一节课的疲劳，给学生创造一个课已尽趣犹存的情境。

3. 在应用和发展的过程中引导争论，让学生在争论中得出答案，形成兴趣的高潮。

4. 捕捉学生的闪光点，及时表扬鼓励，让各种不同程度的学生都有一种获得成功的自豪感

教学，既是一门科学，又是一门艺术，是教师和学生学习的共同活动，学生是具有主观能动性的人，是学习和实践的主人，在教学过程中，他们可以积极接受某种教育影响，也可以消极抵制某种教育的影响。所以，在教学中必须以兴趣为切入点来唤起学生的需要，培养学生的意志，促使学生的认知心理和意向心理的协调发展，使其相互作用，共同活动。只有这样，才能发挥学生的积极性、主动性和创造性，才能促进学生身心素质的全面发展。

附录：《面积》总复习教学设计

一、趣味导入　激发兴趣

师：同学们，老师家里有一个很大的院子，院子里面有一棵神奇的智慧树，可是上面没有智慧果，它需要我们的智慧和努力，才能让它长出又红又大的智慧果！让我们用学过的面积的知识帮它长出又红又大的果实，你们有信心吗？今天，我们对面积这部分的知识进行总复习。

师出示一个进入智慧院子的大门。

师：要想找到这棵智慧树，必须先打开院子的大门，走进院内。

二、解决问题　整理概念

1. "面积"的概念

师出示一个门。

师：大家看看，门上有一扇窗户和一把正方形的锁。

提问:现在老师想把这扇门涂上好看的油漆,涂油漆的部分就是这个门的什么呢?(面积)什么是面积呢?

2. 面积的实际应用

师:你们再看,在实际生活中,这样涂油漆合适吗?为什么?对,不能把窗户和锁也涂上油漆,所以必须去掉窗户和锁的面积。

3. 面积单位的整理

师:那我们来看看,窗户的面积是多少呢?

动手量一量吧。老师这里有一个边长是1分米的正方形,它的面积是多少?对,1平方分米。现在我们用这个1平方分米的小正方形去测量这个窗户的面积。

(1)课件出示1平方分米的小正方形测量窗户的过程。

现在你知道这个窗户的面积是多少吗?

(2)课件再出示一个正方形的锁。

师:想知道它的面积,打算用哪一个面积单位来测量?

(3)想一想,我们学过哪些常用的面积单位?如果想知道北京体育馆的面积或者北京天安门广场的面积,用这些常用的面积单位是远远不够的,还需要用到土地面积的单位。

4. 长方形、正方形面积计算公式的复习与应用

（1）再出示窗户图，提问：除了可以用面积单位来测量之外，还可以怎样知道它的面积？

师：对，可以用长方形的面积计算公式来计算。要想知道它的面积需要哪些条件呢？你知道它的长和宽分别是多少吗？长方形的面积计算公式是什么？学生回答，师板书：长方形的面积＝长×宽

（2）课件出示长方形变成正方形的过程，师问：当长和宽一样长时，就是正方形，正方形的面积计算公式是什么？

师板书：正方形的面积＝边长×边长

（3）要求小锁的面积，又要知道哪些条件呢？

师：院子的锁打开了，咦，我们终于看到了那棵智慧树了！

课件出示智慧树。

师：让我们一起努力，让这棵智慧树长出又红又大的智慧果吧！

（复习梳理的设计意图是：让学生从解决问题出发，带着问题，带着思考，一层一层将知识点呈现出来，让复习课有新意，不枯燥。特别是长方形和正方形面积计算公式的复习这一个教学环节，抓住了这个知识点的重难点：（1）回忆它们面积计算公式的推导过程。（2）利用课件将长方形和正方形面积计算之间的联系和区别展示出来了，特别对于中差生，是一个很好的知识再构建的过程。）

三、巩固知识　实际运用

1. 分类练习

（1）在括号里填上合适的单位名称

钢笔长 14（　　　）　　　一张邮票的面积是 6（　　　）

教室长 8（　　　）　　　课桌面的面积是 24（　　　）

大树高 14（   ）　　　教室地面的面积是 50（   ）
北京天安门广场是世界上最大的广场，面积约 40（   ）

师：你们认为在这道题里，需要注意哪些呢？

① 长度单位和面积单位的比较。

② 填写的长度单位或者面积单位与实际情况是否相符合。

（2）考考你的眼力。先读给学生听，让学生找出其中的可笑之处。

师：经过大家的努力，智慧树上又结出了一个红红的智慧果。

（3）在括号里填上合适的数。

先让学生独立思考，直接在草稿本上写出答案。

师指着其中的两题，提问：你是怎样想的？

师指着上面的所有的面积单位，问学生：这些面积单位，它们之间的进率该怎样记忆比较方便呢？

（除了 1 公顷=10000 平方米比较特殊之外，其余的都是相邻两个面积单位之间的进率是 100。）

师：同学们，你都做对了吗？都做对了就给自己画上一个智慧果。

（4）求下列图形的面积和周长。

①长方形：长 7 分米，宽 20 厘米。

②正方形：边长 15 厘米。

（学生在练习本上做，做完后说结果。）这道题你认为要注意些什么？

① 统一单位后再计算。

②周长和面积的计算公式不能混淆。

（做对几题就在自己的智慧树上画上几棵智慧果。）

课件出示：树上又结出了第四个智慧果。

师：你们可真了不起。下面，我们来看一组综合练习题。

　　(分类练习的设计意图是：(1) 练习具有针对性，让学生在这些练习中回忆旧知识的重点内容。(2) 每做完一组练习，师都会将练习点评，但不是简单地讲对与错。因为这是复习课，所以应注重知识的提炼，由教给学生知识转化到教给学生学习的方法与策略。)

　　2. 综合练习

　　课件出示：我是小法官。

　　先让学生自己判断，并且说说错误在哪里？

　　3. 实际应用

　　一辆洒水车，每分钟行驶200米，洒水的宽度是8米，洒水车行驶6分钟，能给多大的地面洒上水？

　　(学生做完后，集体订正。)

　　师用多媒体给学生演示两种不同的做法，让学生理解一题多解中，每一步表示的含义。

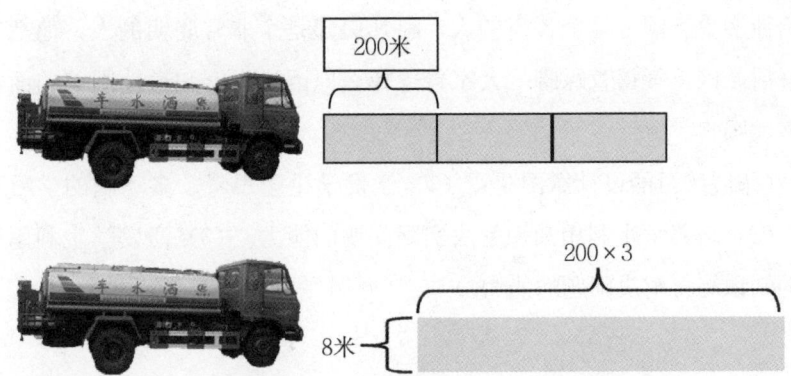

（实际应用的设计意图是：(1) 训练学生解决实际问题的能力。让学生理解，学习这些知识可以解决生活中与这相关的问题。(2) 充分运用现代教学手段，将这部分的重难点一一击破。重点是利用面积公式解决实际问题；难点是，理解为什么要用到长方形的面积计算方法，并且一题多解中，每一步表示的含义是什么。）

四、归纳小结　激励延趣

1. 课堂小结

同学们，你们喜欢这满树的智慧果吗？你们用自己的聪明才智帮智慧树结出了果实。你们真棒！同时，大家自己手里的智慧树上也是果实累累，谁画的智慧果越多，说明他收获的知识也越多，你们这节课都有哪些收获呢？大家还有什么疑问？

2. 拓展练习

阿凡提帮国王解决了一个难题，国王只好赏赐他，国王给了他36米长的绳子，让他随便圈地，但只能是长方形或正方形的，圈到多少就给他多少。国王是个吝啬的人，阿凡提却是个非常聪明的人，他把地圈好后，国王气得直跺脚。大家猜猜什么原因？大家知道他圈地的面积是多大吗？

（拓展练习的设计意图是：（1）激发学生爱思考、多动脑的学习兴趣。（2）培养学生利用知识解决实际问题的能力。（3）激发学生利用所学的知识综合解决问题的能力。）

课后反思：

这节课的特点：

第一，在整个教学环节中，我遵循低年级学生认知的心理特点，开课设悬念，让学生用学过的知识打开智慧的大门。在每一个教学环节中，我及时评价，让学生在自己的答题卡上画上智慧果。这种激励方式很有效，学生学习知识的积极性很高。

第二，复习的层次清楚。首先是梳理知识，然后是运用知识，最后是总结知识的规律。我认为总结规律很重要，我们要授之学生以"渔"，而不是授之学生以"鱼"。

第三，在知识的梳理时，我并不是简单地罗列出每个知识点，而是通过解决实际问题，在思考问题的时候将这些知识点一一呈现。在出现这些知识点时，我注重知识之间的联系，注重知识的整体性、完整性。

第四，有效使用多媒体教学。提高教学效果，增进学生学习兴趣。

（执教教师　高玉娟）

小学英语教学与儿童情趣

配合新课标，在情感教育理论的指导下，从激发儿童兴趣入手，学校探索形成了富有情趣特点的小学英语教育新模式。

一、对情趣教育内涵的理解

有研究表明：教学阶段正是情感性学习形成的关键时期。这阶段儿童的学习活动带有很大程度的情绪化倾向，当儿童对学习有浓厚的兴趣、好奇心和强烈求知欲望时，不仅能产生情感迁移，而且会使注意力特别集中和持久，学习和交往能力迅速提高。因此，学校在兴趣教育的探索中，十分重视学生学习兴趣的激发和培养。

兴趣有直接和间接之分。直接兴趣指对事物本身的兴趣，间接兴趣指对事物运行结果的兴趣。学校对本校3—6年级学生做了口头调查。在问及喜欢不喜欢英语课时，其中有95％的学生都表示"喜欢"。当问他们为什么对英语学科有兴趣时，他们的回答是："能增长知识"、"非常有用"、"能提高社交水平"、"能找到好工作"、"能与外国友人交谈"、"能够出国"、"能与国际接轨"、"是社会的热门"等。这不难看出：改革开放的社会环境与家庭的影响给儿童学习英语带来了积极的影响。

因此，英语教师面临的任务是：

①如何将学生对英语学科的间接兴趣转化为直接兴趣，并保持其稳定性和持久性？

②如何进一步发展和提高学生对英语学科的兴趣？

二、对小学英语教学新模式的探索

研究发现小学英语教学中教师的教学目标、内容、方法要与学生的心理需要相吻合。

为了能够满足小学生在英语课上积极学习的心理需要，学校进行了调查。调查中发现，小学生对英语课的要求是（以得分多少为序）：①教师授课幽默，课堂气氛轻松；②教学内容丰富充实；③教育形式活泼多样；④能发挥学生的想象力。同时也发现，五项最受小学生欢迎的游戏类型是（以得分多少为序）：①快速反应；②竞赛评奖；③角色扮演；④听说训练；⑤师生对话。调查结果显示，小学生对英语学习有寻求知识、获取成功、发挥创造、享受欢愉和欣赏美感的心理需要。因此，学校在探索中，从教学内容、教学氛围、教学方法、教学活动、教师素养等多方面对英语课进行了改革，并提出了以下具体要求：

1. 精心组织和安排教学内容，以满足小学生寻求知识的心理需要

（1）认真钻研教材，创造新奇情景

小学生所学的英语材料一般比较简短、形式单一。这要求教师在备课时尽可能地把这些语言材料放入各种能听、能看、能触摸的情景中去，使学生觉得一节英语课上学到的不仅有少量单词或一小段对话，还有一些能在许多场合用得上的富有生气的语言材料。

（2）适当增加内容，扩大知识面

针对学生好学的心理，教师在完成大纲要求的基础上，适当增加教学内容，如剑桥少儿英语课本第一册等。

（3）注意新旧知识的串联，做到以旧引新，以新温旧

教师悉心钻研小学教材，对学生已学的和要学的内容非常熟悉。这

样，复习旧课时就能为新课埋下伏笔，教授新课时能很好地复习已学知识。于是，学生所学的知识就能随着时间的推移而滚雪球似地增加，学生的学习积极性就会大大增强。

2. 着意建立轻松愉快的竞争性教学氛围，以满足小学生获取成功的心理需要

(1) 设计比赛性游戏

利用小学生好胜心强的特点，教师经常在课堂游戏中引入竞争机制。如：在进行模仿性游戏时，让学生比一比谁是最佳模仿者和最佳模仿搭档；在练习礼貌用语时，设计抢答题和必答题；在巩固新授内容时，设计各种擂台赛；在单元复习时，设计各种活动，评出"黄莺奖"、"鹦鹉奖"，获奖多者可免去口试等。比赛性游戏既鼓励了学生的学习积极性，又极大地提高了学习效率。

(2) 设计比赛性活动

除了设计课堂小范围的竞赛游戏之外，还设计一些跨班级、跨年级的竞赛活动，如评比拼单词大王，开展"问不倒"活动等，以激发学生的学习积极性。

(3) 表扬先进，鼓励进步

非常注意学生在英语学习上的点滴变化，经常表扬先进，鼓励进步，提高学生的学习自信心，使每个学生都能获得一定的成就感。

(4) 创造机会，鼓励实践

近两年来，学校引进了外教，积极鼓励学生与外教老师用英语交谈。教师还鼓励学生们自编、自导 5—10 分钟的"小小品"，有机会就展示给大家看。比如 A BIRTHDAY PARTY（生日聚会），就是由学生自己选择教材中的素材，按剧情需要融合在一起的。导演也是他们自己，该怎

么吃蛋糕、该怎么吹蜡烛、该怎么肚子痛等等，他们自己说了算。这些活动，使学生获得了英语学习的成功感，进一步提高了他们学习英语的兴趣。

3. 积极运用灵活多变的教学方法，以满足小学生发挥创造才能的心理需要

(1) 激发灵感，发展学生即时应答能力

常用各种方法启发学生对已学语言材料的运用。如：教师做一个动作或说一句话，让学生对此即时作答，学生常会从不同角度作出多种应答。这不但显示了他们运用语言的能力，也为今后英语交际能力的提高打下了基础。

(2) 启发思维，展示学生运用语言的才能

常根据不同的主题设计不同的活动，用来启发并促使学生创造性地运用所学的语言材料。如：设计"我是小小礼仪员"，让学生练习已学的礼貌用语；设计"五好家庭演讲会"，让学生介绍家庭成员及父母职业；设计"苗苗艺校招生"，让学生谈各自的兴趣爱好；设计"新春联谊会"，让学生正确运用人称代词等。这些活动充分发挥了学生英语学习的创造性，使他们的英语水平得到充分的展现。

4. 设计和开展丰富多彩的教学活动，以满足小学生享受愉快教育的心理需要

(1) 授课与游戏相结合，使教学内容轻松易学

教授新课时，教师常穿插一些游戏，如比赛、表演等，以分散难点，降低难度，使学生们能在愉快的游戏中不知不觉学到知识。如：教对话 Happy Birthday 时，先教唱歌曲 Happy Birthday，然后发头饰，让学生扮演对话中的角色。

（2）操练与游戏相结合，使教学效果显而易见

操练时开展游戏能起事半功倍的作用。如教英语招呼语时，设计了"向米老鼠和唐老鸭打招呼"的游戏，学生见到了童话中熟悉的人物，乐不可支，争先恐后地运用刚学的句子同他们打招呼。

（3）复习与游戏相结合，使教学效果更为显著

上复习课时开展各种游戏是一种有效的方法。如教完 1—10 的数字后，教师让学生带来他们最喜爱的溜溜球，一边玩，一边数，学生们既玩了球，又复习了数字，一举两得。

三、情趣教育模式建立的关键是教师

激发和培养小学生的情趣，提高他们英语学习水平的决定因素是教师和学生的互动。其中，教师又是情趣教育成败的关键。这就要求教师在情趣教育中，要大面积地激发学生对英语课的兴趣。因此，教师必须具有良好的思想道德素质、审美情趣、语言素养和组织才能。

教师必须钻研教材，发掘教材中的情感和兴趣因素，能够根据不同的教学内容设计和运用不同的教学方法，根据不同的教学方法设计不同的教学活动，根据不同的教学活动制作不同的教具、道具、图像和幻灯片，以最佳的情景、画面、音乐、色彩和语言效果刺激学生的感官，从而达到理想的教学效果。

教师必须具有表情达意的才能，教师在课堂上的一举手、一投足、一个微笑、一个眼神都会给学生留下深刻的印象。教师亲切自然的示范表演，会激发学生的学习热情；教师幽默活泼的话语会引起学生的共鸣；教师在教学活动中的全身心投入，会将学生带入自觉忘我的学习境地。

四、情趣教育探索的思考

在我们的校园里，英语学习已不再限于 35 分钟的课堂上。在走廊，

在操场,到处可见学生自觉用英语打招呼和做英语游戏的情景。无论在课间、课后,都可以听到广播中传出的英语歌曲和英语故事。创造更浓郁的英语气氛是全体英语教师工作努力的方向。

在教学过程中,英语教师可以联系自身的教学实践,共同探索同激发兴趣有关的各种游戏活动,这不仅能促进教学,也可以增强教师自身的创新意识,提高我们的科研能力。

(课题执行人 刘瑛)

附录:《Join in》剑桥小学英语《Pets》教学设计

本节课主要采用全身反应法,组织学生在"身体运动"和"口腔运动"中学习,用模仿、游戏、表演等活动形式,激发每个孩子的兴趣;立足于学生认知、情感、态度等方面的和谐发展,让学生在轻松、愉快中自主体验并积极交流合作;展开以教师为主导,以学生为主体的师生双边活动,让学生能在完成活动的过程中,不断感受成功的乐趣和喜悦。

苏霍姆林斯基曾指出:"如果用思考、情感、创造、游戏的光芒来照亮儿童的学习,那么学习对于儿童来说是可以成为一件有趣的事情的。"所以在教学中我采用了听、说、做、游戏等多种教学方法,利用多媒体将教学内容形象化直观化呈现,增强教学的趣味性和新颖性,力争将活泼有趣的活动与有效的语言实践有机结合,展开语言训练,通过"玩中学、学中玩、玩中用"的愉快教学思路将趣味贯穿于课堂教学始终。

1. 引趣——游戏活动引起学生兴趣

激发学生参与学习的兴趣，是新课导入的关键。正如教育家托尔斯泰说的："兴趣是推动学生学习的强大动力，是学生参与教学活动的基础。"所以在此环节，我为学生提供了两个活动：看图片猜动物和听声音写单词。两个活动迅速有效地激发学生的兴趣，将学生的无意注意转化为有意注意。同时两个活动的设计也是有层次的，一个要求 Look and say，用口述的方式复习后面拓展中需要用到的单词；一个要求 Listen and write，让学生通过书写的方式复习需要掌握的单词，保证教学的实效性。

2. 激趣——自主选择激发学生兴趣

在新授这个环节，我将学习的指挥棒交给了学生，他们通过自主选择喜欢的动物来选择相应的学习内容，从而兴趣盎然地参与到学习活动中。在每个句型之后我又设计了一个头脑风暴的环节，让学生根  据新授的句型进行拓展，使学生在教师的引导下处于积极思维的状态之中，全方位、多角度培养学生运用英语的能力，较好地引发学生思维的兴奋点，有效激起了学生主动用英语进行表达的欲望。

3. 护趣——趣味练习保护学生兴趣

小学生很难在一整节课中都保持良好的学习状态，这时就要求教师能提供适合学生的练习来保护学生的学习兴趣。在这个环节我设计了两个练习活动：一个是抢板凳的游戏，很好地将所学句型进行了综合运用；一个是听音标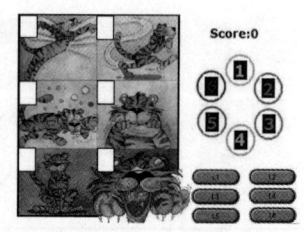序号的练习，这个练习提供了电脑评分机制，学生可以通过电脑操作对所学内容进行自我检测。

4. 延趣——学以致用延续学生兴趣

让学生在生活实际中学会运用语言，更能突出语言的实用性和交际性。所以我结合本课教学内容将中国人"坐如钟，站如松，睡如弓"的良好行为习惯提供给学生，引导学生形成良好的行为规范；对仿生学的了解，是对本课语言知识的再一次运用，更为学生提供了一个学以致用的广阔平台，把课堂活动延伸到了课后及课外。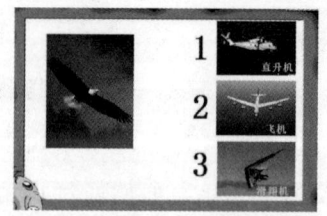

这节课不论是新知识的呈现，还是游戏的设计，都能紧紧地抓住学生，吸引学生，让学生积极参与到课堂中来。学生在玩中学，学中用，提高了课堂实效，培养了学生学习的兴趣。我相信通过这样的教学，充分让学生主体参与、体验感悟、游戏巩固，是能够圆满实现课堂教学任务的。

（执教教师　宋小燕）

体育高效课堂

体育高效课堂教学模式：双向六环。"双向"是指课堂遵循教学过程的递进和学生认知发展的规律，教师和学生双边通过教与学的互动，既发展学生的主体性，又开发学生的多元智能，进而达到教学相长、双赢共好的最优化的育人效果。"六环"指课堂教学实践过程中六个相连的基本环节，即激、引、教、练、用、评。"双向六环"是一种把学生的内在主体动力作用于多元的学与练相融合的课堂教学，通过师生互动、生生互动使师生成为"学习共同体"的一种新型的高效课堂教学模式。

在高效课堂教学中首要转变教学理念，理念的转变，是适应高效课堂的根本前提。体育高效课堂改革的实施，要求体育教师尽快转变传统教学理念，确立新课改的教学理念。只有这样才能结合自己的工作开展并实施体育高效课堂的探索与研究。高效课堂的重过程就是教师在教学中把教学的重点放在过程上，放在揭示知识形成的规律上，让学生通过感知—概括—应用的思维过程去掌握知识，掌握规律。

在体育课的高效课堂中先要抓有效时间，时间作为贯穿课堂教学始终的重要因素，加强其计划性是促进时间高效运用的关键。

一、抓教学目标的高效性，利用有效的时间来向学生传授知识。1. 知识目标，向学生传授哪些知识，使学生应该学会什么知识。2. 技能目标，在学会知识的同时，要让学生掌握该知识的技能技巧，形成一定的能力。3. 情感目标，通过学习培养学生喜欢体育、爱好体育的心理，吸引学生乐观地参加体育活动，积极地投身到体育活动之中。

二、减少无效时间，增加有效时间利用率。1. 认真备课，加强计划性。做到目标明确，思路清晰，重、难点把握准确，而且备好所有教具设施，讲究课堂教学系统严密。2. 教师首先做珍惜时间的表率。做到按时上课，不迟到、不早退、不拖堂、不占用教学时间批评学生。3. 精心设计运动项目，注重启发性、有效性；讲究语言艺术，做到精练、简洁、准确；让学生多练多动。

三、精心计算教学环节的有效时间，讲究时间的计划性和合理密度性。1. 精心计算每节课每一个教学环节的时间。情景创设、启发诱导、学生探究等都要精心计划，使课堂教学一环套一环，减少环节间的无效时间。2. 精心计算每一教学内容的时间。讲究时间的合理密性，做到高效利用时间。3. 教师主导时间科学运用。教师主要起引导、诱导、指导作用，引导学生积极动脑、互学、互助、互练，充分发挥学生的主体作用，让学生在练习中成长。4. 给予学生充分的主体活动时间，努力实现学生全过程学习。

在体育课的高效课堂中为什么要让学生来展示？高效课堂强调学生的主动学习意识。要想让学生的学习有主动性，我们在教学环节的设计中就要给学生一定的空间来表现自我，让他们在学习中有乐趣，有主动性。让学生展示，可以激发学生的学习兴趣，符合学生爱表现的特征，从而调动他们的积极性和主动学习意识，进而提高课堂学习效率。让学生来展示，可以检验学生的自主学习和合作交流的成果，检验这两个环节中学生对教材的知识掌握程度，对于没有学透的知识再通过小组探究和老师的精讲来完成。展示，可以帮助学生特别是学困生树立自信，因此教师要努力为他们创造更多的机会和条件，多给予他们展示的机会。让他们从点滴的进步中，感受成功的喜悦，进一步树立自信心。如：平时上课时一些较简单的示范，尽量让他们展示，让他们在同学们面前也能表现自己。老师要及时肯定他们，让他们认识到"我能行"，克服自卑的心理。

在体育课的高效课堂教学中要改变学生的学习方式，高效课堂改什么，最根本的一条就是改变学生的学习方式，高效课堂积极倡导"自主、合作、探究"的学习方式。通过教学实践，学生的学习方式有了很大的转变，学生的主动学习意识不断增强，合作学习也有了一定的基础，但是在教学中我们还要注意几个问题：

1. 不要让"自主"变成了放任。只要走进课堂，就会发现：老师把一节课的问题引领呈现出来后，学生经过自主学习，小组合作以及组内、全班展示后，大多知识点都可以掌握，其间教师只需就重点进行点拨。这种学习方式，确实有利于提高学生学习的积极性和主动性，特别是有利于调动学生的学习兴趣和张扬学生的个性，弥补传统教学的不足。但令人遗憾的是，这个自主性学习的理念在转化成教学行为的过程中出现了异化，认为学生自主了，教师似乎就可以退避三舍了。于是课堂上教师变得谨小慎微，话语不多了。他们在课堂上只是做出一种民主的姿态，鼓励学生发表自己的意见，不断听到的是"讨论讨论"、"不要拘谨"、"要敢于发表自己的独立见解"这一类鼓励的话语，却难得听到他们分析与讲解的声音。岂不知，这种为了强调学生的自主性而弱化教师指导作用的教学行为，就是把自主学习给"泛化"和"圣化"了，是把自主演变成了一种放任。实际上，强调自主学习的课堂，更需要教师充满睿智的引导。引导是一种真诚的帮助，引导是一种精当的启迪，引导还是一种热情的激励。要让学生的自主与教师的引导合而为一，高度统一，相互促进。关键是要在教学过程中寻找到"导"与"放"的切入点与平衡点，做到"导""放"有度。

2. 不要让"合作"停留于形式。我们经常看到课堂上在学生没有充分练习、思考的情况下就进行合作学习的情况，由于学生对动作掌握得还不好，对客观事物的认识也不深刻，这样的合作只能流于形式，只能是为个别优生提供展示的机会，小组合作加工整理的结果与所得也是肤浅的、片面的。同时，各组的成员在组成上也差异过大，自然对各自承担的探究任务、合作目标的完成质量有好有坏，影响集体对动作技能的整体学习效果。另外一种情况是在学生什么都不会的情况下，就放手让学生合作，这与让不会走路的孩子学跑步又有什么区别？还有一种情况是教师只关注合作的结果，忽视了学生在合作过程中表现出来的情感、态度和习惯。合作学习是一种学习方式，是否采用要根据学习内容而定，关键是要看实施的效果。指导合作学习时要注意三点：（1）做好合作准备。这里有两层意思，要教给学生学习方法，特别是对学生进行培训。另外在小组合作学习之前，教师一定要留给学生充足的独立思考的时间，学生必须对所需要研究的问题有初步的认识和了解，才能进一步开展小组合作学习。（2）明确合作目标。在小组合作之前教师要让学生明确小组合作的目的是什么，通过合作要达到什么目标，各小组在合作中担任什么角色、需要完成什么任务，从而有的放矢地让学生进行小组合作学习。

（课题执行人　秦武）

附录：《跑几步、一脚蹬地起跳双脚落地》教学设计

授课年级：二年级

教学目标	通过学习跑几步、一脚蹬地起跳双脚落地的技术动作，初步掌握单踏双落的动作要领，发展跳跃能力，提高灵敏和协调性，培养团结协作精神。			
学习内容	跑几步、一脚蹬地起跳双脚落地			
教学顺序	教学内容与要求	实施活动过程	预期目标	时间
导入与热身	1. 集合整队 2. 情境游戏：小蝌蚪找妈妈 要求：模仿形象。 3. 健身操： 要求：动作协调，充分活动肢体。	情境导入 1. 小蝌蚪找妈妈。 2. 听音乐练习健身操。	兴趣引领 激发情绪 活动身体 积极参与	11分钟

学习与练习	一、跳跃： 跑几步、一脚蹬地起跳双脚落地 重点：单踏双落。 要求：落地轻巧。 动作口诀： 助跑连贯起跳 蹬地摆臂协调 双脚落地轻巧 屈膝缓冲记牢	1. 趣味练习：单、双脚跳。 2. 分组练习各种方式的跳。 3. 教师讲解要领并示范动作。 4. 学生散点体验。 5. 小组互帮互学。 6. 教师指导纠正动作。 7. 教师设疑"如何把动作做得又好又轻巧"。 8. 学生示范。 9. 带疑体验，分组讨论，答疑。 10. 学生再体验。 11. 学生展示，师生评价。	大胆尝试 动脑动体 对照口诀 掌握技术	26分钟
	二、趣味游戏：过河 规则：脚不触地。 要求：机智灵活，团结协作。	1. 尝试游戏练习。 2. 分组比赛。 3. 评比优胜。	自主研究 齐心协力	
愉悦与放松	放松活动：快乐手拉手 要求：动作舒展，身心放松。	1. 师生共舞。 2. 教师小结。	师生和谐 放松身心	3分钟
场地器材	1. 泡沫小垫子 2. 动物头饰	场地图	课后反思	
预计教学效果	全课平均心率：120－140次/分钟 全课练习密度：40%			

（中国教育学会体育专业委员会第二十二届全国十四城市体育教学与科研研讨会体育优质课一等奖　执教教师　赵丽）

基于交互式白板的兴趣教学模式研究

《国家中长期教育改革和发展规划纲要》中明确提出，到2020年我国要基本实现教育现代化，要把改革创新作为教育发展的强大动力。这是赋予我们基层教育工作者的时代使命和具体的奋斗目标，如何让现代教育技术为教育改革和发展服务，更好地促进创新型人才的成长是我们要为之实践的课题。在多年的课堂教学改革实践中，学校紧扣新课程改革的精髓，从小学生非智力因素培养入手，提炼出"激趣—乐学"的课堂教学模式，这个模式的最大特点就是融知识—兴趣—发展为一体，它的主要策略就是运用信息技术使课堂教学功能实现最大优化，为此鲁巷实验小学提出了《基于交互式白板的兴趣教学模式研究》这一专项研究。

下面是课题组成员的两个实验案例。

《骨骼》一课是课题组成员余丹老师基于交互式白板进行的一节信息技术与科学学科整合课，这节课中教师将教学内容与信息技术进行了整合，巧妙地运用电子白板的强大功能，使常规课堂教学中"看不见"变为"看得见"，"数不清"变为"数得清"，"动不了"变为"动得了"，有效地帮助学生理解教学内容，突破重难点。激趣导入——复习旧知，认识骨骼——循序渐进，传授新知——总结评价，趣味延升——课外拓展，无一例外的都以信息技术为平台，以交互式电子白板为媒体，教师引导、师生互动、生生互动,学生人人愿参与,个个勇尝试,常规的严谨的科学课堂变得生动有趣,形成了良好的探究氛围,达到了激趣乐学的高效课堂效果。这节课在武汉市小学信息技术与学科整合课中获得一等奖,在全国大中城市中小学电子白板教学应用现场说课比赛中获得一等奖。

学校教师还在其他学科中进行基于交互式白板兴趣课堂的研讨,比如杨亚兰老师所授的《送元二使安西》就是课题组在语文学科中进行的研讨,《送元二使安西》是一首古诗,在课堂教学中,充分地利用了交互式白板的强大交互功能,通过各种音视频的插入及交互式白板的及时生成,教师实时地对课件进行控制及补充修改,使学生在教学活动中通过形象感知,进入到感性的悦目悦耳之境界;通过各种教学内容的领悟,进入到理性的悦心悦意之境界;通过创造性运用新知,进入到更高层次的悦志悦神之境。这节课获得了区信息技术与学科整合课一等奖,即将代表洪山区参加市级整合课比赛。

课题组的成员不仅仅在语文、科学学科进行着研讨,在其他学科也都进行着大胆的尝试,写出了大量的教学反思、教学案例,教师们在实践中不断得到提升,撰写出了有价值的教学论文。通过研究,课题组积累了丰富的教学课件资源,这些研究成果同时也吸引着学校的其他教师,学校于是将这一课题的研究定为学校校本研究的重要内容,全校共同开展研讨,将这一课题研究常规化、制度化。

课题组结合学校"激趣—乐学"的兴趣课堂教学模式,深入研究了基于交互式白板环境下的教学设计特性和原则,在整合过程中找准切入点,不仅突出了学科特点,而且有效地突破了学科重难点,优化了课堂结构,使教学功能最大化,学生参与最大化。通过实验,教师收获了很多有价值的经验,撰写了大量的教学案例、教学反思、教学论文,并收集整理出了一批教学课件资源编入学校教学资料库,供全校教师共享。学校教师对这一现代教育技术保持极高的兴趣,纷纷主动参与研究,鲁巷实小课堂教学中洋溢着兴趣教学的"趣"、"巧"、"实"、"活",呈现出"激趣—乐学"的现代课堂新格局。

附录:

课例一

教学流程	科学探究	计算机辅助教学	电子白板的运用	运用效果
激趣导入	创设情景 运动为媒 激情入题	图片音乐:出示楼房、钢筋、骨骼	出示图片:利用屏幕遮盖功能,呈现骨骼的作用。	图文并茂、声像结合使枯燥变为有趣。
复习旧知 认识骨骼	摸一摸: 感知骨骼	播放动画:复习身体的各组成部分	师生互动:运用聚光的功能引导学生共同探究骨骼的组成部分。	聚焦课堂,突出学习的重点。
	试一试: 自主探究	主题网站:拼图 学生在计算机上做一副骨骼拼图	教师引领:监控、展示学生的拼图过程,利用书写功能在白板上标注学生拼图的问题所在。	利用课的特点,采取全班式对话,在交流中思考,在思考中碰撞。

教学流程	科学探究	计算机辅助教学	电子白板的运用	运用效果
循序渐进 传授新知	看一看：出示石膏模型，学生直观地见到骨骼	视频：《骨骼结构》认识骨骼各部分的名称	师生互动：学生交流，教师运用拉幕效果，强化骨骼各组成部分。	向学生提供了他们无法看见的过程，直观形象地展示了这一抽象问题。
	练一练：再次练习，巩固新知	主题网站：拼图 学生上机，进行骨骼拼图	生生互动：展示学生的拼图过程，学生交流，运用放大功能展示优秀学生的作品。	体现了以学生的"学"为主体。
	数一数：了解一只手掌骨的数量	出示图片：手掌骨X光片，数一数手掌骨的数量	师生互动：运用书写功能和学生一起数，一起标记。	简单枯燥的知识"由静变动"！
	探一探：骨骼结构复杂，数量多	主题网站：视频：骨骼各部分名称，了解身体中206块骨骼的分布	生生互动：学生在白板上交流所学知识。	缩短了教与学之间的心理差距。
	再探探：认识骨骼的作用（支撑、保护）	主题网站：1. 学生自学资料库 2. 动画骨骼的作用	师生互动：运用截屏功能把学生不太了解的"保护"功能捕捉下来，强化学生的认识。	展示学生自主学习自主探究的过程。使学生在探究性认知中发展科学思维能力。
	引一引：通过已学知识引导学生进行卫生保健教育	出示视频：正确的坐姿和错误的坐姿	师生互动：动画演示过程中学生进行判断，教师适时标注。	所演示的生动、形象的画面学生更乐于接受，这与传统的说教式教学方法比，更能起到事半功倍的作用。
总结评价 课外拓展	做一做：巩固练习，加深印象	主题网站：出示习题库，学生练习	师生互动：学生上讲台演示，教师和学生共同评价，利用白板笔标记。	学生真正把知识应用到实践中去，完成理论到实践的转化。

课例二

课例名称	《送元二使安西》		学科	语文
教材版本	鄂教版	章节		年级	四年级
教师姓名	杨亚兰	学校名称	武汉市洪山区鲁巷实验小学		
教学目标重难点分析	理解诗中词句,有感情地朗读、背诵古诗。在赏析古诗中让学生了解送别诗的特点,通过电子白板和学习网站营造的场景,再现历史画面,激发学生学习古诗词的兴趣,培养学生自学古诗的能力,提高学生的文化素养。体会诗中表达的朋友间的深厚情谊,激起对祖国古诗词的热爱之情。				

教学环节	教师活动	学生活动	设计意图	媒体使用及意图描述(交互式白板使用功能)
激趣导入引出诗题	出示古诗《红豆》,玩填空游戏。	指名上台演板。	激发学生兴趣,引出本诗的作者王维。	学生上台在白板上演板游戏,体会学习的乐趣。
汇报交流体会诗情	出示唐朝地图,了解安西与渭城距离遥远,环境恶劣。	体会元二此去安西需长途跋涉,环境恶劣,令诗人担忧。	营造氛围,引领学生大体把握诗歌的含义,想象诗中所描绘的意境,体会诗人对友人依依惜别的离别之情。	图文并茂,对安西和渭城作了浓墨重彩的强烈对比,更让学生感到诗人对自己的好朋友长途跋涉去这么艰苦的地方行军打仗是多么的担忧啊。借此突破教学难点。
感情升华总结拓展	点出诗中第一句"景美"与第二句"别愁"形成强烈反差,渲染了离愁别情。	聆听根据古诗谱写的中国十大古琴曲之一的《阳关三叠》,吟诵古诗。	让诗歌的意境得到升华,让学生感受到古代诗歌的绝美,朋友离别得依依不舍。	乐曲悠扬、创设情境再现别离难,当悠扬的古琴响起,当凄美的歌声萦绕,那朋友分别的场景似乎历历在目,让离别之情在课堂上挥之不去。

课题研究：本节课中反映了哪些课题研究的成果与特色	学校进行的课题是《基于交互式电子白板课堂教学的兴趣教育模式的研究》。在本节课中，我打破传统的古诗诵读课教学模式，充分利用电子白板、学生网站等多媒体教学手段，以趣导学，以趣激情，真正做到"趣、巧、实、活"。 小学古诗诵读教学遵循"意、理、情、境"的步骤逐步引导学生熟读成诵。在重点学习第二句"劝君更尽一杯酒，西出阳关无故人"，体会诗人与朋友之间难分难舍的情谊时，再次利用学习网站，通过古诗背景故事、历史背景故事、塞外荒漠景象、古诗情景再现等来激发学生学习兴趣，去深入了解诗人与友人依依惜别的原因。在学生交流感受时，教师利用电子白板，对安西和渭城作了浓墨重彩的强烈对比，更让学生感到诗人对自己的好朋友长途跋涉去这么艰苦的地方行军打仗是多么的担忧啊。借此突破教学难点。此时，"劝君更尽一杯酒"，就像是浸透了诗人全部丰富深挚情谊的一杯浓郁的感情琼浆。这里面，不仅有依依惜别的情谊，还包含着对远行者处境、心情的深情体贴，包含着前路珍重的殷勤祝愿。 通过交互式电子白板的运用，突破了教学的难点，让学生深刻地理解诗句含义和"以讲代读"的魅力，引领学生进行了一次精神的洗礼，充分展示了优秀古诗词的独特魅力。

第四章
兴趣德育

以"趣"为导,抓住学生的"心",激发学生的"情",活跃学生的"思",养成学生的"德",把"学生是被控制的客体"变为"道德生活的主体",把"教师的灌输"变成"学生的自我教育"。

德育理念

什么是德育？德育是教育者按照一定的社会要求，有目的、有计划、有组织地运用系统的德育内容，通过教育者和受教育者双主体对象化的实践活动，培养受教育者健康完整品德的教育过程。兴趣德育，指的是遵循学生的身心规律，秉承兴趣是最好的老师的理念，从消除学生心理障碍入手，施加一个喜欢的意念，有效激发学生情感领域里广泛而高尚的兴趣，化要我参加为我要参加，化他律为自律，从而调控构成德育体系诸要素之间的关系，使之发生共振效应，促进学生思想品德全面和谐发展的一种德育模式。

在"基于兴趣，发展兴趣，为学生自主发展和终身幸福奠基"的核心价值观引领下，学校在德育工作实践中，迫切需要把"学生是被控制的客体"变为"道德生活的主体"，把"教师的灌输"变为"学生的自我教育"，迫切需要探索一种将"兴趣是最好的老师"的理念与学生养成教育巧妙融合的德育途径，让学生在和谐有趣的德育生态环境中学会独立思考和自我判断，促其道德的内化与外化相交流，教育与自我教育相融合。

鉴于此，学校德育工作在原先以"乐学型"文化特色为龙头的基础上，开展"兴趣德育"研究，以"趣"为导，抓住学生的"心"，激发学生的"情"，活跃学生的"思"，养成学生的"德"，让教育过程自然化、情境化和自主化，让教育手段艺术化和技巧化，让教育者与受教育者相互教育和自我教育，达到品行共进，让学校德育工作最终达到潜移默化和长效化。自"九五"始，学校针对德育工作中只重视道德知识、观点的灌输，忽视道德情感的激发和培养的弊端，开始以"兴趣"为切入点，在抓好德育常规的基础上开展自我教育，采用德育系列化和随机化相结合的方法来激发学生自我教育的意识，形成自我教育的动机。以趣激情，以情载理，情理交融，使学生在积极向上的内心情感体验中加深对道德知识的理解，达到情动—理达—行形的目的，从而提高德育工作的实效性。

一、以趣激情，唤起学生内心的情感体验

心理学研究指出，情感是良好思想品德形成的心理条件，强化情感体验是发展人的思想品德的心理基础。因此，教师必须学会拨动学生心灵上那根情感的琴弦，引导学生爱周围一切美好的事物，这才是产生教育效应，将教育要求转化为受教育者道德认识、信念、行为习惯的基础。为此，学校采取以趣激情的方式，在德育工作中注重把握几个"趣"点，使教育形式乐于接受，产生内化效应。这几个"趣"点分别是：（1）自主教育活动中的创新之趣；（2）主题系列化教育中的感人之趣；（3）集体教育活动中的荣誉之趣；（4）服务活动中的奉献之趣；（5）助人活动中的满足之趣；（6）树立典型中的模仿之趣；（7）评比竞赛中的竞争之趣。几年来，学校本着寓教于乐的原则，让学生在玩乐中受到熏陶、感染，以净化其心灵。2008年，四川省遭遇了百年不遇的特大地震，在与灾难抗争的过程中，涌现了无数英雄，无数事实证明我们党不愧是最可爱的人。学校充分抓住这一教育契机，开学初，要求教师上好开学第一课，即"抗灾害、学英雄、献爱心"，通过讲身边抗灾中的先进事迹、看录像、听英模报告等，大大激发了学生的"情"，一次成功的爱党、爱解放军、爱人民的教育就在调动了情的基础上得到升华。学生纷纷献出爱心，一元，十元，五十，一百。学校共收到捐款近 2 万元，衣物一卡车，全部由学校统一交区教育局运往灾区。

二、以情载理，使"理"通过"情"进入学生的心灵达到内化

在德育工作中，让学生明理是至关重要的。学校非常注重以情载理，情理交融。主要有以下做法：第一，不断优化教育的主渠道——课堂教学中的德育渗透，要求教师引导学生学习教材中所提供的教学内容，明确一定的道德观点，引导学生在获得真切的情感体验后上升为道德认识；第二，优化德育的内容，在德育内容上把握两个字"新"、"实"。在贯彻《小学生行为规范》的基础上按学生年龄特点和心理规律，对学生提出不同的要求，使教学内容易被学生接受，使不同年龄的学生都愿入脑、入心和践行；第三，优化教育的方法，要求教师要善于研究学生心理，以学生为主体，把德育工作做到点子上，做到学生心坎上，使学生感到我们给予的和他渴望得到的是一致的。例如，我们有些老师非常善于发挥身边榜样的模范作用，大家知道榜样的力量是无穷的，身边的榜样更是如此，因为学生觉得身边的榜样可爱、可敬、可学，因而也更具魅力。发现班级成员中的上进点、闪光点，树立好的典型，努力创设处处有典型、人人有榜样、时时有楷模的教育情境。这样通过"接受—反映—内化—行为"的自我教育、自我管理过程，激发学生的上进心和进取精神，促进他们自我发展、自我提高。第四，优化育人环境。在整体育人中校园文化被称为"隐性课程"，它确实有着显性教育所达不到的功能。在开展兴趣教育中尤其重视校园文化，我们主要做法是：一是在净化、美化大环境的基础上美化各班的小环境，各班成立了红领巾小岗位，如"小

小图书角"等，虽小但却给同学们增添了不少乐趣。二是充分利用学校围墙、走廊、墙壁，张贴伟人、名人画像和山水画，让学生置身一个"伟大的世界"、"美丽的世界"之中，进而憧憬自己美好的未来。三是创造和谐、温馨的人际关系，爱是教育的基础，没有爱也就没有教育，教师要爱学生，同学之间要互敬互爱，当然，家长与学校关系和谐也是校园文化的重要内容之一。鲁巷实小变封闭式办学为开放式办学，成立了家长学校，设立了"家长开放日"，定期为家长讲课，让家长填写"调查提纲"等，使学校与家长建立起友谊的桥梁，形成育人的合力。

三、以评导行，形成良好的行为规范

真正的教育是自我教育。德育工作实效性最终应体现在学生自我教育能力的培养和提高上。为此，鲁巷实小主要通过评定来不断规范学生行为。主要做法是：

（1）保证评定的连续性，坚持日日有评比，周周有评比，月月有评比，学期有评比，全程、全面地了解学生的发展情况。

（2）构建多元评价体系，采用素质教育报告单、主题教育评价等各种方式，通过学生自评、小组互评、老师评定、家长评定等多主体多角度的评价，更为准确地定位学生的德育发展动向。

通过以上几步，大大规范了学生行为，学生良好的行为习惯逐步形成。这样，既确保了学生成长阶段点点滴滴的进步，又确保了德育实效性的有效落实。

德育模式

学校的德育工作本着"以趣激情,发展主体"的理念,巧妙地围绕学校德育工作的三条生命线,构建了一个学生、教师、家长的兴趣"域",形成了"七位一体"的"四育三体验"兴趣德育模式。

一、"七位一体"的框架

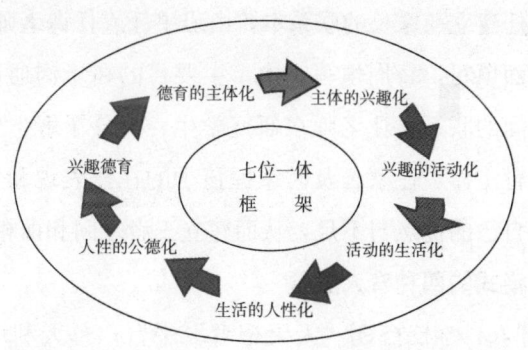

二、德育工作的三条生命线

1. 学生线:对照《小学生日常行为规范》,针对小学生实际问题,研究制定适合小学生心理的行为细则——兴趣德育两百步、鲁巷实验小学兴趣德育三段六年《成"人"基本习惯养成》序列,搭建一个"天天德育"平台,真正让行为习惯教育落到实处。

2. 教师线:学生的行为规范能否走入学生的心里,关键是教师的教育行为是否规范,有关调查显示,学生的许多不良行为不是天生就有,而是后天的教育不当造成的，比如师源性心理障碍问题等。本课题将开展德育导师队伍建设的研究，同时开展一个"班主任教一招"活动的研究，通过这一课题的开展，总结出提高教师育人规范及其效果的一些经验。

3. 家长线：家长在学生德育中和教师一样占据主导地位，但实际生活中，家长的家教水平制约着教育的效果。所以，一方面，加强对家长培训途径、内容与方法的研究，提高家教水平；另一方面，要改善教师与家长之间的关系，建立平等、尊重、理解、和谐、互信的家校关系，畅通家校交流渠道，形成学校教育与家庭教育的合力。学校开展建立特殊学生家校联系本研究。班中单亲家庭的学生和品德、学习有问题的学生都要由班主任建立与家长的联系本，由班主任或任课老师、学生本人、学生家长三方面填写，每周填写一次，主要目的在于沟通班主任、任课老师与家长之间的联系，让老师多研究学生，充分了解学生，根据学生的特点开展教育工作，让家长及时掌握孩子的在校表现和发展趋势，让学生正确看待自己的优点与不足，从而建立三者之间和谐相融的关系。

三、德育模式的四种育人主题

1. 生活育人：学校搭建"天天德育"平台；每天利用周一红色驿站、周二蓝色快车、周三金色港湾、周四橙色频道、周五绿色家园的时间，以与学生生活相关的项目（如两操习惯、集队习惯、卫生习惯、文明礼仪习惯、课堂内外习惯、好人好事等等）为内容，开展"兴趣德育·彩色旅程"系列活动。通过生活德育，扮靓学生生活的每一天，让学生努力去做一个讲文明的人。

2. 活动育人：开展活动的过程也就是对学生开展德育的过程，学校在活动内容上，以"爱"、"德"、"美"、"乐"为核心，以四个坚持为教育主题，实施"快乐成长教育工程"，定期开展理想教育、爱国主义教育、集体主义、社会主义、法制禁毒、公德、孝敬、体验、养成、爱心、诚信、环保、审美、文学艺术节、鲁小吉尼斯、兴趣王国展示等系列活动。在活动形式上，通过各种课程和社团活动，沿着有趣—乐趣—志趣轨道，发展学生的广泛兴趣，转变不良兴趣，突出学生的中心兴趣，使之对某一两个方面进行更为深入地钻研，并使其他各种兴趣都能直接或间接地为中心兴趣服务，最后形成人生志趣，从而真正起到激趣乐学的功效。

3. 环境育人：向教师与学生提供有力的环境支持，建立人文化的环境氛围，让教师和学生精神愉悦，心情舒畅，快乐地工作、学习和生活。学校着重研究两种环境对德育的作用及效果，一是研究学校的外部环境对学生德育的作用，让墙壁成为学生书法、绘画等个人作品的展览窗，让学校的每一块空地成为学生学习、生活、活动的游乐场；二是研究学校的舆论这一大环境对学生德育的作用。要通过校园电视台、校园之声广播电台、"历史上的今天"栏目、展窗以及国旗下的讲话等创设舆论氛围，形成一个无声与有声相结合的育人环境，使学生认识到要讲生态，讲诚信，讲感恩。

4. 评价育人：从自主、合作、探究的学习方式，思维的巧妙与独特性，参与活动的情感三个方面，采取自评与他评相结合、过程与结果相结合的方式，以"学生成长记录册"为载体，开展"七色花儿映校园"的活动，对学生进行综合评价。

德育实施

多年来，学校以市区教育局"实施有效德育"和学校"激扬兴趣，成就幸福教育人生"的价值取向为引领，以学生的日常行为规范教育为基础，加强了对学生的思想道德、行为规范和礼仪常规教育；围绕"兴趣德育"，开展了"彩色旅程"和"快乐成长教育工程"活动，使学生学会做人，学会求知，学会生活，学会劳动，学会健体，学会审美。为努力培养举止文明、日常礼仪、品德优良、心理健康且富有创新精神的一代新人，主要做了以下工作：

一、"兴趣德育有效实施"理念的贯彻落实

1. 加强师德师风建设

搞好学校的德育工作，离不开一支经验丰富、方法独到的德育工作者队伍。为此，政教处积极配合学校党总支，落实好"创先争优"活动，使教师具有高尚的职业道德和良好的师表风范，杜绝体罚与变相体罚现象，构建平等、民主的师生关系。

2. 构建社会、家庭、学校同步教育网络

德育工作离不开社会、家庭的配合，为此学校积极构建社区、家庭、学校德育工作网络。按三纳入三为主原则，成功开展了多次家长学校活动，家长出席率达95%。在家长学校活动中，班主任老师按年段特点，以具体事例讲述了家庭教育的方法，每位班主任认真准备、精心布置，

主题鲜明突出。家长学校活动的开展，拉近了家庭与学校的距离，沟通了家长与老师的情感。同时，学校还组织家长学校老师积极参加市、区家长学校课的比赛工作。

3. 加强帮教转化工作

一直以来，各班都能结合本班实际，做好帮教转化工作，建立帮教档案，并制定具体的帮教措施，记录好帮教情况，努力做到用爱心去关怀他们，用耐心去感化他们，尽量把一些苗头性问题消灭于萌芽状态。

4. 抓好班主任队伍管理

适时召开班主任工作会议，与班主任老师一起探讨学校德育工作的方法，布置每月的工作重点和主题教育活动，及时反馈、处理班级中发现的问题。并不断完善班主任岗位职责、工作条例、考核、奖励制度，做好班主任工作的月查，加强班主任工作的过程化管理，并把班主任工作的实绩作为评优、发津贴的重要依据。学校被评为"武汉市班主任队伍建设先进单位"。学校刘辉老师参加了"区有效德育班会"竞赛，获好评。

二、行为规范教育的"有序"渐进

1. 加强行为规范养成教育

教师以年级组为单位，针对本年级学生特点，按照《兴趣德育两百步》一书备课，并统一在每周三下午班队会时间，对学生的学习习惯、遵章守纪习惯、文明礼仪习惯、劳动卫生习惯进行训练和教育。

2. 强化行为规范教育的检查、评比、量化措施

充分发挥"红领巾小岗位"作用，对卫生、课间操、眼保健操，采取天天检查，天天反馈的方式，每周一进行"行为规范示范班大比拼"的展示活动，从而落实了行为规范的检查、评比。

3. 继续开展"七色花儿映校园"活动

政教处每学年均会对学生成长记录册进行改进，进一步细化和落实七色花儿的评比条例，从而规范学生的行为。

通过对学生的行为规范教育，让他们养成文明礼仪、劳动卫生习惯等。对行为规范教育的检查、评比，形成了班级竞争，促进了全校学生的行为规范，促进了学生自我管理能力的提高。

三、法制、安全教育工作的"有机"结合

为养成学生自我防范的安全意识和责任感，学校结合法制教育知识点，开展争做《知法懂法守规的好少年活动》为主题的队会和小报展，以活动为载体，让学生明理导行。同学们能够很好地遵守交通规则，上学能够自然成排走进校园，放学后各班能够有组织地离校。在重大的节假日，学校政教处不仅对学生普及安全教育，还专门给家长发放"温馨提示"，以求同抓共管，为学生撑起一片安全的天空。学校还有计划地对学生进行了紧急集合和紧急疏散的演习，让校园安全事故归零。

四、健康、环境教育的"有意"渗透

学校在有限的空间，给孩子一块绿地，让他们栽花种草；给孩子一片绘画壁，让孩子自由描绘；给孩子一片饲养园地，让他们感受动物的可爱。

如校园的户外场地富有变化，具有激发小学生多种经验，诱发小学生多种活动行为的功能。在活动场内，学校设计了丰富多彩的设备和材料，使处处充满绿色和生机。活动室是小学生主要的活动空间，学校力争使室内宽敞明亮，温馨舒适，所布置的内容随着教育目标、季节变化而变化。另外还创设了科学实验室，小学生获得许多感性经验。整洁优美的物质环境唤起了小学生对生活的热爱，陶冶了小学生情操，充实了

小学生生活，激发了小学生的求知欲，培养了小学生的探索精神。蒙台梭利说：“教师不仅是一个教师，还是一个心理学家，因为他要指导儿童的生活和心灵。”

五、兴趣德育活动的"有效"开展

兴趣德育活动倡导激发兴趣、回归生活，将德育融于学生的生活之中。结合学生生活实际和地方特点，学校开展丰富多彩、寓教于乐、学生喜闻乐见的德育活动，如："啄木鸟在行动"、"我是小小活雷锋"、"低碳环保"、"学英模事迹，向先模看齐"、"阳光少年"实践行、"童心欢畅，梦想飞翔"等，使学生从中受到教育、受到熏陶，逐步形成正确待人做事的价值观念和思考问题的取向，实现德育培养目标。

1. 兴趣德育·彩色旅程（德育常规常抓不懈）

德育常规工作在"兴趣德育"理念引领下，以"天天德育"为平台，开展周一"红色驿站"（升旗仪式）、周二"蓝色快车"（夕会）、周三"金色港湾"（班队会）、周四"橙色频道"（红领巾广播站）、周五"绿色家园"（卫生检查）和寒、暑假"彩色假日"，用多彩的旅程扮靓学生的每一天。

2. 兴趣德育·快乐成长教育工程（德育特色有效创新）

德育特色活动以"爱、德、美、乐"为核心，结合每月的特点和学校实际，以"我与社会共进步、我与他人共成长、我与自然协调发展、我的进步看得到"为主题，以生活化、社会化为基本形式，以养成教育为保证，开展爱国主义、法制安全、感恩诚信、校园艺术节、兴趣王国、鲁小吉尼斯、七色花儿评比等系列活动。

六、德育工作显成效

1. 经过几年的探索实践，学校的"四育三体验"形成了"围绕三大序列（家长学校活动序列——让家长关心、了解、懂得、学会教育；学习型班主任活动序列——用理论武装思想，用策略检查过程，用活动考核结果；学生活动序列——让学生学会求知、学会做人、学会健体、学会生活，品味快乐），开展四大活动（兴趣德育·彩色旅程之常规教育、兴趣德育·快乐成长教育工程之主题教育、兴趣德育·多彩假日之实践行活动、兴趣德育·七色花儿映校园之多元评价）"的体系，总结出了兴趣德育"二百步"、兴趣德育"三段六年成人基本习惯养成序列"。

2. 班级乐学型氛围得到进一步彰显：每班配置了多媒体投影设备，班主任将班牌设计得色彩热烈、各具特色，将室内文化墙布置得个性张扬、趣味盎然。低年级教室，辛勤的蜜蜂、茂密的花丛、贴着同学们照片的光荣树、象征着同学们进步的星星榜；中年级教室，开辟的艺术之角；高年级教室举办的"我的童年"、"我笔下的校园"等专题摄影展、画展……点点滴滴、时时处处都潜移默化地引导学生在有趣的环境中努力向上。

3. 鲁巷实验小学现有 20 多个社团，几乎每个孩子都有自己的团队组织。鲁巷实小"希望通过各种课程和活动发展学生的广泛兴趣，转变不良兴趣，突出自己的中心兴趣，使之对某一两个方面进行更为深入的钻研，并使其他各种兴趣都能直接或间接地为中心兴趣服务，最后形成人生志趣"的理想正一步步达成。

如："趣魔方"社团，孩子们从最简单的一阶开始玩起，逐级增加，在玩的过程中，孩子们积极探究其中的奥妙。一般不到一年的时间，孩子们都能在一分钟内将打乱的六面魔方还原，不少学生还能快速拼出各种图案。

再如校管乐队的团员们每人不仅掌握了至少一种乐器的演奏方法，还在合排过程中学会合作，学会宽容，学会欣赏，2011 年 10 月，学校刚刚组建一年的管乐队参加武汉市首届中小学器乐大赛就取得了二等奖的好成绩。

当然，学校最引人注明的活动当属"鲁小吉尼斯"了。每学期，学校都会举行"吉尼斯之星"的展示活动。经过自主申报，班级海选，年级评比，最后在全校进行展示的学生个个都有绝活，他们在舞台上玩魔方、踢毽子、背成语、做手影……五花八门的展示，吸引着孩子的眼球，激发着孩子的兴趣，同时也让每个孩子相信，只要你想展示，鲁巷实验小学就有你的舞台。

学校还独创式地把全体社团活动模拟为"兴趣王国"，将整个社团分为 5 大部门，每个部门下联几个社团。王国实行选举制和换届制，产生五位部长和一位国王组成国会，德育教师、政教主任、教导处主任等组成国会智囊团。每天下午最后一节课，学校 3000 多学生全部采取走班制，分别到自己所在的社团去参加活动，整个校园生机一片，兴趣盎然。

总之，在全校师生的不懈努力下，鲁巷实验小学的"兴趣德育"有效实施工程得以有序推进，已让每个学生扬起了希望的风帆，让每个教师领略了教育的趣味，让每个父母享受了成功的喜悦，让鲁巷实验小学的名字自然行走于省内外。

附录1：诚信之花伴我行（五年级诚信班会教案）

课前准备：

1. 事先收集关于诚信的名言和名人小故事。
2. 收集生活中因不诚信而导致的重大事件。
3. 完成关于诚信的问卷调查，并进行统计。

教育过程：

一、游戏感悟诚信的重要

1. 这几年，在美国有一个十分红火的真人秀节目《真心话大冒险》，你们知道吗？想玩吗？那我们就一起来玩玩吧！现在来看看游戏规则：（课件出示）

规则一：参与游戏者绝对坦诚地用真话回答问题；

规则二：对真话，所有参与者应欣然接受；

规则三：绝对不外传。

2. 师生游戏。

问题：你叫什么名字？

你觉得做男生好还是女生好？

你有外号吗？你最喜欢或最不喜欢的外号是什么？

能给老师现场起个外号吗？为什么起这个外号呢？

觉得这个游戏好玩吗？还想玩吗？

让学生在游戏中感悟说真话的快乐。

3. 如果老师很遗憾地告诉你们，我有点小心眼，刚才有个外号我不喜欢，那个起外号的同学很可能因此得不到小礼物了，你们又会有什么想法？

由此可见，因为我不诚信的行为，我可能会失去——

朋友、信任、尊重、地位、荣誉……（板书）

4. 其实，不诚信的行为导致失去的绝不仅仅是这些。

补充事例：

（1）一个小伙子去法国留学，半工半读，他发现当地的公共交通系统的售票处是自助的，没人检票，连随机性的抽查都非常少，即使被查到也没什么大不了的,于是他很聪明地为自己省钱。当他毕业找工作时,发现各方面都非常优秀的自己竟无公司雇用。在他的追问下,一个公司说出了理由:"我们查了你的信用记录,发现你有三次乘公交车逃票被处罚的记录","我相信在被查获前,你可能有数百次逃票的经历","可以确切地说,在法国甚至整个欧盟,你可能找不到雇用你的公司"。

可见,不诚信还会使我们失去——工作、前途、未来……

(2)(课件出示)英国一位著名的心理学家认为,说谎的人往往时刻担心谎言败露,内心十分恐慌、矛盾。特别是说谎引起的不良后果,一旦被披露,说谎者就会羞愧难当,面红耳赤,心烦意乱,夜不成寐,噩梦连绵。心理紧张长期存在,又会引起一些生理功能的长期失常,严重时会引起高血压、胃肠溃疡、消化不良、便秘、偏头痛、背痛、腰酸、关节疼等,并导致整个身体的抵抗能力降低。

看了这段文字有什么感受?不诚信还会让我们失去——快乐、健康、生命……

4. 教师指着板书小结:不诚信的行为会使我们失去……可见诚信多么重要呀!

二、理解诚信的含义

那么,同学们,究竟什么是诚信?究竟怎样做才能成为一个诚信的人呢?

学生自由交流,老师相机板书,梳理诚信的要义:①不撒谎;②守承诺;③守规则……

学生回答这一点若有困难则补充:刚才,你们觉得老师很不地道,不诚信就是因为老师——没有遵守规则,没能欣然接受你们说的真话。可见,诚信还需做到——守规则。

老师继续板书：④勇承担。

学生回答这一点若有困难则补充华盛顿小时候砍断爸爸心爱的樱桃树，主动承认错误的故事。

华盛顿砍断的是爸爸最心爱的樱桃树，他很有可能会得到爸爸的一顿责打，那他为什么还要去主动承认错误呢？可见诚信还需要做到——勇于承担责任。

三、指导学生的行为

1. 既然大家都知道诚信重要，那为什么我们的生活中还常出现诚信问题呢？老师前段时间做了一系列调查，发现在我们同学中间还有着不少诚信问题，有生活方面的：答应别人的事没做到，借别人的东西总忘了还，送出去的东西又想收回；还有学习方面的：试卷、作业忘了签字就自己签，作业有一题不会，就看看别人的。为什么会这样呢？

2. 出示统计的结果：

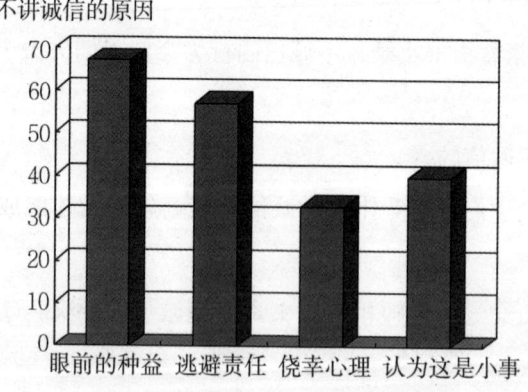

3. 交流讨论，你觉得这些想法对不对？帮他们分析一下吧！

根据学生的回答相机补充：

（1）眼前的利益：以逃票或其他某事为例，他眼前能得到的利益究竟是什么？可他又会失去些什么？这几元钱和地位、信任、尊重、健康、前途等相比，哪个重要些呢？你觉得这个眼前的利益能要吗？

（2）逃避责任：（课件出示药家鑫的照片）认识这个人吗？能介绍一下药家鑫事件吗？

（2010年10月20日23时许，药家鑫驾车回家时，撞上前方同向骑电动车的张妙，后药家鑫下车查看，发现张妙倒地呻吟，其实当时受害人只是腿摔伤，后脑磕伤。但药家鑫因怕张妙看到其车牌号以后找麻烦，便产生杀人灭口之恶念，遂转身从车内取出一把尖刀，上前对倒地的被害人张妙连捅数刀，致张妙当场死亡。最后，药家鑫于2011年4月22日被西安市中级人民法院一审宣判，犯故意杀人罪，被判处死刑，剥夺政治权利终身。）

药家鑫只为了逃避医药费这个小责任，结果却杀死了人，需要承担更大的责任。可见，这责任能逃避吗？

（3）其实药家鑫当时自己也吓坏了，但他只愣了2、3秒，就立刻做出了反应：拿刀捅向被害人。为什么他会在这么短的时间内做出一个影响他一生的错误决定？那只会因为他平时就不够诚信，就常常逃避责任，并已经形成了习惯。所以在这危急关头，他凭着自己的本能，做出了决定，而这本能就来源于平时的坏习惯。此时，你想说什么？

4. 决定人生命运的机遇和转折点只有几个，且转瞬即逝，通常需要人们快速做出判断，而这中间起决定作用的就是我们平时良好的习惯。所以，为了我们的将来，请从身边的小事做起，养成讲诚信的好习惯吧！（完成板书"伴我行"）

5. 本着《真心话大冒险》的游戏规则，我们继续说真话，解决一下身边的困惑吧！

我在昨天同学们填写的问卷调查表中看到一位同学有这么一个困惑：我和XX那一天下楼梯时不小心弄坏了低年级一位同学的扇子，当时我们就约好第二天的下午还在那个楼梯处赔她一把扇子，可第二天，我和XX等了一下午也没等到她。为什么我们常常遵守了诚信，而别人却做不到呢？

学生讨论交流。

是呀，对别人我们只能帮助、提醒，但对于我们自己，为了自己的未来、健康、快乐、地位、尊严等，我们要去遵守诚信，让自己的生活变得更完美。

6. 同学们，你们遇到过类似的小事吗？你们又是怎么解决的呢？

学生自由交流。教师适时评价：你能现在当着大家把这事说出来，不仅说明你很勇敢，更表明你明白了诚信的真谛。相信你一定能做一名诚信的孩子，让自己的未来更加美好！

小结：

诚信，是一朵馨香的花，让他人快乐，使自己陶醉。相信大家一定会坚守诚信，抵御诱惑，从身边一件件小事做起，用诚信谱写出自己灿烂的人生！

板书：

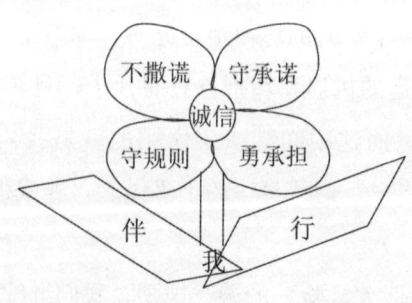

教学反思：

这是一节班会课，谈的是孩子们耳熟能详的"诚信"话题。以"诚信"为主题的班会课相信每个孩子都上过不少，而通常的情况是，课上孩子们谈起"诚信"是一套又一套，可事后依然是我行我素。我认为主要的原因是，很多课的内容浮于表面，并未触及孩子的心灵深处。所以，在设计这节课时，我首先要做的就是创设情境，设置了一个让孩子感兴趣，且肯于表达，乐于表达的平台——真心话大冒险，并让这个游戏贯穿于整个活动课堂，让孩子们自始至终都处于一个平等的环境里，表达自己最真实的想法。只有这样，所交流的内容才会真正走入孩子的心灵，引起他们的深思，并在这个过程中让他们感受到说真话的快乐。

其次，我要做的就是精心设计教学环节，由"破"及"立"，从游戏、知道的故事、身边的小事和身边的时事等多方面，从社会、个人等多角度，从道德、心理、身体等多个维度，让学生反复感受到诚信在社会中的重要，特别是对自己而言的重要。内容平实，贴近生活且有说服力，特别是从心理学的角度谈及药家鑫的事例，说明了不讲诚信的"小事理论"、"逃避理论"的可怕危害，孩子们的表情都十分震惊，相信对他们的触动也很大。所以在后面交流自己身边的事例时，不少孩子都勇敢地说出了自己以前的不诚信事例。这就是孩子们认识到错误，走向诚信的可贵第一步呀！那么，这节课的教育目的就已经圆满地完成了。相信再加上日后老师在平时生活中的指导，孩子们会在诚信这条大路上越走越远。

（执教教师 刘辉）

附录2：知父母恩 报养育情（主题队会教案）

活动目的：

通过活动感受父母对子女的爱和养育之恩，并且教育学生热爱父母，通过自己的实际行动报答父母的恩情，成为一个孝顺、懂事的好孩子。

活动准备：

1. 活动前请家长和学生填调查表，并做统计。

2. 各小队分别搜集父母关心我们的故事和商量报答父母的方式。

3. 在学生中开展"一日护蛋"的活动并且跟踪摄影，组织学生写好经历和感受。

队会过程：

一、中队会开始仪式。

二、活动过程：

甲：人间最美是真情。

乙：人间最真是父母的爱。

甲乙：四（四）中队"知父母恩，报养育情"主题队会现在开始。今天，我们很荣幸地请来了几位家长，首先让我们以热烈的掌声欢迎各位家长的到来！

甲：同学们，本学期我们中队开展了一系列了解父母，孝敬父母的活动，队员们的热情都很高。

乙：我们小队开展了"夸爸爸，赞妈妈"的活动。

甲：我们小队开展了"我是父母的好帮手"的活动。

乙：通过这些活动，队员们更全面地了解了自己的父母，知道了父母养育我们的艰辛。

甲：特别是10月17日，我们中队开展的"一日护蛋"活动，让我们亲身体验了一次做父母的感觉。现在，让我们一起来回顾一下那天的情景吧。

甲：经过这次活动大家一定有很多的感受吧，现在就请同学们来谈一谈。

……

甲：看来，要保证一个生鸡蛋一天不受一点损伤还真不容易啊！可想而知，父母为了我们的成长付出了多少力，流了多少汗，受了多少累，吃了多少苦啊！今天，我们召开这次主题队会，就是为了了解大家开展活动后都有哪些收获，我们特意设计了四个活动板块，看看哪个小队今天表现最精彩，表现好的就奖励一颗爱心。

1. 亲情园地

乙：亲爱的队员们，请赶快走进今天队会的第一个板块：亲情园地。

甲：在这个板块中，我们要求各小队用不同形式向我们诉说父母平日工作和生活的辛苦。给半分钟时间准备。

乙：时间到！谁的表现最精彩，请你的眼睛看过来！有请各小队长上场。

阳光小队：我们的口号是，阳光阳光，充满希望。我们小队将以讲故事的形式来讲述我们成长的故事。……我们的故事讲完了，大家说好听吗？并且，通过这个故事我们明白了做儿女的要（关心父母身心健康）（贴）。

雨露小队：我们的口号是，雨露雨露，亲情流露。我们小队里有一位摄影师，上个周末我们在他的带领下用摄像机记录了父母繁忙的一天，拍下了许多珍贵的镜头，请大家欣赏吧。……队员们，没想到我们的小队里还有这样的能手吧。在拍摄过程中，我们觉得做父母实在太辛苦了，所以平常在家里我们应当（主动承担一些家务劳动）（贴）。

星星小队：我们的口号是，星星星星，最有孝心。父母的爱的确既伟大又平凡，永远那么无私，从来不求回报。所以我们要用最深情的话语来讴歌他们的爱。请听诗朗诵《爸爸的爱》……听，我们小队的诗歌多么深情！的确，未来学有所成是每个父母对我们最深切的希望，因此，我们从小就应该（自觉完成学习任务）（贴）。

七彩小队：我们的口号是，七彩七彩，孝顺博爱。前几天，我们小队开展了一个夸妈妈的活动，最后大家发现天下的妈妈都是一样的关心、疼爱我们，我们小队的舞蹈家想用最优美的舞姿讲述天下妈妈的爱。大家说我们小队的舞蹈是不是很精彩？妈妈养育我们已经很不容易了，我们应该（自己的事情自己做）（贴），不给他们添麻烦。

2. 记者采访

乙：哎呀，第一板块中四个小队的表现都很精彩，那就每个小队奖励一颗爱心吧！在这项活动的前期，我们还做了一项调查，考一考队员们对自己的父母了解多少，可是结果不尽如人意，今天我们要再来考考大家，看看情况变了没有，请进入今天的第二个环节，现场采访。掌声有请小记者上场。

小记者欢快跑进场：大家好，我是四四中队的小记者，我们今天的采访专题是父母情况知多少。（你好，请问你的父母今天来了没有？你知道你妈妈的生日吗？他平常最爱做的事情是什么？你知道他最高兴的事情吗？伯伯，您好，您的儿子说对了多少呢？）

甲：看来，四个小队的队员现在已经非常了解自己的父母了，都是好样的，每个小队再奖励一颗爱心。

3. 榜样出击

甲：告诉大家一个好消息，在这次活动当中，很多队员不仅更了解了自己的父母，而且已经成为了孝顺父母的好孩子，那么，哪个小队的队员最讲孝顺呢？就让我们一起进入第三环节：榜样出击。请各小队先在组内推选出自己的榜样，时间也是半分钟。

阳光小队：队员甲的妈妈讲捶腿的故事；

雨露小队：队员乙的妈妈讲他在家主动做家务劳动；

星星小队：队员丙的爸爸讲他在家自觉完成学习任务；

七彩小队：队员丁的妈妈讲他在家自己会叠衣服了（表演叠衣服）。

乙：他们都是好样的，真不愧为我们的好榜样，再给各小队加一颗星。

4. 孝心大行动

甲：现在看看各小队的表现，都得了三颗星，真是不分上下，到底谁胜谁负，请进入最后一个板块：孝心大行动。光说没有用，我们今天的队会就是要落实到行动上来，现在，你们要孝敬的人就在你们的身边，所以，在这个板块中，我们想请各小队用最好的方式来感谢现场的几位家长，什么方式最好呢？还是先商量一下吧。

阳光小队：给家长泡茶；

雨露小队：给家长梳头、捶背；

星星小队：现场书法和绘画表演；

七彩小队：给家长做垫子。

甲：瞧，你们的孩子多能干啊！各位家长，最后一颗星该给谁我们难以决定，就由你们来决定吧！今天，四个小队的表现都很精彩。在这一系列的活动中我们也学到了很多知识，改变了很多行为，在父母眼里我们仿佛也长大了许多，所以，爸爸，妈妈，我们想对你们说，儿女已经长大，不愿再牵着你的衣襟走过春秋冬夏，相信我们，儿女自有儿女的报答，一首歌曲《烛光里的妈妈》表达了我们的心愿，也送给在座的家长和所有队员们的家长。

乙：下面请中队辅导员讲话

少先队员们，在今天的队会上我们感受到了父母对儿女的恩情，就像那冬日的阳光温暖着我们，像春天的雨露滋润着我们，像秋日的星星鼓励着我们，也像那夏日的彩虹指引着我们，那么我希望大家能够像今天说的这样从现在做起，从小处做起，从小事做起，时时处处关心、疼爱自己的父母，做一个懂事的好孩子，让父母的脸上每天都露出灿烂的、幸福的笑容。

三、队会结束仪式：呼号、退旗。

四、宣布队会结束并欢送家长和领导。

（执教教师　李翠芳）

第五章
兴趣文化建设

营造"生态花园—文化学园—趣味乐园"的校园文化,搭建互动家校合作平台,以社区为依托,以"激趣乐学研究"为载体,精心打造"家校联动,发展兴趣,为孩子终身幸福和自主发展奠基"的教育品牌。

乐学型学校文化

　　学校文化是一种个性，一种品味，体现发展的高度和深度，体现一种魅力和魔力，是学校建设、管理、发展的独特品格和风姿，是一所学校在长期的教育实践过程中积淀和创造出来，并为其成员所认识和遵循的价值观念体系、行为规范准则和物化环境风貌的整合和结晶，表现为学校的"综合个性"。学校文化一旦成型，就会形成一种场域，产生一种磁场，它具有一种可以纵横辐射的魅力，对身在其中的人起潜移默化的作用。

　　学校文化的运作必须通过一定的载体得以物化，载体的设计又体现为学校发展的文化策略，彰显学校的特色和师生的特点。兴趣教育的学校文化建设，就是让师生置身于积极向上的精神乐园之中，从精神文化和物态文化两个方面入手抓六种载体。

理念载体

　　体现办学的育人取向，反映校长文化育人的核心教育理念，是校长教育哲学的结晶，它表现在校训、校歌、校徽、教育理念、育人目标、价值追求等层面。

　　在历年实践、研究的基础上，借鉴欧美学校核心价值观的表达方式，学校尝试提炼了兴趣教育的核心价值观体系。

1. 总体核心价值观

让学校成为师生共同成长的兴趣乐园。

2. 核心价值观体系

(1) 学校发展指导思想：全力落实兴趣教育，促进学生全面发展，做一所全国知名的有特色、有品位的现代优秀小学，让学校成为师生共同成长的兴趣学园。

(2) 办学宗旨：立足兴趣，发展兴趣，为学生自主发展和终身幸福奠基。

(3) 教学观：尊重学生的兴趣和个体差异，鼓励学生的创新精神，培养学生的自主学习能力和良好学习习惯。

(4) 德育观：在学校生活中引导学生学会做人，让学生具备主动的服务意识、规则意识和文明素养。

(5) 教师观：鼓励、支持教师的团队合作、专业发展和自主创新，努力营造教学科研共同体，促使教师乐学、乐教、乐研。

(6) 学校管理观：学校管理为学生发展和教师工作服务，努力为学生创造健康、有趣味的成长环境，为教师创造积极、融洽的工作环境。

(7) 家长合作观：学校重视建立学校与家庭、教师与家长之间的伙伴关系，支持家长营造有助于学生主动、全面发展的良好家庭环境。

(8) 校训：乐学 善思 尚美 求异

(9) 学风：快乐学习 自主生活 阳光成长

(10) 教风：品味创造 收获成功 拥有快乐

综合而言，这一核心价值观体系一方面符合鲁巷实小发展的历史积淀，符合学校教师的共同教育信念，另一方面较全面地涉及了学校发展和教育改革的主要方面。

环境载体

美国著名哲学家、教育家杜威指出，教育必须利用环境的作用，离开了环境也就没有了教育。这里说的环境载体，主要是一种静态的校园文化在特色的环境中的体现。校园设计、景观建设都赋予其兴趣特色的文化内涵，体现办学人的意志与情感。

一、乐学型校园文化的理念引领

"兴趣是最好的教育"是鲁巷实小人共同的育人意识和精神向导，这个意识不仅是外显的物化，更重要的是通过这外显物化浸润到内隐的层面，内隐于师生的生活之中，即普遍存在比较稳定的思想意识、思维方式和行为方式。为更好地用兴趣特色校园外显文化润泽空间，陶冶和引领师生的校园生活，学校以"乐学、善思、尚美、求异"校训为核心，设计了一个文化标志"趣魔方"。

"趣魔方"的设计灵感源自于鲁巷实验小学"以趣育人"的办学理念，其设计以"兴趣"为主题元素。雕塑主体是由六个变化的"趣"字

围合而成的正方体，分别寓意德、智、体、美、劳以及爱心教育六个方面的内容，表达了"趣"和"育"的融合之美。雕塑鼎立在空中，统一的红色调，营造出一种充满活力与朝气的氛围，其高度为 3.65 米，代表一年的 365 天，孩子在兴趣教育中快乐成长。

二、乐学型校园文化的主要载体

乐学型校园文化不仅要在精神上做好学生的向导，更要通过一面面墙，一幅幅画，一个个主题园，让一字一画、一草一木都会"说话"。

具体体现以下几个方面：

1. 校门文化

设计构思以"彩虹下的兴趣成长"为主题，将学校装点成为由六根红色立柱撑起的一片彩虹天空。远望去，孩子们正快乐地生活在这片蓝天下。六根柱子分别寓意教育理念、教育视角、教育过程、教育方法、教育实践、教育评价。彩虹，则象征鲁巷实验小学的"兴趣教育"文化所创造出的多姿多彩的校园生活。大门整体造型简约、温柔、生动、可爱，凸显出了以雕塑为中心的景观轴线。不仅体现了鲁巷实验小学的兴趣教育文化特色，也寄予了学校对于孩子们成长的无限关爱。大门的整体景观设计，使得鲁巷实验小学的校园文化特色得以更加生动地展现于世人。

2. 楼道文化：（智趣楼、情趣楼、童趣楼）

智趣楼

情趣楼

童趣楼

3. 墙体文化：信息墙、涂鸦墙

4. 橱窗文化：我快乐我成长，我运动我健康

5. 园地文化：四个魅力天地（绿色农场开心天地、金色收获天地、橙色个性展示天地、蓝色畅想天地）和五个兴趣乐园（书香乐园、诗歌乐园、数学乐园、探索乐园、艺术乐园）

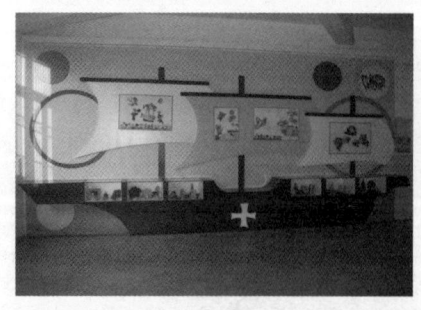 

艺术乐园　　　　　　　　　　　诗歌乐园

绿色农场开心天地　　　　　　蓝色畅想天地

书香乐园

这些特色文化的构建，像一首无声的歌，激荡着教育的主旋律，抒发着隽永的哲思，像一首无言的诗，让人感受到鲁巷实验小学"乐教、乐学"之心，"有趣、有梦"之志。

活动载体

反映时代的节奏，是动态的校园文化，是形成学校特色的保证。动态校园文化的真正意义，在于把学生的心灵融入社会，从而形成创新意识和开拓战略。这种通过活动带来的冲动将变成志向的升华，这种潜移默化中所自觉产生的意识，是一种基于动态文化氛围的构建而酿成的绵长深刻的志向，能有效地促进学生的学习兴趣向高级阶段发展。

一、七彩课间我设计

为了丰富学生的课余生活，学校让学生以学习小组为单位，设计自己喜欢的课间游戏，以班级为单位审查游戏的安全性、趣味性和操作性，以年级为单位检查游戏的创新性和推广性，专职教师指导学生把有新意、易操作、趣味浓的游戏编成校本活动课程，挂在活动园地的文化墙上，并将有特色的游戏作为学校兴趣运动会的比赛项目，让这些孩子充分体验到动脑创新的快乐和探索合作的成功。

二、兴趣社团我自选

为了引领学生自主参与综合实践活动，学校每学年都要制订兴趣社团自主选择活动方案，并提供有趣味性的活动菜单，供学生选择。

1. 活动理念

目标理念：平安、健康、体验、成长

过程理念：倡导自选、激发兴趣、注重实效、讲究方法、全程跟踪

2. 活动形式

（1）推荐和自选相结合。

（2）计划、动员、跟踪、展示、交流、总结、推广。

（3）班级保底，年级走班。

3. 活动内容（自选菜单）

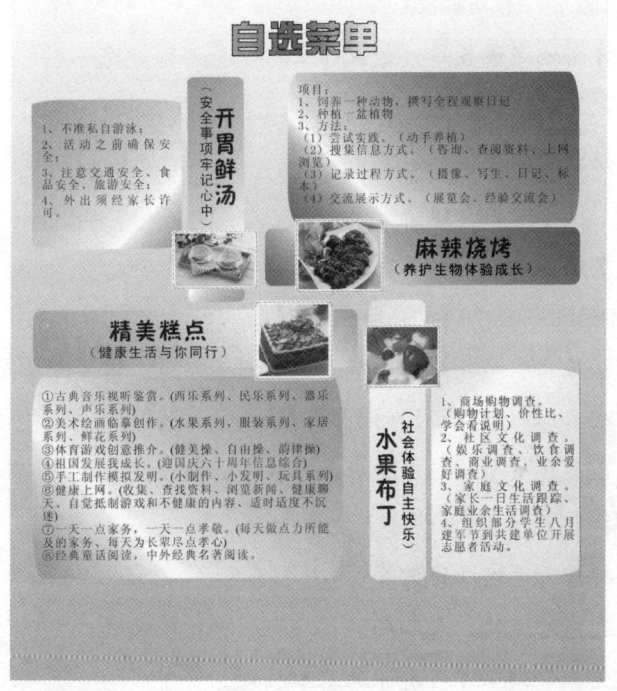

4. 活动交流展示：

（1）展示内容

①调查报告；②观察日记；③制作说明；④使用说明；⑤各类图片；⑥各类资料（以小队为单位办队报，作品采用 A3 标准纸单面）；⑦综合成本；⑧各类作品。

（2）各类作品展示交流会。

（3）学校总结。（包含各种数据统计）

三、彩色假日我做主

为让学生过一个充实、快乐、有意义的假日，开展了"自主八动，趣味性极强"的假期夏（冬）令营活动。

红色加油站（手动脑动，学会求知）：

1. 有计划地完成各科《暑假作业》；
2. 练习写铅笔（钢笔、毛笔）字；
3. 坚持阅读课外书；
4. 每天记几个新英语单词；
5. 观看博览文采、科学探索等有益的电视节目。

绿色体验吧（心动情动，学会做人）：

1. 在家里开展"我为家长减减压"的尽孝心、做家务活动；
2. 积极参加所居住社区的实践活动；
3. 自己设计一个"环保小卫士"方案并付诸实施。

橙色俱乐部（口动脚动，学会健体）：

1. 坚持每天两遍眼保健操；
2. 多到户外运动，参加踢毽、跳绳、球类等活动；
3. 在父母带领下学习游泳的基本技能。

青涩故事屋（自动互动，学会生活）：

把"彩色夏冬令营"中的故事，用自己喜欢的方式表达出来，比如：摄影、舞蹈、歌曲、画画……开学后交流成果。

季羡林先生说："人才不是教室里教养出来的，人才是大师所物化的一种环境熏陶出来的。"特色教育出人才，多彩活动育个性。如果说，静态的校园文化留下的难忘哲思，宛如鲜花的芳香让人流连忘返，那么，动态的校园文化体现的时代精神，宛如冲锋的号角激起奋进的志向。

课堂载体

体现学校兴趣教育的文化育人和兴趣校本课程的特色,是文化育人的主渠道,它表现在各学科课堂渗透的教育策略中,随着研究的不断深入,在以趣导学的基础上,形成了"激趣—乐学"的乐学型课堂教学文化。

1. "乐学型"课堂教学文化

"乐学型"课堂教学文化,立足于发展学生的兴趣,促进学生自主乐学。这一理念既是当今我国新课改的需要,又具有坚实的理论依据。情感心理学认为,快乐是人的一种积极情感体验,一种良好心境,是同痛苦、忧愁、压抑相对的。"乐学型"课堂教学是乐学与会学的统一,是乐教与乐学的统一,利用兴趣来启动小学生的内在动因,支撑积极学习的状态,从而取得良好的学习效果。愉悦与压抑、成功与挫折是小学生学习进程中都有的情绪体验,对小学生来说,愉悦、成功的情绪体验尤为重要。因而,"乐学型"课堂教学以小学生愉悦的学习兴趣为教学起点,用活泼的、师生共同的活动来培植教学所需要的气氛,把学生所获得的快乐情绪或成功作为不断强化学习需要的保证,使学生的学习具有持久的内在动力和积极的创新意识。这是"乐学型"课堂文化建设的关键。

"乐学型"课堂教学的重要精神是在 40 分钟的课堂教学中营造生动活泼主动的学习状态。这种状态传达出儿童自觉学习的意愿,保证着学习的相对高效益,既有学习负担和压力,又有愉悦的内心体验。它要求"教师要研究和改进课堂教学方式,使之具有科学性和趣味性,符合小学生年龄特点和教育规律";"师生在课堂上情感交融,情意结合,趣味结合，充满着创造的乐趣"。有人认为学习本是艰苦的劳动，哪来兴趣何谈乐学？诚然，学习是艰苦的，但苦与乐是辩证统一的，乐学不是同勤奋学习相对的，而是与痛苦死读相对的。把有兴趣的学习与刻苦学习对立起来的认识是不恰当的。乐学的课堂就是引导学生刻苦攻读自己感兴趣的学习领域，以趣导学，变苦为乐，这才是"乐学型"课堂要张扬的主张。

2. 构建乐学型课堂的原则与要求

"乐学型"课堂注重师生情感交流互动，弘扬学生的主体作用。充分激发学生的兴趣，开发学生的智慧潜能，培养学生的创新意识。

初步形成基本的教学原则和具体要求。在课堂教学探索过程中，学校提出了"以趣导学，巧讲巧练，过程扎实，方式灵活"的教学方法，抓住"趣、巧、实、活"这四个字。趣指内容和形式情趣，满足小学生的好奇心、求知欲，激发学生的兴趣和动力；巧指把课程标准、教材与学生的实际结合，合理确定教学内容、容量与难度，巧妙地设计教学过程，巧讲巧练；实指教学环节落实，学习效果实在；"活"指教学是动态过程，教学方式灵活，学习方法多元，富有创造性。其中，"趣"是乐学的诱因，侧重解决学习动机、动力；"巧"则是从教学内容的质与量及教学方式的呈现来实现，是乐学的条件；"实"与"活"是乐学效果的保证。学生体味学习之乐的需要，与原则相互联系形成整体，共同作用于一个方向，创设师生和谐、快乐、积极的学习氛围，让学生进入生动、活泼、自主探究学习的状态之中，在老师组织引导下探求知识，锻炼能力，陶冶情操，以取得良好的学习成效，得到快乐的情感体验，从而逐步形成自主探究学习的良性循环。

3. 构建乐学型课堂文化的环节与特点

"乐学型"课堂就是要抓住兴趣这个个性心理倾向,开足学生学习过程中的动力系统的发条,推动认知操作系统的主动发展。在教学活动中,通过形象感知,进入感性的悦目悦耳之境;通过各种教学内容的领悟,进入理性的悦心悦意之境;通过创造性地运用新知,进入更高层次的悦志悦神之境。因此,在实施过程中要把握好四个环节,体现四特点:

　　(1) 以趣导学,把握四环节

　　①设疑激趣,以趣生情。创设最近发展区,让学生在课堂学习活动中不断进入"愤悱"状态中。

　　②以趣激思,以思引探。当学生进入了探求新知的最佳状态时,教师要抓住时机,不断地制造兴趣的支撑点,引导探求,培养兴趣,激活思维。

　　③以探升趣,探中学法。授以学法做到三转变:学会——→会学转变,学答——→学问转变,问知识——→问方法转变。

　　④学用结合,用中延趣。采取不同的方式设计发展型的练习来发展学生的兴趣,培养学生的思维能力。

　　(2) 以趣激活,体现四特点。

　　"乐学型"课堂教学就是力图在教学活动中以兴趣为导向,追求学生参与活动的自主志趣和发现创造的乐趣,逐渐引导学生进入一种乐学的境界。这需要我们教师有浓厚的文化底蕴、坚强的教育理想和信念、深邃的教育智慧。我们主张学生自主学习、和谐发展,并不意味着消解教师的作用,而是对教师提出了更高的前所未有的要求。因为教育活动的本身就是一种价值引导,没有价值引导的自主学习和自主建构,就不成其为教育过程,就必然缺乏超越性和充盈感。作为"价值引导者",教师在教学实践中要着力于学生能力的培养,体现自主、尝试、合作、创新的特点,形成"乐学型"课堂文化特色。

4. 以兴趣养成为依托,形成乐学型课堂文化的策略和评价

(1) 优化课堂教学结构,增添学生的学习乐趣。

(2) 改革教学方式,诱发学生参与探究的乐趣。

(3) 整合教学材料,引发学生勇于实践的乐趣。

(4) 运用现代化的教学手段,激发学生积极创新的乐趣。小学生的思维是以形象思维为主。融现代教学媒体声、光、色为一体的多媒体课件,能创造出形象直观、丰富多彩的教学情境,能很好地调动学生的学习热情,使之精神集中、兴趣盎然地投入学习。这种教学方式的变革是科技发展的结果,在小学任何一门学科的教学中均适用。

(5) 上好综合实践课,培养自主提问、合作交流的实践能力和学习乐趣。关于"综合实践活动"的性质,新课程中有这样的界定:综合实践活动是基于学生的直接经验,密切联系学生自身生活和社会生活,体现知识综合运用的课程形态。在此基础上,鼓励教师根据校情、班情和社区优势开发校本课程、班本课程以及体育大课间等学生喜欢的校本课程。

(6) 设计分层作业和跨学科的综合作业,升华学生学习成功的乐趣。

(7) 恰当运用课堂教学评价,稳定学生自主学习的乐趣。评价的内容:从学生自主、合作、探究的学习方式上去评价,从学生思维的求异和巧思上去评价,从学生参与学习的态度上去评价,对不同的学生进行不同层面的评价,把学生学习的结果与学习过程结合起来评价。

就这样创建一个在师生合作的基础上,既有民主生活又有自我表达,既有相互协作又有个人探究的课堂文化氛围,让课堂闪烁着师生劳动的智慧,成为师生体验成功快乐的殿堂。

制度载体

这是兴趣教育理念在管理文化上的保证，是规则。"十一五"期间，学校从制度管理、年级（备课）组管理、教师管理、学生管理、班级管理五个方面架构学术独特的人文气息和执行力文化，孕育了"乐学型"管理文化。

制度是学校运行机制和管理模式的基础，是学校育人取向的规范性昭示。良好的制度能引领学校健康有序地发展。鲁巷实验小学坚持"以趣立制"，以人为本，助人发展的管理思路，即用"兴趣教育文化"对制度文化进行建构和改进。

目前，学校从教学一线到后勤管理的各类规章制度已达100多项，只要翻开《兴趣教育指南》一书，任何一项工作，不论大小，都能从中找到制度依据。该书从"引领"、"育"、"教"、"思"、"行"五方面指导新教师怎样开展班主任工作，如何提高备、教、辅、改、考能力；指导工作多年的教师怎样积聚教学实践智慧，如何反思自身教育行为，从而使学校管理真正实现了"工作有规范、管理有依据、考核有标准"，使学校制度建设真正实现了"枯燥变有趣，润物细无声"的目标，使学校形成了宽松、和谐、民主、公平、友爱、向上的良好氛围。

为用管理引领校园里每一个成员寻找自我发展的支撑点和专业发展的空间，学校进一步构建了以趣聚魂的精神与行为并举的兴趣管理文化，开辟了现场管理与规范管理、教师的团队管理与学生的班本管理并行的双轨式新途径，建立了以改革为重心的学术顾问、行政管理、教学一线教师三位一体的管理运行机制。

在现场管理中,让教师自主申报本职教学岗位之外的兴趣点、奉献岗,让人人有事做,事事有人管,进而展示教师的特长和发展的愿望。

在规范管理中,实行当天执行校长负责制,按照《兴趣教育工作指南》中的管理章程和过程指导,达到管理目标的精确、管理过程的精细、管理结果的精美。

在团队管理中,实施"金字塔"发展模式,教改新星──→学科骨干──→首席名师──→学者、专家,着重引领教师规划自我,提升专业品质,享用团队资源,享受职业幸福。

在班本管理中实行"班主任首席、学科联动"特色新型创建制,结合师情班情创建适合的班级管理模式,创建鲜明的班风班纪,独具的班级特色,充分发掘师生的智慧潜能,为个性发展搭建平台。

在抓兴趣教育研究促教育教学的改革中,学校构建了"理论＋意识＋行为"的模式,即:行政管理者用改革创新的意识来融合理论与行为的两端,形成一个在理论指导中探索──→在探索实践中反思──→在反思辩证中提升的教师专业成长发展链。

行为载体

主要抓"校风、教风、学风"三位一体的建设,因为它是学校对外的窗口,是学校整体精神风貌的反映。学校把"三风"建设的着力点放在"乐学型"班级文化建设上。

班级是学校的基本单位,是构成学校良好形象的基础,班级管理是一种"小型管理",它可以影响学生一生的发展。利在眼前,功在长远。鲁巷实验小学以学生长远健康发展为根本,创乐学型班集体,在"方寸中做文章"。

以"激趣乐学"彰显班级管理的内涵。"乐学"是鲁巷实小班级文化的生命力,因此,在班级环境布置时,教师尤其注意这点,他们尊重集体的智慧和创造,经过班级成员认真讨论,利用色彩缤纷的班牌和富有个性的文化墙,表现班级的文化方向,明晰班级成员发展的目标,让每个班级的每个成员一走进教室就处在一种有趣的艺术氛围和乐学向上的气息之中。

以发展目标体现班级管理宗旨。鲁巷实验小学大多数班级目标是阶段性的,他们在教室门口、室内悬挂着班级成员集体讨论制定的班训、近期目标、烘托班训和标语,有的班级还有配合教育进程做的解读。

以人文关怀营造班级管理的氛围。营造出家一般的班级文化氛围,是鲁巷实验小学班级管理的方向。

1. 建立了学生乐于接受的班级管理文化

教师们创造性地执行《小学生守则》,使其成为学生乐于接受的对话主题:

——我们要努力做个快乐的小孩子。

——我希望你能把你的快乐与身边每一个人分享。

——很高兴我们能成为朋友。

——每天请响亮地对自己说三声:我能行!

——让我们一起合作,享受愉快的学习。

——好好地使用我们的大脑,想象奇迹就要来临。

——如果我们做错了事,要及时改正,诚实的孩子最勇敢。

——今日事,今日毕。

……

中年级的教师们很形象地将班级制度归纳为一条船、一把尺、一面旗，简称"三个一"思想。一条船：船是学习之舟，提示学生不忘学习，要在班级这绚丽之舟上奋力进取，才会在学海中蹚出一条属于自己的路；一把尺：尺是严格制度的象征，强调在学校规章制度前人人平等；一面旗是鼓励学生敢为人先争第一，敢为班先争做学校一面旗。这些形象的标识贴在教室内，既树立了班级的团队精神（一条船），强化了学生的守纪意识（一把尺），又激发了学生的期望心理（一面旗）。高年级还设置了达标预警系统评价表，建立星级评选制度，颁发特别奖的金、银、铜牌。

2. 构建乐学型班级管理模式

（1）模式之一：实施"三制"班级管理

"三制"即值日班长制、班委轮值制、人人岗位责任制。

值日班长制，就是按学号，人人轮流当班长，值日的主要责任是：

①负责一切班务活动；

②早晨提前到校打开门窗，打扫走廊；

③课间擦净黑板，检查课前准备，维持课间纪律；

④领队并检查做操情况；

⑤放学后，督促检查清洁工作，填好班级日志。

班委轮值制就是学生自由结合，组成班委，轮流值周。班委由值周班长和委员若干人组成，其主要职责是：

①负责记载本星期各小组的纪律、体锻、卫生等情况，一周结束，对各小组做一次综合评价；

②负责组织班队活动课；

③出一期黑板报；

④组织一次有益于学生德、智、体、美、劳和谐发展的有益活动；

⑤周末写好简单的总结。

人人岗位责任制就是人人是班级的管理者，每个学生在集体中负一定的责任，既管班级，又被别人管理，以加强学生的主人翁责任感和集体荣誉感。

(2) 模式之二：自主管理模式

①建立轮流"执政"的班干制度

班委干部采取自愿报名形式，通过竞选产生班长，班委每学期更换一次，不能连任。

②组建宜于竞赛的小组结构

都由五六名学生组成有利于全面竞赛的综合性小组，它既是学习小组，又是劳动小组，体育小组，文娱小组，充分考虑到各种人才的和谐搭配，尽可能水平相当。

③组建出个性的兴趣小组

为发展个性，培养多种能力，还组建课外兴趣小组，这些兴趣小组采用学生自愿报名形式，活动时间一般为周末，如集邮小队、红枫叶美术小队、百灵鸟音乐小队、蓓蕾足球小队、雏鹰文学小队、小记者小队等等。

④共同保管，爱护集体财物

班级有一些师生创设的共同财物，如：卫生角、图书角、盆花等，除清洁由小组轮流做外，班中的其他服务性工作都由学生自愿承担。

⑤独立自编，自办小报

每周由一个同学轮流当主编，按时出一份手抄报，手抄报要求：

a. 统一A4纸大小；

b. 有新颖的报头、主编姓名、期数、出版日期；

c. 手抄报内容必须有一篇文章是自己所写，其他的可以选用摘记；

d. 排版、抄写、美工等工作由主编一人独立完成，出好的报贴在教室的学习专栏里供同学阅读；

f. 记载班史的班级日记

每天由值日生写班级日记，有两条要求：一是认真按时完成，不缺漏；二是真实记录各项成绩、存在的问题以及当天发生的事情。

（3）模式之三：班级校园值周制

即各年级轮流由一个班来全面管理校园，其工作职责是：

①值周前一天，大队部组织召开值周动员会，明确分工，领取值勤标志、绶带。

②每天提前半小时到校，部分同学在校门口检查学生到校情况和红领巾佩戴情况。

③周一组织全校学生参与升旗仪式，听升旗讲话。

④成立卫生、做操、爱护公物、守纪四个检查小组，每天检查记载。另外，成立"服务小组"专门帮助低年级学生或去帮助打扫卫生；"接待小组"负责接待来访客人，介绍学生情况；"宣传小组"负责每天更换校黑板报的"常规管理一日谈"，留好底稿。

⑤周末配合保健室检查学校大扫除,评分记载。

⑥评选讲究卫生,认真做操,爱护公物,遵守纪律的优胜班级,发流动红旗。

⑦预备好"红领巾广播台"播音,汇报一周的心得体会。

⑧周末做好各项工作的交接工作。

乐学型社区文化建设

一、社区文化共建的特点

开展以学校、社区为载体的社会实践活动,加强学校和社区之间的互动,使鲁巷实验小学兴趣课堂开放和延伸,充分利用社区的空间和教育资源最大限度地形成教育合力,以社区文化特点为依托,以活动为载体,以学生发展为宗旨,构成以下特点:

在性质上,它具有社会性。学生是在一个相对学校更加广阔的"小社会"里参加活动,参与和服务的对象是学生和社区有关单位、居民。

在形式上,它具有开放性。把学校内部的兴趣教育转变为面向社会的教育,让学生走出校门,在开放的大课堂中接受教育。

在教育途径上,它具有多元性。改变学校内部系统原来教育的单一性,转变为学校和社区多元的教育。

在教育方法上,它具有实践性。社区相对学校是一个更加广阔的天地,它能够容纳并提供学生更多的实践活动场所和内容,发现学生的兴趣点。

二、社区文化共建模式

社区文化建设是"共建共管、共享共赢"的开放的教育模式。这种教育模式通过建设社区教育文化,开展学生社会实践活动,满足学生社会生活实践体验需要,构建和谐的有利学校教育、有利学生发展的社区教育环境。

传统的学校教育是一种注重思想道德推理、知识传授的封闭模式。这种模式因为过分注重灌输、说教而容易引起教育对象的逆反心理，其教育效果往往会使学生面对复杂多样、生动形象的社会事务时缺乏积极的适应能力，从而造成学校教育与社会实际的脱离，而社区文化建设和形成则弥补了学校教育的不足。

三、社区文化共建管理机制

学校与相对的社区签订了共建协议，并建立了一套有效的社区文化管理机制。我们共同成立了"各小区教育工作领导小组"，小组成员由学校分管校长、社区领导及有关干部组成。在社区教育领导小组的领导下，我们建立校区联席会议，每学期领导小组至少召开两次工作研讨会，主要内容：相互通报学生在校、在家的学习、生活表现；确定具体的工作内容；制定有针对性的符合学生需要的实践活动计划。这样的领导管理机制使得学校和社区的互动有了强有力的支持和保障，为学校与社区之间的良性互动奠定了良好的基础。

四、社区文化共建的功能

1. 教育熏陶功能

社区文化建设使鲁巷实验小学成为"社会中的学校"。社区文化的教育反映了一个社会的社会价值和哲学价值，对学生的影响是不可忽视的，社区文化所倡导的道德伦理、价值观念、精神追求等对学生的学习方式、理想追求会产生重要影响，并能激发学生自觉追求真、善、美的生活境界。特别是由于社区往往是整个社会的一个雏形，学生通过参与社区教育活动，接受到比学校更为直接、形象、生动的教育。所以，学生对社区文化的适应常常直接影响他们的社会化。

2. 社会沟通功能

丰富多彩的社区文化教育资源，生动活泼的社会实践活动可以有效地促进学生在社区中的交往和互动，搭建相互沟通、了解的平台，有利于学生在社区中感受各种人际关系，体验各种情感，发展知识技能和应变能力，增强学生对我们的社会的认同感和归属感，满足学生与他人交往的需要，冲破现代人冷漠、封闭、孤独的内心世界，创造和谐、友善的人际关系。而且，社区文化的共建，优化了学校周边的教育环境，有利于学校的综合治理和问题学生的转化。

简言之，社区文化的建设为学校、为学生提供了一个真实的、良好的、可参与沟通的社会发展空间。

五、社区文化共建的成果

1. 资源共享、互惠互利

打破学校的围墙，充分利用社区的各种资源，使学生能够直接感受和学习来自社会的最真实的经验和认识。比如，在社会福利院，开展"尊老、敬老、爱老"活动；组织学生到"阳光家园"送温暖；组织学生到消防支队营地进行消防训练活动；组织学生到地质大学博物馆、省气象局活动，组织学生参加为社区服务的各种服务队伍；邀请社区老红军来校做报告等等。这些教育资源，不仅拓展了学生的知识，而且培养了他们正确的人生观和价值观，有利学生的发展。

在资源整合共享中，学校也积极开发自身资源，为社区提供服务，学校的硬件设施向社区开放，如：为社区居民开设计算机、英语班，共同组织地区科技节等活动，提供康乐广场义务咨询服务，开放学校多媒体教室放映录像等等，深受社区的欢迎和好评。学校资源的提供推动了学习型社区的建设，提高了居民们的素养，也提升了学校在社会上的形象。

2. 自主互动，优势互补

学校、社区的教育资源有各自的优势和特点，根据需要，有选择地开发利用，有利于实现学校和社区的双向互动，形成互补的良性循环。特别是以活动为载体的资源利用，从学校角度，要适合学生发展的需要，才能达到互相补充、互相促进的目的。比如，邀请有特长的社区居民来学校担任学生兴趣小组督导，学校每年举办的艺术节、科技周邀请社区一起参加，使学生在学习技能或者在欣赏中得到一份教育。街道举办的"社区大家谈"演讲活动，也组织全校师生积极参加。这类系列教育活动的实践也锻炼和教育了学生，他们的能力在增强，他们的思想在提高，他们的情操在升华，同时社区也对学校有了一份了解。

3. 文明和谐、共同发展

鲁巷实小、所处的街道和周边小区都是市、区级文明单位，学校、社区之间的社区文化建设进一步造就了文明和谐的环境，并促进了学校的精神文明建设。在共建活动中，广大学生在各项社区活动中担当起了重要角色，如慰问军烈属、整治环境、纳凉晚会等，为社区的精神文明建设做出了贡献。在社区文化建设的参与中，学生受到了良好的民族传统教育，学生的公民意识、思想道德修养不断提高，社会实践能力和回报社会的服务意识得到了增强，学校的校风建设日见成效，并推动了学校的办学效应，学校良好的办学声誉在社区中建立。

结合社区优势，鼓励并指导学生自主设计有趣、有益的实践活动。如在"创新素质实践行"活动中，大力开展了"雏鹰假日小队"、"新世纪我能行"、"体验教育"等活动，让学生在实践中培养创新精神，全面提高素质，从而学会生存、学会做人、学会创造。

（1）以科技活动为契机，培养学生的创新精神和实践能力。学校开设了航模、车模、建筑模型、无线电测向等兴趣活动小组，并多次组队参加武汉市头脑奥林匹克比赛获一等奖。

（2）以"阳光行动"活动为动力，培养学生爱心，并让其学会生存、了解社会。组织五、六年级的学生利用双休日参加《武汉晚报》的"阳光行动"，通过卖报了解社会，并用卖报的钱帮助那些贫困学生，不少学生还在这项活动中感受到赚钱的艰辛，知道体贴父母了。

（3）以广泛开展社会服务活动为桥梁，培养学生服务他人、服务社会的精神。学生根据家庭住址，自己形成"假日小队"，在社区开展服务活动。有的小队开展了流动书亭，有的小队在车站兑换零钱，方便旅客；有的小队对一些社会现象展开调查，提出合理化建议；有的小队还写出《发展中的光谷》的调查报告，为本班的校本课程开发提供了一线资料。

（4）以学生自我管理为手段，每当寒、暑假来临，学校为了让学生过一个文明、健康、安全、愉快的假期，特对每一个学生提出如下要求：

①过一个充满安全的假期

不独自外出，征得大人同意的外出也要注意安全。

②过一个充满亲情的假期

a. 利用假期，从多种渠道，通过不同的人，了解自己的成长过程，办一份题为"我的成长故事"的手抄报。

b. 体谅父母的辛苦，坚持承担一项力所能及的家务劳动。

③过一个充满智慧的假期

a. 制定一份科学的、可行性强的假期作息时间表，并遵照执行。

b. 每天认真完成假期作业，讲求质量，同时阅读一些有益、有趣的课外书。

c. 关心身边发生的事，能就自己感兴趣的事展开调查，写一份调查报告。(中、高年级)

④过一个充满快乐的假期

a. 和同班或同院子的小伙伴组成假日小队，为它起个响亮的名字，开展有意义的活动，并做好记录。

b. 自己动手为喜欢的老师或亲朋好友准备一份祝福。

假期即将结束，对照上面的要求，你都做到了吗？

自己评	
家长评	
社区评	

总之，学校与社区共建教育文化，实现学校教育与社区文化的一体化，社区将成为生活乐园，学校将成为人们心中的圣地，既装点了社区的文化生活，又丰富了学生的学习实践、人生历练。

乐学型家校文化建设

家长与教师都有一个共同的目标，就是把孩子教育好，让孩子健康快乐地成长。当今的家长很多都受过良好的教育，一个互动的家校合作平台的搭建，既能让家长参与学校的管理，从教师的角度体验学校兴趣教育，又能让学校有效开发与利用家长资源，开创双赢的教育局面。作为国家示范家长学校的鲁巷实验小学，把家校合作作为一个课题研究的重点，开展一系列的实践研究，让家长成为学校可持续发展的课程资源与师资力量，奏响和谐的家校合作之音。

创新家长学校模式，开发家长资源

社会的飞速发展促进了学校的发展。学校的发展离不开社会环境，尤其离不开学生家长对学校的关心和支持。在实施素质教育的今天，家长学校以"构建和谐社会，推进学习型家庭创建"为工作目标，以"省编家长学校教材"为家庭教育指导内容，以"班级授课"为主要方式，以学校办校特色———"激趣乐学研究"为载体，精心打造"家校联动，发展兴趣，为孩子终身幸福和自主发展奠基"的家庭教育品牌，以进一步推进家庭教育科学化、制度化、规范化的进程。

一、帮助家长认识家庭教育在促进学生兴趣发展中的作用曾经有一位教师在家长会上向家长提出这样一个问题："有两种可能，一是你的孩子对学习很感兴趣，二是你的孩子每门功课考试都得98分。你希望得到哪种结果？"举手表决的结果是：超过半数的人选择了后一种可能。这种情形反映了长期以来存在于家庭教育中的一个严重误区：片面追求智力的发展和智力成果，而忽视了学习兴趣等非智力的培养。

我们在生活中常常看到，双休日孩子们在家长的陪伴下繁忙地参加多种培优班，家长没有了假期，大人、孩子忙得心力交瘁，焦头烂额，哪里还有什么"乐趣"可言？以上做法的实质，是置孩子的主体性于不顾，把孩子当成知识的容器，其结果，孩子缺乏学习的主动性和创造性，情绪低落，最终失去对学习、对生活的乐趣，难以成为一个生活的强者。因此，帮助家长充分认识培养孩子的学习兴趣的重要性至关重要。

1. 帮助家长认识学习兴趣是孩子学习的直接动力

要让家长明白学习兴趣是孩子在心理上对学习活动产生爱好、追求和向往的倾向，是推动孩子积极主动学习的直接动力。热爱学习，乐于学习比掌握某种知识更有意义。兴趣比智力更能促进孩子学习。实践证明，一个学习兴趣强的学生，总是处于"我要学"的状态，以学为乐，会产生事半功倍的效果。因此，家长不要老把眼光放在孩子的分数上，要从孩子分数的外在表象中分析他是否是在积极主动的学习状态下取得的成绩。

2. 帮助家长认识学习兴趣是孩子树立远大理想的起点

教育的核心就是做人。当今社会，孩子学会做人至关重要。"做人"教育就是首先让孩子树立远大理想和抱负。没有理想和抱负，孩子就没有成才的动力，即使暂时有动力也难以持久。强烈而稳定的兴趣是从事活动、发展才能的重要保证，是成就远大理想的起点。

3. 帮助家长认识学习兴趣是人的终身发展的不竭动力

强烈的学习兴趣能使人处于不断向上、不断进步和不断追求的状态。从古到今的无数成功人士的成长经历都是靠兴趣的力量来启动的，在这种力量的推动下，经过坚持不懈的探求努力，最终取得成功。一个人如果在小学阶段形成了强烈的学习兴趣，他将终身受益。

二、指导家长在家庭教育中发现、培养孩子的兴趣

要使家长在家庭教育中发现、培养孩子的兴趣，除了要认识其重要意义外，更重要的就是指导他们从生活中去发现孩子的兴趣、把握孩子兴趣培养的特点，掌握兴趣培养的方法。

1. 把握兴趣培养的内容

直接兴趣，即孩子对事物本身感到需要而产生的兴趣，它来自孩子的内心本能；间接兴趣，即孩子对事物本身没有兴趣，但由于外界刺激而产生的兴趣，它来自于外界因素的影响；广泛的兴趣，即对多种门类不同学科的兴趣；稳定兴趣，即兴趣的持久性强，有利于深入钻研问题，进行艰苦的创造性劳动；同时要注意克服不利于孩子身心健康的不良兴趣。

2. 遵循兴趣培养的原则

从对孩子兴趣培养内容来看，孩子的兴趣培养不是一朝一夕完成的，特别是广泛兴趣和稳定兴趣的培养。它需要家长的精心设计，既使孩子的身心发展得以愉悦，又使高尚稳定的兴趣得以养成，使孩子终身受益。对孩子的兴趣培养要遵循如下原则：

（1）寓教于乐原则

儿童的天性是玩，《卡尔·威特的教育》一书中作者所推崇的成功培养兴趣的方法就是游戏。在游戏中孩子兴趣盎然、学习效率极高。采用寓教于乐的方法，卡尔的父亲成功地将他培养成一个八、九岁就会运用六国语言，通晓动物学、植物学、物理、化学，尤其擅长数学，九岁就进入哥根廷大学学习，十四岁被授予哲学博士学位的一名少年天才。

(2) 沟通原则

父母要培养孩子兴趣，首先得善于发现孩子的兴趣，这种发现只有走进孩子心灵，成为孩子的朋友，与孩子进行心与心的交流，才能真正了解孩子需要什么，喜欢什么，才能获得他们的信任，发现他们的兴趣所在。

(3) 民主协商原则

家庭教育中的民主氛围对于子女的成长是十分有利的。家长切不可以长辈自居，高高在上地强迫孩子无条件地接受家长的要求，这种教育关系往往使孩子失去平等感，造成孩子逆反心理。对孩子兴趣的培养也是如此，根据多元智能理论，人的智能发展侧重点是不同的。要根据孩子自身情况把他看成一个有独立人格的个体，耐心听取他的意见，只要不是原则问题，应该让孩子自己拿主意，确定兴趣发展方向。这样，孩子的身心才会获得健康发展。

(4) 鼓励性原则

孩子的兴趣发展有其特点：敏感，好奇，有强烈的求知欲。保护孩子的好奇心和求知欲，是兴趣产生的基础，也是培养孩子创造性的基础。但孩子的兴趣大多持续时间短，而且容易转移，具有不稳定性。在这种情况下，更需要家长的激励和耐心地指导，让其在激励的心理作用下，逐步养成刻苦学习的毅力，形成稳定兴趣，使他们在不知不觉中掌握知识，发展智力。鼓励就是尊重孩子的兴趣，尊重生命价值。

(5) 因材施教原则

由于每个孩子的年龄、个性发展程度存在着差异性,家长在培养孩子的兴趣时一定要根据孩子的具体情况,有针对性地进行培养和开发,不可主观臆断。有的家长见别人孩子学什么,也要求自己的孩子学什么,与别人的孩子进行攀比,这违反了儿童身心发展规律,往往达不到效果,甚至事与愿违。

3. 学会兴趣培养方法

把握兴趣培养内容,遵循兴趣培养的基本原则,以正确的方法开启孩子智慧的大门,这些方法大体如下:

(1) 善于发现和了解孩子的兴趣。人与人之间的兴趣是有差异的,家长要善于发现和了解孩子的兴趣,在兴趣的稳定性上做些工作,要从繁忙的工作和家务中抽出一定的时间与孩子交流、玩耍、学习,成为他的伙伴和朋友,"蹲下来"与之交谈。

(2) 善待和引导孩子的学习兴趣。孩子的学习兴趣是一种非常宝贵的资源,保护孩子的兴趣是为了更好地合理开发、利用,这有利于孩子的终身发展。由于孩子年龄小,缺乏稳定性,作为家长仅仅唤起孩子的兴趣是不够的,还要引导他们从兴趣中探索和思考,从兴趣中获得科学知识,在兴趣中立志,努力钻研,使之保持长久性、稳定性,通过培养兴趣,挖掘其潜质,进一步巩固和发展兴趣。

(3) 引导动手,在实践中诱发兴趣。很多日常活动和游戏都能让孩子学到不少知识,实践出真知。如:与孩子一起玩扑克牌,进行数字游戏,使孩子对数学产生兴趣;和孩子一起看电视新闻,培养其关心国家大事的兴趣;一同收看气象节目,培养他对天文学的兴趣;带孩子观看道路施工、架设桥梁了解工程问题;和孩子一同种花,了解植物、阳光、空气的关系,培养对自然科学的兴趣……这样孩子的兴趣广泛了,知识面扩大了，学习能力也提高了，不仅为今后的学习打下了良好的基础，而且提高了他的学习热情，形成了学习动力，使学习真正成为一种乐趣，一种需要。

（4）创造自由广阔的空间。给孩子创造一个广阔的学习空间，更能提高孩子的学习兴趣和创造力。不要给孩子太多的限制，要减轻孩子过重的学习负担，留一些时间让他做自己喜欢的事，不要把孩子的课外时间排得满满的，从而扼杀了孩子的兴趣。

（5）营造爱的家庭氛围。爱是教育的起源，没有爱，就培养不出孩子的兴趣。在一个充满温馨、充满爱的家庭里，孩子的心情是愉快的，心灵是纯净的，性格是开朗的。家长无限的关心、尊重和理解，会给孩子创设出无限的兴趣发展空间，让他们在快乐中，展开自由的翅膀去探索世界，发现奥秘，放飞梦想。

（6）培养自身兴趣，成为孩子的榜样。俗话说：身教重于言教，家长是孩子的第一任教师，并伴随孩子一生。因此，要培养和发展孩子的兴趣，家长自身也要有一定的兴趣，以身示范来潜移默化地影响孩子。

三、创设形式多样的培训渠道，培养孩子的兴趣

由于家长们的文化素质差异及对孩子兴趣培养缺乏经验，家长学校积极承担起这一"科学指导家庭教育，积极争取家长对教育工作的支持和配合"（江泽民《关于教育问题的讲话》）任务，通过对家长创设多种形式的培训，帮助家长掌握培养和发展孩子兴趣的理论知识和基本方法，使家校配合，共同完成育人目标。具体做法是：

1. 理论培训 通过请专家或学校领导做专题理论讲座，帮助家长提高培养发展孩子兴趣的思想认识和理论水平，如：由校长向家长介绍学

校兴趣教育研究的几大课题：《小学生兴趣发展研究》、《激趣乐学的课堂教学研究》、《小班教学创特色》，并就课题的提出、理论依据及研究策略作详细的解释，使家长对学生培养目标的观念发生转变。在家长写来的反馈信中，有的写道：听了校长的讲座，我们茅塞顿开，原先我们家长只想孩子学习好，分数考得高，却没想过，如何为孩子终生学习打基础；有的家长反映，听了讲座才明白家长如何配合学校培养和发展孩子的兴趣，原以为只要送孩子多上兴趣班就够了；有的家长说：看来我们自身也要学起来，才能满足对孩子的培养需要……

  2. 教学开放日　让家长走进教室，看看我们的课堂教学中教师是如何乐教，学生如何乐学的。这是家长最受欢迎的活动。教育理论与研究只有与教学实践紧密结合才能够唤发出生命的活力。在课堂上，家长们被老师富有童趣的话语，形象生动的教具，优美直观的情境，环环紧扣的教学秩序，知识间的内在联系与规律深深吸引。师生界限消失了，家长的身份也改变了，教师、学生、家长融为一体。"这哪像上课，完全是一种艺术享受"，听完课后，家长发自内心地这样感叹。

  3. 教学展示　"诗词诵读"这种被遗忘多年的教学形式和内容如今又回到校园，作为中国传统文化和教育的精髓，现在中国台湾和大陆盛行。如何古为今用，既增强学生文学修养，又让学生乐于学习与接受，并在古诗词学习中享受乐趣。学校组织了一次古诗词诵读比赛，请家长参加，并当评委，教师和学生加入比赛行列。有现场对诗句；有读诗猜词名，猜作者；有介绍诗词大意猜诗词；有学生出题请教师作答；有家长出题请学生答……一时间，学生、教师、家长在满腔激情中，在无限美妙的中国古典文化长河之中徜徉。有些家长事后说：真没想到孩子们的文学功底还真不浅呢！看来我们得赶紧学习，孩子们那股子学习热情，真令人感动啊!

4. 研讨交流　教育是无止境的,在社会广泛重视教育的今天,家长们谈起对孩子的培养更是乐此不疲。创设家长相互交流的平台,让家长献身说法最有学习效果。每学年,家长学校都要组织经验交流会,研讨"家长如何配合学校培养孩子学习兴趣"的宝贵经验,让更多家长学会科学育儿经验,提高家教水平。

5. 教育沙龙　定期组织不同年级家长、教师、教育专家、课题组成员参加教育沙龙,研讨兴趣培养问题。针对疑难问题进行探讨,相互交流。如:如何克服孩子不良学习习惯,培养学习兴趣;如何培养孩子阅读兴趣;如何充分利用信息网络作用,克服网络游戏上瘾问题;如何培养特长兴趣充实儿童生活……

家长学校通过多种形式对家长的培训,使学校兴趣教育理念深入人心,形成了鲁巷实验小学兴趣教育办学特色。促进孩子的终身发展,让兴趣与孩子的成长相伴,与创造同行。

"五性"和"五结合"

开展合理、多层、多元、多样、多角度、全方位的家庭教育指导活动是鲁巷实验小学家长学校的特点。尤其是指导家长学校的"五性"和"五结合"更是独树一帜。

1. "五性"即:指导内容的广泛性。(1)家长学校上课的内容包含家庭和学生成长的方方面面,既有"培养孩子良好行为习惯"的内容,也有"学习知识技能和方法"的指导,更有"怎样建立亲与子之间民主、平等、和谐的家庭关系的心灵疏导"。(2)指导内容贴近家庭、贴近学生、贴近实际，指导形式灵活多样。家庭教育指导既有专家做报告，也有家庭教育成功经验的交流，更有家庭恳谈会、家长联系信、家长开放日……如：知心姐姐报告团的专家多次走进学校，英豪报告团的陈忠联教授亲自到学校授课，洪山区首届名师"如何培养学生兴趣"的报告会，武汉市十佳少年李赵亮家长跟其他家长互动交流，获"全国智障儿童体操比赛"金奖的庞珍同学的家长邀请新闻单位到校录制家庭教育专题片在新闻媒体播放，形成系列的寒暑假致家长信……（3）指导内容具有针对性、层次性。学校每年都会在8月召开新生家长开学典礼，指导家长明确自我责任，让家长知道，教育学生不单是学校的事，家庭是教育细胞，家长的第一责任是教养子女，父母既是子女的启蒙老师，又是终身老师，让家长在"教子先自律"的观念和环境下，努力改掉不足之处，为子女做好榜样，促进家庭教育环境的改善，增强学校与家庭之间的有效联系；每年5月都会进行主题为"做合格毕业生，为升学打好基础"的毕业生家长学校活动；针对低年级的家长，学校对其进行"如何激发孩子的入学兴趣"、"文明礼貌的基本内容"等内容的指导；针对中年级的家长，学校对其多进行"培养孩子的健康心理"、"怎样指导孩子读好书"的指导；而针对高年级的家长，则以"培养浓厚的学习兴趣"、"青春期的家庭教育"等指导为主。通过家庭教育交流、学习、互动，使学校家庭教育的实效性有所提升。

2."五结合"即：（1）家庭教育指导与学生的良好思想品德形成和行为规范养成有机结合。一个孩子的成功，很大一方面是取决于孩子良好的思想道德品质和行为习惯。因此，学校在指导中很注重这方面的教育，如："怎样表扬和批评"、"独生子女和家庭教育"、"努力培养孩子的集体主义精神"、"注重培养孩子的劳动习惯"，不仅做到理论上的指导，更注重孩子行为的指导，学校聘请了家庭教育成功的家长进行现身指导，用实践案例来引导其他的家长获得这方面的方法和经验，使指导工作知行合一。（2）家庭教育指导和学校教育教学有机结合。随着时代的步伐，努力提高孩子的各项素质是家长培养孩子成功的关键，学校经常利用学校教育教学中的佼佼者，对家长进行文化科学知识和学习科学方法的指导，使家长们掌握一定的方法，以便更好地在家里指导孩子的学习。（3）家庭教育指导和学生的法制观念形成有机结合。为了让家长把孩子培养成知法懂法的孩子，学校请派出所民警来家长学校指导，使家长懂得了教育孩子知法、懂法的重要性和紧迫性。（4）家庭教育指导和学生良好心理素质的培养有机结合。随着社会的发展，孩子心理健康与否，直接影响着孩子的发展，学校根据小学生的特点，多次邀请心理学专家对家长进行针对性的心理健康讲座，如："帮助孩子增强耐挫力"，"正确掌握孩子心理健康的标准"，"与孩子进行情感交流"等，让家长指导孩子克服心理上的弊端，努力形成一个活泼开朗、向上的健康心理。（5）家庭教育指导与学校的教育特色活动有机结合。依托社区，开展快乐小队活动是学校的教育特色，在双休日和寒暑假，学校充分发挥社区与家庭的指导优势，充分发挥多功能的辅导队伍，如：717社区的杨主任、碧水社区的余老师、家庭教育成功者、好家长等，开展"七色花的故事"、"讲孝心，我快乐"、"阳光行动——报纸义卖"等活动。快乐小队的队员在辅导员的带领下把活动搞得有声有色，极具时代性、教育性、趣味性和挑战性。通过活动，培养了孩子良好的道德行为和心理品质，传承了中华的优秀文化和美德，教育了学生怎样做一个中国人。

家长学校活动"五性"、"五结合"的特色深深吸引了家长，家校互动频率增强，家长参加学习出勤率90%以上，家长受教育率达98%以上。通过学习，家长对如何与子女进行沟通与交流、如何让学生过一个充实的寒暑假、如何培养孩子良好的生活习惯、当孩子成绩下降时怎么办等问题，已觅到良方。

第六章
兴趣教育评价

"每个孩子都是最棒的,各美其美",兴趣教育评价以学生的个性发展为立足点,以"学生成长记录册"为载体,采取自评与他评两种形式,让每一个学生都有快乐成长的成功体验。

兴趣教育评价

"学生苦，苦学生"曾是年幼时老师们劝学于我们的一句话，而今，鲁巷实验小学的教师改写了"苦学生"的命运，"趣伴求学路，乐随成长行"。只要有了兴趣，困难不再是困难，而成为自我挑战，克服困难则是自主的超越，在自我挑战和自主超越的过程中，学生们不是"砺志苦读"，而是"手不释卷"。

《基础课程改革纲要》指出：要建立促进学生全面发展的评价体系，评价不仅要关注学生的学业成绩，而且要发现和发展学生多方面的潜能，了解学生的学习成长中的需求，帮助学生认识自我，建立自信。自主乐学的教学评价，就是要最大限度地发挥教育评价的功能，实现教师乐教与学生乐学的统一，学生乐学与勤学、善学的统一，促进学生更好地发展。自主乐学教学评价的核心就是要全面了解学生的学习历程，以教师乐教、善教来促进学生的乐学、善学。两年多的改革实践形成了如下的评价思路：

一、评价目标的多层性

自主乐学的教学评价承认评价对象的差异性，充分考虑评价对象的个性特征、环境背景、具体条件等客观因素，从学业成绩、心理素质、学习兴趣、情感体验、创新意识、实践品质、行为规范等方面来设计出不同的学生发展目标，以利于评价对象充分发挥和展示自身的优势。具体评价主要看基础、看发展、看进步,而不是片面追求评价标准的统一性。

我们深知要发掘教学评价功能的最大效应,实现学生发展的评价目标,关键在于教师。因此,学校在设置学生发展目标之前就从教师角色的转变、教学方式的变革、教学内容的优化整合、教学策略的转变、教师自身素质的体现、教学评价手段的运用、教学效果等七个方面来设置了教师的教学评价标准和发展目标。

二、评价方式的多样性

自主乐学的教学评价倡导形成性评价与终结性评价相结合,以形成性评价为主;质性评价与定量评价相结合,以质性评价为主;自我评价与他人评价相结合,以自我评价为主;即时评价与延时评价相结合,以即时评价为主;随机评价与规范评价相结合,以随机评价为主;单项评价与综合评价相结合,以综合评价为主;相对评价、绝对评价与个体差异评价相结合,以个体差异评价为主。

三、评价措施的多变性

自主乐学评价注重观察、访谈、课堂教学现场考察、个人成长记录、优秀作品展示、"临时诊断"、自我评价与微型教学等多种方法的灵活运用,大量运用质性评价的手段,注重定性评价和定量评价结合,全面反映评价对象的发展状况。

值得一提的是个人成长记录分教师和学生两类:

学生:观察自评卡—学习心路历程(日记)—特别记载—期末的对话(学生的话、家长的话、教师的话);

教师:常规教学自评、互评表—课堂教学现场评价表—特别记载—自我反思。

四、评价效果的多元性

教学评价是实现教学目标的一种重要手段，教学评价功能发挥得越好，教学效果就越明显。在实践中学校主要采用了参与评价、小组评价、活动评价、鼓励评价、形象评价等方法，让不同的学生在不同的方面，不同的程度上得到提升。

如在学校开展的"我的进步看得到"校园争星活动中，四（8）班的郑健如和曹晓健是邻居，也是同学，这两个学生聪明机灵，被人称为小鬼灵精，好的时候两人齐心协力，合作完成好多创意，如"搭基地"等。不好的时候，两人可以合谋"蒙骗"老师、同学和家长，试图推卸学习的责任和回避同学中的矛盾。因为他俩的"小聪明"，教师和家长也曾多次交流、配合，促使他们共同进步，改掉自身的不良习惯，但屡屡效果不佳。新一轮评价体系的推出，改变了过去单一的评价方法，引进多元的评价标准，设立了"学习、服务、个性、合作、健体"等多元评价项目。在这新的评价体系下，曹晓健凭着自己的敏捷思维一举夺得数学、英语比赛一等奖的好成绩，顺利摘下"学习星"；郑健如也凭着灵巧的双手在市、区美术小人才比赛中获一等奖，一举夺得了"个性星"。以此为契机，这两名学生感受到了从来没有过的成功，在此之前，顽劣使得他们每每与"三好学生"、"优秀队员"等称号失之交臂。这次的成功极大地鼓舞了他们，在其后的学习生活中，他们俩争相创建"夺星日志"，在课堂比听讲、在课后比作业、在课余为班队活动提建议，每天都在自己的"夺星日志"中记录自己的进步。在日复一日的点点滴滴中，他们先后因为集体出谋划策而夺得"服务星"；因与同学合作制作了班级小报而夺得"合作星"。在夺星的道路上，他们俩逐步改正了自身的不良习惯，分别成为了校园明星。

两位同学的家长不免感慨地说：学校评价方式的变革的确做到了与时俱进，它顺应了时代发展的要求，用积极的眼光看待成长中孩子的发展，既张扬孩子的个性，又不放松对孩子良好习惯的培养，真是个好举措。此举不仅充分地调动了学生的学习积极性，树立了孩子的自信心、进取心，同时也让我们家长学会了教育孩子的艺术。

他们的班主任曾这样感言：如果没有这新的评价方式的出台，就没有这两个孩子的转变，也就没有这样两个朝气蓬勃的阳光少年。没有规矩不成方圆，打破规矩另成方圆。这两个"校园明星"的产生，证实新的评价思想的可行性。

五、评价反思、新举措

随着新课改的推进，教育教学评价越来越显示出它的魅力，但要真正有效地发挥评价的功能还有待于进一步努力。还有部分教师的教学评价指导思想仍未完全从"升学选拔"转变过来。口头上讲不仅要关注学生学习结果的评价，更要重视学生学习过程的评价，但实际操作起来容易忽视过程的评价。过程的评价需要教师的爱心、耐心和慧心的交汇付出，只有这样才能换来学生的真心感动，产生学习的内驱力，达到乐学、善学的目的。另外，现代教学评价的过程是一个由教师、学生、家庭、社会优化组合的过程，如果有一方的价值取向不同就会影响评价的效应。鲁巷实小全体师生将不断学习、探索、实践，使自主乐学的教学评价更具理论性、实践性和效能性。

怎么让"要我学"成为"我要学"？学校探索出一套多元评价体系，多方位、多角度、多形式地关注学生学习的过程、结果以及在学习活动中所表现出来的情感、态度、价值观等。鲁巷实小的兴趣评价树立"每个孩子都是最棒的，各美其美"的评价理念，以学生的个性发展为立足点，以"学生成长记录册"为载体，采取自评与他评两种形式，沿着自主学习意愿、意志品质的养成、活动的积极体验三个方面，转变四种观念：①转变评价的角度；②设立多元的评价标准；③抓住评价的时机；④转让评价的权力。

评价是一种机制，目的是关注学生的成长过程，促进学生的个性发展。儿童的潜能，正如花草种子的潜能，需要教育将其引发出来，并给予精心的呵护，孩子的兴趣是生长的能力信号和象征，不能压抑或放任。兴趣评价就是要促进兴趣在孩子成长过程中的积极作用，扼制它的消极影响，让每一个学生都有快乐成长的成功体验。为了更好地实现兴趣教育的发展效果，学校坚持：

1. 日日有评价，天天有进步

不管是低年级学生，还是高年级学生，他们都是孩子，都喜欢听表扬、有奖励。针对学生的年龄特征，低年级采用"摘星乐园星星闪闪"等形式，根据学生一天的学习、生活表现，开展摘星比进步，看亮点；高年级则采用"量化管理"、设计成长卡等方式，将学生一天的行为表现换算成积分，自我管理找不足，明道理。这样，促使学生们有意识地严格要求自己，主动地争取一点一滴的进步，并将"摘星榜"或"量化管理表"张贴在班级园地中，让每个学生都能看到自己的每一次进步，增强获取下一个进步的动力，进而营造出一种"比一比良好习惯早养成，找一找不良习惯早改掉"的教育氛围，让孩子在班级学习、生活中"你追我赶"，共同进步。

2. 周周有评价，行为有约束

心理学家研究表明：儿童的发展轨迹是呈螺旋状向上运动的，容易出现反复。为了转化不良兴趣，让学生养成良好兴趣和习惯，稳步快乐地成长，学校运用红领巾长镜头和学生自查互查值日岗两种形式，开展一周一评的标榜活动。

（1）将现场管理和规范管理评价有机结合，开展"行为规范榜样学生"评比。参照《小学生日常行为规范手则》的具体要求，利用红领巾长镜头进行现场评价，结合一周中的常规行为，经过学生互相推荐、互相评说，各班均评选出五名"行为规范榜样生"，授牌示范。当这些榜样生们佩戴标志牌走在校园里时，一种无形的力量会驱使他们更加严格要求自己，而其他学生在羡慕的同时也会向身边的榜样学习，力争在下次评比中成为榜样学生。

（2）评比双优示范班级。细胞发展了，整体必定发展。学校由一个个班级组成，通过双优示范班级的评比，促使每个班级搞好考勤、卫生、纪律、午休、特色活动等。创建具有个性特色的"乐学型"班集体，更重要的是激发了学生的集体荣誉感，用集体的力量感染学生、教育学生、约束学生。

3. 月月有评价，进步有方向

经过一个月的努力，学生或多或少都取得了一些进步，此刻应及时给予肯定，指明前行的方向。

多元评价工具

  学校为实验班的每一位学生建立了成长记录袋或学习发展录，记录学生的发展。成长记录袋关注学生成长与发展的每一点进步，帮助学生发现自己，肯定自己，促进学生全面、快乐而富有个性地发展；通过它让老师、家长和孩子亲密沟通，增进了解，构建和谐的朋友、亲子、师生关系。成长记录袋要搜集能反映学生学习过程和结果的资料，材料内容包括学校、家庭、社会等方面的反映学生综合素质的材料，其中文字材料包括学生的各类优秀作品、试卷、获奖证书、相关的音像资料、摄影作品等。孩子有选择作品的权利，家长和老师不能用自己的标准强迫学生选择作品，应尊重孩子的选择，相关的反省也可以放进去。概括而言包括以下几个方面：一是各种检测、考核的成绩，二是课堂观察卡，三是学习日记，四是特别记载，五是期终的对话，六是七色花儿映校园，七是兴趣教育素质报告单。创设一个建立在师生合作的基础上，既有民主生活又有自我表达，既有相互协作又有个人探索的课堂文化氛围。

  1. 各科检测、考核以单元检测和期末验收为单位时间，以新课标的要求和内容来设计考核的标高和检测内容，抓好双基。

  2. 课堂观察卡，在课堂观察时，教师不仅要关注学生知识、技能的掌握情况，而且要关注学生其他方面的表现。课堂观察可采取随记一些重要信息的方式，也可以运用课堂观察检核表对学生进行比较系统的观察。

当学生在回答提问或进行练习时，通过课堂观察，教师便能及时了解学生学习的情况，从而给予鼓励和强化，或给予指导与矫正。教师也可以根据实际需要，关注学生突出的一两个方面。

课堂观察卡

学生姓名：

观察项目	因素	1	2	3	说明
技能的掌握情况	词汇、阅读、写作				1＝真正理解并掌握；2＝初步理解；3＝参与有关的活动。
	数感、概念、计算、实际应用				
	感知、探索、假设				
	解决问题				
是否认真	听讲				1＝认真；2＝一般；3＝不认真。
	作业				
是否积极	举手发言				1＝积极；2＝一般；3＝不积极。
	提出问题并询问				
	讨论与交流				
	阅读课外读物				
是否自信	提出和别人不一样的问题				1＝经常；2＝一般；3＝很少。
	大胆尝试并表达自己的想法				
是否乐于与人合作	听别人的意见				1＝能；2＝一般；3＝很少。
	积极表达自己的意见				
思维的条理性	能有条理地表达自己的意见				1＝强；2＝一般；3＝不足。
	解决问题的过程清楚				
	做事有计划				
思维的独创性	善于用不同的方法解决问题				1＝能；2＝一般；3＝很少。
	独立思考				
总评					

一张小小的课堂观察卡，恰如一段段视频，生动地再现了学生的课堂学习过程。在这个观察卡里，教师不仅关注学生知识、技能的掌握情况，还关注学生其他方面的表现。当学生在回答提问或进行练习时，通

过课堂观察，教师便能及时了解学生学习的情况，从而给予鼓励和强化，或给予指导与矫正。

3. 学习日记

姓名：	日期：
今天所学课的课题：	
最感兴趣的地方：	
理解得最好的地方：	
不明白或还需要进一步理解的地方：	
所学的内容能否应用在日常生活中，举例说明：	

学习日记，不仅可用于评价学生对知识的理解，而且可用于评价学生的思维方式。通过日记，学生可以对他所学的数学内容进行总结，可以像和自己谈心一样写出他们自己的情感态度、困难之处或感兴趣之处。新课程强调发展学生合作交流能力，而写学习日记无疑提供了一个让学生运用科目语言或自己的语言表达思想和情感的机会。而且，学习日记还可以发展成为一个自我报告，评价自己的能力或反思自己问题解决的策略。从这个意义上说，学习日记有助于教师培养和评价学生的反思能力。

4. 特别记载：特别表现记载、奖惩事项记载、个人兴趣或特长。

小学生创新素质实践行活动记载　　第一学期

序号	活动内容	活动日期	活动时数
1			
2			
3			
4			
综合评价			

注：1. 综合评价按甲、乙、丙、丁四个等级记载；

2. 第1－2栏填写本学期校内外、课内外开展创新素质实践行活动情况；

3. 第3－4栏填写寒假走进社区开展创新素质实践行活动情况。

5. 期末语：主要是对学生一学期的学习生活进行小结与反思，首先是学生的话，然后是老师的话，最后是家长的话。

6. 学校利用学生成长记录册中每月评价的七色花儿映校园的栏目，从博爱、乐学、礼仪、诚信、环保、健康、勤劳七方面开展"今日摘取七色花，铺就明天七彩路"的评价活动，通过学生在自评、互评、家长评、老师评的过程中，寻找闪光点，发现不足处，从而明确自己应该在哪些方面继续努力。

花色	花名	具体要求	自评	互评
红	博爱花	爱祖国、爱自然、爱科学、爱生活、爱生命、爱家人、爱同学、有爱心、暖人心		
橙	乐学花	学文化、多动脑、写作业、勿抄袭、活动课、开心玩、课外书、勤阅读、文体美、样样来、多面手、T型才		
黄	诚信花	守诺言、讲诚信、不欺骗、不撒谎、说得到、做得到，争做诚信小标兵		
绿	礼仪花	进校园、讲形象，红领巾、佩胸前，见师长、问声好，遇同学、面带笑，上下楼、靠右行，小磕碰、对不起		
青	环保花	爱花草、护小树，一张纸、一滴水、一度电，要节俭、讲环保		
蓝	健康花	出操快、站队直、韵律美、动作齐，眼保操、穴位准，就餐时、不挑拣，勤换衣、常洗澡，讲卫生、身体好		
紫	勤劳花	见纸屑、弯弯腰、勿乱丢、重保持，值日生、勤洒扫，见重活、抢着干，爱劳动、好处多		

7. 根据学校"九五"课题的研究，在《学生成长记录册》中专辟了《兴趣教育素质报告单》，对学生一学期的表现从身体素质、心理素质、品德行为、劳动素质、文化素质、活动表现、特别记载、学习活动时间8个方面给予综合评价。《兴趣教育素质报告单》全面反映出学生有进步的方面以及不足的方面。各班针对每个学生的不同进步，设立不同的奖项，予以表彰，坚定了学生们追求进步的信心。

兴趣教育素质报告单

A1 身体素质	身高	厘米	肺活量		视力	左
	体重	千克	血色素			右
	胸围	厘米	龋齿			
	卫生习惯					
	体育达标成绩	优秀	良好	及格	未达标	
A2 心理素质 心理发展	项目		优	良	一般	
	独立自立 有信心					
	不怕困难 积极向上					
	乐观 活泼 开朗					
	自我控制调整能力					
	适应性强 与人和谐交往					
	兴趣广泛					
	认知能力正常 有创造意识					
A3 品德行为	爱祖国 爱人民 爱家乡 爱学校					
	尊敬师长 孝敬父母 友爱同学					
	礼貌待人 言行文明					
	关心集体 乐于助人					
	遵纪守法 维护公德					
	诚实 正直 守信 勤俭 不乱花钱					
	明辨是非 有正义感 有责任心					

		思品	语文	数学	英语	科学	社会	信息	劳动	科技	体育	音乐	美术
A4 劳动素质 劳动实践	自己的事自己做												
	家里的事帮着做												
	集体的事积极做												
	劳动态度端正 有良好的劳动习惯												
	初步掌握简单的劳动知识和技能												
	珍惜劳动成果 有较好的劳动作品												
A5 文化素质	学科	思品	语文	数学	英语	科学	社会	信息	劳动	科技	体育	音乐	美术
	考核情况 平时												
	期末												
	总评												
	项目			优			良			一般			
	学习兴趣和态度												
	能力发展情况												
A6 活动表现	学校传统活动												
	班队活动												
	科技文体活动												
	社会实践活动												
A7 特别记载	特别表现记载												
	奖惩事项记载												
	个人兴趣或特长												
A8 学习活动时间	本学期上课　　天，实到　　天												
	病假　　天　事假　　天　迟到　　天　旷课　　天　误时　　天												
	附言　1. 假期自　月　日起至　月　日止。2. 返校　月　日。												
学生的话：													
老师的话：													
家长的话：													

小小的《学生成长记录册》成为沟通学生、老师、家长之间的桥梁，学生可以从"班主任勉语"中体会老师对自己的期望；老师可以从"自我鉴定"中走进学生的心灵；家长可以从"评定册"中了解孩子、了解老师，更好地配合学校教育。同时，也让学生不断认识自我，了解他人，扬长补短。

第七章
校本课程

  开发系列校本课程,丰富学生的课堂活动、班级活动和校园活动,在学生感兴趣的领域生成课程,注重落实"趣"、"实"、"活",构建"激趣—乐学"校本课程结构的基本雏形。

校本课程研究

鲁巷实验小学经过多年实践与研究,以兴趣教育为主题,探索出具有自身特色的校本课程体系。

校本课程开发的理念

1. 确立一个中心:人文素养的培养

通过对校本课程的需要评估,学校决定以体现课程改革的基本理念,遵循学生身心发展规律,适应社会进步、经济和科学技术发展要求为前提,将培养学生人文素养定为学校校本课程开发的基本方向。

2. 建立一个基础:"激趣—乐学"生活

以学生的生活为基础,从生活出发,创造一个轻松愉快的课堂生活、班级生活、校园生活。引导学生理解生活的意义、生活的方式,扩展学生生活经验,丰富学生的精神世界,使学生从思想到行动,都能贴近生活,适应生活,从而解决学生生活中的问题,并创造生活,享受生活。因此,学校的校本课程与学生的生活紧密结合。在课程的开发过程中重视师生的自我发展、自我体验,正视学生的个体差异。重视学生的自我意识、自我体验、自我选择,张扬学生的个性,使之成为时代精神的建构者。

3. 明确一个原则：开放（包括内容和形式上的开放）

开放可以给师生更广阔的天地。内容上的开放，是让教师根据学科特点、个人特长对自己最感兴趣的领域进行开发，便于教师更好地把握教改的实质。形式上的开放可以促进内容更趋科学、完整。

校本课程的目标

体现时代的要求，体现本次课程改革的基本理念，以培养学生的创新精神为核心内容，以学生发展为本，尊重学生，信任学生，指导学生，促使每一个学生生动活泼地发展，促进教师、学生共同成长。培养自尊、自强、自立的，有独特个性、有完善人格、有创造精神、敢于标新立异的人才。

1. 让学生认识、了解光谷的自然与人文，收集和完善家乡宝贵的文化遗产，感受家乡的美丽、富饶与可爱，产生热爱、珍惜、崇尚的思想情操，奠定热爱学校，热爱武汉，热爱祖国的思想基础。

2. 转变学生的学习方式，培养收集、分析、整理信息、解决问题及欣赏、实践和自主的能力，养成合作、分享、积极进取等良好的品质。

3. 提高学校管理者与教师开发、设计、实施校本课程的能力，为教师专业发展提供机会，提高教师进行有效科学的教学所必备的综合素质。

校本活动课程原则

为了使活动成为孩子快乐生活的平台，让学生在其中增强本领、体验成功、健康成长，让体验活动彰显快乐的魅力，学校在设计活动时注重落实三个字——"趣"、"实"、"活"。

1. 特色活动突出一个"趣"

兴趣是创造一个欢乐和光明育人环境的主要途径之一。如学校大队部开展的"七彩课间"活动，旨在引导学生开展健康有益的课间游戏，并把活动的主动权还给学生，让他们充分发挥自己的想象力、创造力。在不到一个月的时间里，大队部就收到近千份设计方案，不少方案还是学生与家长一起设计的。最后，大队部将评选出的优秀设计在校园内进行展示，在学生中掀起了"七彩课间"的高潮。课间十分钟，学生疯闹的没有了，玩不文明、不健康游戏的没有了，许多学生将自己喜欢的小游戏介绍给家长和社区的小朋友，让自己的业余生活丰富多彩起来。家长也高兴地说："我们再不用担心孩子课间十分钟出问题了。"

这些形式不仅能增强少先队活动的趣味性，提高队员参与活动的积极性，而且能让他们在有趣的活动中懂得道理，学到知识，达到"随风潜入夜、润物细无声"的效果。

2. 教育活动落实一个"实"

学校在开展活动时不仅注重形式丰富、趣味性强，还坚持把教育孕育于活动中。因此，学校每一次主题活动都有明确的教育目标，努力挖掘各种教育手段，利用各种教育形式形成合力，以达到教育目的。如为让学生能有一份快乐的心情，构建和谐校园，大队部开展了"人人有感恩，处处有真情"的主题活动。各中队从感恩父母、感恩老师、感恩同学、感恩自然、感恩社会五个方面开展了一系列小活动，如五（1）中队结合世界地球日开展了"节约每一滴水"的活动，五（5）中队结合植树节开展了"爱护我们校园的一草一木"活动，队员们用自己的实际行动爱护我们的环境，洁净我们的校园。最后，各班还召开了一次主题会。

此外，大队部还经常开展各级"手拉手"互助活动。在汶川大地震后，学校捐款近两万元，队员们还用自己的零花钱买了几百本新书，在六一儿童节前捐给受灾小学，希望灾区的小朋友们在节日里不孤单、不寂寞。通过一系列的体验活动，队员们学会了尊重他人，理解他人，深切体会到了心存感恩。

3. 主题活动体现一个"活"

学校主题活动总能紧跟时代发展的步伐选择一些重大事件和鲜活的事例，让活动与时代的脉搏一起跳动。

如2008奥运年，大队部在全校开展了"情系奥运、储蓄文明"活动，活动在"唱响国歌"主题升旗仪式中拉开序幕，学员们通过"学习奥运知识"、"争做文明之星"、"国旗下颂祖国"等一系列丰富多彩的小活动增长了不少体育知识，感受到祖国改革开放三十年的日益强大，并为北京奥运会和残奥会的胜利而骄傲和自豪。

再如"雏鹰争章"是少先队的品牌活动，如何通过多种形式的量化，加强奖章的激励作用？如何让队员在争章过程中体验成功，培养自信，提升幸福指数？学校在定章、争章、考章、颁章上做了大胆尝试，将雏鹰争章与学校的"七色花儿映校园"评价活动相结合，每位学生印发了《成长记录册》，将奖章定位为七种花，分别命名为博爱花、礼仪花、乐学花、健康花、诚信花、勤劳花、环保花，每月采取自评、互评、家长评的形式考章，并让雏鹰奖章印本上、贴墙上、戴身上、挂网上、喜心上。通过一系列的激励手段，奖章真正成为了学生最心爱的礼物，快乐也因此始终伴随着学生的成长。

校本课程开发

兴趣，只有付诸于实践，才能让学生多层次地获得知识与技能。学校为学生搭建了多种兴趣活动的展示平台。

"走进光谷"

结合学校地域文化优势，各班开展"走进楚文化"、"走进光谷"等系列主题实践活动，学生通过实地考察、上网、采访、发放调查表等各种途径，了解家乡悠久历史和家乡现在的发展变化，在实践中学生不仅掌握了搜集资料的方法，还深切地体会到高科技的神奇、楚风楚韵的优美。结合社区优势，学校鼓励并指导学生自主设计有趣、有益的实践活动。

"走进光谷"校本课程开发纲要

主 题	形 式	内 容
漫游光谷广场	参观、交流、图片资料展	领略光谷广场的美丽，参观标志建筑、名人塑像、花草树木、高楼大厦。体会到光谷的建立为家乡带来的巨变。
寻找光谷的足迹——绿色光谷	实地考查，拍摄图片，收集资料，撰写成文。	了解光谷区域内的名山秀水等自然风光和设施建筑等。

主 题	形 式	内 容
寻找光谷的足迹——人文光谷	访谈、撰文	访谈光谷科技工作者，树立从小爱科学，立志成才的远大志向。
寻找光谷的足迹——科技光谷	实地考察、参观、收集资料	考察知名企业，感受光谷的高科技产品给生活带来的日新月异的变化。
我为光谷做广告	设计	设计广告词。
我是光谷小导游	设计	进一步了解光谷及光谷的变化，激发对光谷的热爱，为光谷而自豪。
我为光谷而自豪	演讲会、绘画、小报	赞美光谷。
我为光谷做贡献	上街宣传环保	准备相关条幅、图画、口号标语、环保工具，号召人们热爱保护光谷的环境。
五光十色赛诗会	诗朗诵	歌颂光谷。
大合唱《光谷之歌》	演唱	学唱本校音乐教师创作的歌曲。

该校本课程的开发和实施，加强了学校、学生与社会现实及社区发展的联系，通过系列调查活动，学生对与同学合作成功多了一份喜悦，对周围的事物多了一份关心，对高新技术多了一份向往。让学生走进光谷地区，在生活中学习，在实践中求知，在社会中成长，广泛利用课堂学习资源和校外学习资源，创造性地展开活动，扩展了学生学习的空间。

开发乐学课堂系列丛书

校本课程的开发将理想的教育目标转化为教育现实形态，为实现这一转化过程，鲁巷实验小学充分发挥年级（备课）、名教师（班主任）工作室、兴趣教育学术研究委员会、学生兴趣社团等的作用，将道德、科学、艺术融入师生、家长的生活，融入学生的成长过程中，形成了《兴趣课堂》、《兴趣文萃》、《兴趣德育》、《兴趣活动》、《兴趣德育两百岁》、《快乐成长》、《牵手》、《献给鲁小班主任》、《诗情词意颂华章》、《文美句佳赏名篇》、《乐学课堂新思维》、《Happy Class》等各四套系列校本教材，真正体现了"自然即课程、生活即课程、社会即课程"的原则。

一、《诗情词意颂华章》

诗歌是文学领域里一颗璀璨夺目的明珠。古人常说"熟读唐诗三百首，不会作诗也会吟"，大量诵读、反复吟咏是培养语感、提高欣赏能力的有效途径。在抑扬顿挫、富有感情的诵读中，诗的韵味、诗的意境、诗的情感才能被深刻地品味出。在吟诵中展开想象，在想象中还原诗歌的情境，在情境中感悟作者的诗情。学校聚全体语文教师之力量，汇平日教育教学之精华，结集编写了校本课程《诗情词意颂华章》。在《全日制义务教育语文课程标准》推荐的 80 首古诗词基础上，该书增加了近 100 首古诗词，并收录了近 150 首中外优秀的现代诗文。该书最大的特点是对这些古代诗词、现代诗文进行了内容上的整合。如：古代诗词方面分为，送别情、爱国心、山河美、思乡曲、春之赞、夏之颂、秋之赞、冬之咏、绘山绣水、望月抒情等；现代诗文部分分为，一路有爱、七彩童年、感悟风景、生命之歌、美好期盼。吟诵诗文提高了学生的文学审美情趣，培养了学生良好的文化底蕴和人文素养，激发了对诗文的浓郁兴趣。在吟诵诗文时，学生感受到的不仅是学习，更是一种乐趣，一种享受。不仅吟诵，而且产生了创作诗文的兴趣。

二、《文美句佳赏名篇》

学校编写了《文美句佳赏名篇》系列校本课程，为同学们提供健康、有趣、经典的阅读材料。在编写中学校做到了：

1. 专人专心为孩子们编写，适合孩子们的阅读趣味本书的编写人员均为学校一线的教学人员,他们不仅具有多年的教学经验,更难得的是他们对学生的实际情况了如指掌,最能明白学生们想读什么。他们根据各年级学生的心理特点和认知特点,精心地为探寻知识宝库的孩子们献上一份厚礼。

2. 统一体例,严谨的结构帮助学生养成良好的阅读习惯

本书共有六册,分别适合1—6年级的学生使用,每册书的编写体例相同:单元导读;读前提示、美文欣赏即想一想、读一读;读中感悟、读中积累即记一记、做一做;读后运用、读后练笔即说一说、写一写;作品链接。六本书各有千秋又前后贯通,有助于学生良好阅读习惯的养成。

3. 选文内容丰富多彩,有助于培养学生的阅读兴趣

本书取材广泛,有历史故事、名人传记、自然百科、童话寓言、美文佳作、名家名篇;主题丰富,名称极富有童趣,如:童话小风车、自然小精灵、科学万花筒、梦中飞翔、海外风情等,这些可爱活泼的字眼能激活同学头脑中每个文学细胞,让学生感觉到阅读是壮游,是探险,是乐趣,以至钟情于书,爱书、购书、藏书,交友于书。

4. 扎扎实实的训练,帮助学生提高阅读的能力

本书在编写过程中注重对学生阅读能力的培养和提高,每文一练:低年级注重对字词的理解运用,中年级注重对句段的理解感悟,高年级注重对句段、篇章的赏析品评。全书有基础知识的训练,有清词丽句的积累,有写作方法的指导,阅读和写作训练得实实在在。

三、《乐学课堂新思维》

本套系列教材目的明确。低年级着重于培养学生学习数学的兴趣和对数字、图形的感觉,力求图文并茂,提示详尽,由较多的图画自然地向较多的数字语言、文字语言过渡;中年级着眼于打好基础,开阔眼界,

逐步向各级别数学学科竞赛的要求与思路靠拢，力求一题多解，思路开阔；高年级着力于综合思路的开拓与应用，力求题面广泛，有针对性地提高学生的思考速度和解题能力。目的是让学生在数学课堂上乐于思维，对数学知识产生兴趣，以至热爱数学这门学科，产生探究这门学科的欲求。

本系列教材每年级分上、下两册，每册12－14讲，全套教材主要有三大特点：

1. 内容设计与时俱进，方法提示启迪智慧。借鉴新课标之理念，丰富数学之内涵，体现以人为本的思想。从现实生活取材，揭示丰富多彩的数学奥秘，激发学生的好奇心和求知欲；引导学生正确思维，培养学生的探究能力和创新能力。

2. 内容与学生思维发展同步，本班的数学老师跟踪辅导。以趣引路，从教材知识出发延伸到竞赛高度，引导和开发学生的创造性思维，建立知识和思维的新构架，体现创造性、灵活性、综合性的竞赛理念，为学生见解的开发营造一个无限的空间。

3. 名师参与设计，网络搜集良方。这里收集的是学校教师多年潜心研究的教学和竞赛成果，精心设计的培训方案，精辟到位的知识点拨，灵活多样的解题方法，战果卓著的竞赛经验，是"灵活"与"美"的提高，对学生如何去获取知识，开拓知识眼界，有莫大的帮助。

各册内容既有联系，又独立成书。知识难度螺旋式上升，对学生的学习十分有益。

四、《快快乐乐英语秀》

小学英语教育的现状要求我们从学生的学习兴趣、生活经验和认知水平出发，发展学生的语言综合运用能力，使语言的学习过程成为学生形成积极的情感态度、主动思维和大胆实践、提高跨文化意识、形成自主学习能力的过程。

英语组根据小学英语教育的目标和要求,编撰了这套校本教材,共六册,旨在更有效地通过英语学习和实践活动,激发学生的兴趣,培养良好的学习习惯,树立应有的自信心,并更系统地归纳和总结小学英语学习内容,为今后的英语学习奠定良好的基础。在编写中注意了以下几点:

1. 精心安排教材的内容

本套教材创造性地开发了"迪士尼神奇英语"碟片的内容,将它们巧妙地安排到一至五册之中,将视听教学融入语言学习中,利于学生在学习英语的最佳年龄段感受到最原汁原味的地道英语。

2. 课堂目标的设定符合儿童语言学习规律

本套教材一至二册注重英语的启蒙,课堂教学以口语交际为主;三至四册注重语感的进一步培养和词句的训练、运用;五至六册注重语言综合运用能力的培养,为中学的学习打下良好的基础。

3. 巧妙设计课堂练习

本套教材所有的课堂练习都与课堂内容紧密结合。课堂内容对话较多,则口头练习设计比重加大;课堂内容出现了新的语法现象,则结合该语言点的课堂练习设计比重加大。整套教材的课堂练习设计注意层层递进、循环往复,有利于学生温故知新,扎实进步。

4. 适时总结和归纳,帮助学生形成良好的学习策略

本套教材的第六册是对前五册所涉及内容的总结和归纳,从发音、词、句到篇章,通过听、说、读、写、译的系统训练帮助学生对所学内容融会贯通,有利于学生形成良好的英语学习能力和策略。

系列校本课程的开发,丰富了学生的课堂活动、班级活动和校园活动,在学生感兴趣的领域生成课程,构建了"激趣—乐学"的校本课程

结构雏形。

兴趣活动展示会

作为外在形式的丰富多样的载体——兴趣活动展示会，为学生创设了展示兴趣成果的舞台，又进一步让学生在自己感兴趣的领域发现自我、表现自我、完善自我，促使他们对自己的中心兴趣进一步地痴迷。

学校的兴趣活动展示会已经形成系列：

"演讲与口才"系列：展示学生演讲、采访、口才、辩论等中心兴趣，涌现一大批小记者、小主持人、小辩论手、小导演、小评论员，如李赵亮同学就是因为出众的演讲、主持才华被评为武汉市十佳少年。

"文学艺术节"系列：同学们尽情展示自己朗诵、歌舞、书画、演奏等兴趣特长，涌现出一批"小书画家"、"小歌手"、"小摄影家"、"小演奏家"。

"科技周活动"系列：展示学生小科技、小制作、无线电测向、车模、航模、头脑奥林匹克竞赛等方面的兴趣特长。

"学科竞赛"系列：展示学生兴趣学科的钻研成果，如"读书知识竞赛"评出星级读者；展示学生对阅读的兴趣成果，"创新杯"挑出拔尖人才；展示学生对数学学科的兴趣成果……

这些兴趣活动展示会，不仅增加学生的广泛兴趣，更突出了学生的中心兴趣。

"兴趣苗圃"是为学生量身打造的活动平台，培养特长是鲁巷实小的特色工程。学生根据自身兴趣参照"苗圃"的"活动菜单"，自主选修。自主活动真正实现点趣成金，使学生得法于课内，受益于课外，为他们的终身发展打下扎实的基础。

以"丰富性"植入社团活动

　　学校在"基于兴趣，发展兴趣，为学生的发展和终生幸福奠基"的办学理念的统领下，三级管理，三级课程，扎实有效地推进了学生特色社团活动的开展。

三级管理

　　1. 建立校长、教导处、年级组三级管理网络，做到分层落实。

　　2. 校长负责把握全局，督促落实；教导处具体负责学期计划、课程安排、活动场地安排、联系协调工作；年级主任、教研组长负责各兴趣小组的辅导教师落实情况、活动资料的搜集整理等工作。

　　3. 在人员安排上要充分考虑每位教师的兴趣特长，调动每位教师的积极性。

　　4. 总务处、政教处、大队部积极配合教导处做好联系协调工作，确保各级兴趣活动的有序开展。

　　5. 行政人员按教导处安排，按时检查兴趣小组的各项工作，对突发事件及时处理，重大事件及时上报校长办公室。

三级课程

根据学校特色建设情况,结合小学生兴趣发展的规律"有趣—乐趣—志趣",学校的兴趣活动也分了三个层次:兴趣王国、快乐托管吧、兴趣加油站。

1. 兴趣王国:学校围绕"培养学生的广泛兴趣、中心兴趣,转变不良兴趣"实践研究思路,在"引导学生学会做人,培养主动服务意识、规则意识和文明素养"的德育观引领下,将学校模拟为"兴趣王国",在学生中选举兴趣王国的领袖,成立国会,形成大队部和兴趣国会两支领袖式学生干部团队,实行干部竞选、轮岗、换岗制,这种领袖式的干部不仅是领导,更是一种生活方式、标志和选择。重积累,满足学生兴趣发展的初级需要,初步培养学生的广泛兴趣,开设5大类20项"菜单式"活动内容,活动时间为每周一、二、五下午的活动课。

学科特长类:诗社、小作家、数学王国、英语吧

科技类:航模、车模、计算机、无线电测向

艺术类:器乐、舞蹈、合唱队、绘画、手工制作

体育类:田径、篮球、足球、乒乓球、健美操

实践类:礼仪社、记者站

2. 快乐托管吧:重发展,丰富学生的兴趣内涵,在学生感兴趣的领域生成课程。

这一类社团的活动时间为周一到周五每天早上7:55—8:25,周一、二、四、五下午放学后一小时时间,周三下午放学后两小时托管时间。活动要求以"趣"为导,整个活动力争抓住学生的"心",激发学生

的"情",活跃学生的"思",发展学生的"智"。

3. 兴趣加油站:重提高,让兴趣融入到学生的发展之中,与其奋斗目标结合起来,即形成"志趣"。这一层次的兴趣社团以各类学科竞赛为依托,以赛前集训的形式开展。各辅导教师结合学生实际情况确定活动时间,如早锻炼时间、午间俱乐部时间或活动课时间。

此类活动要求各辅导教师从学生实际出发,结合竞赛内容,制定切实可行的活动计划,既让学生获得提高,又能在比赛中取得优异成绩。

"兴趣德育"特色形成

学校的学生社团活动在"促进小学生兴趣发展"的目标指引下,通过几年来的实践,初步形成了"打造一支队伍、构建两种方式、坚持三条主线"的"123"学生兴趣社团模式,丰富和完善了"兴趣德育"的理念,推动了"兴趣德育"特色的形成。

一、打造了一支兴趣活动能力强的教师队伍

鲁巷实验小学的特色就是以"兴趣教育"课题的不断深入研究来推动素质教育的实施,进而提升教师的综合素质。教师需要一个可供其发挥自己才能的空间、平台;同样学生也需要一个可以发挥自己才能的平台,展示他们的风采。而两者的连接点也正好在双方的共同兴趣点上。教师有其各自擅长的地方,学生有其特别感兴趣的方面,兴趣活动不仅仅是要让学生乐于参与,更要让教师成为好学、善教的榜样。只有教师觉得快乐、有趣了,学生才会感受到活动的快乐和有趣;只有教师有了幸福感,学生才会产生学习的成就感和幸福感。

为了积极地扶植一批有兴趣活动能力的教师,学校成立了兴趣教育

学术研究委员会，组建了成熟专业研究、发展中研究等不同层面的学习研究团队，有力促进了教师专业化水平的提升；设立了"专家咨询室"，重点采取"请、看、建"的策略强化专业引领，即聘请省、市、区专家进行专题讲座引领，观看特级教师、名师的录像片引领，请学校的名师、学科带头人、骨干教师组成"研究协作组"引领，请他们和教师一起备课、听课、评课，建立长效机制，定期组织这批教师参加专业培训。这一系列的做法，有力地促进了教师专业化水平的提升，增强了其兴趣活动的能力。

二、构建了两种开放型兴趣活动方式

一直以来，学校是开展活动的主阵地，随着近年来孩子活动区域的不断扩大，孩子感兴趣的东西也越来越多，于是学校尝试构建两种新型的兴趣活动方式，不断拓宽兴趣活动的途径和渠道，丰富兴趣活动的内容。

1. 与学科教育相结合，以学激趣

除常规课堂外，学校"体音美"挑大梁，让"快乐课堂"无限延伸，让学生的个性得到张扬。

体育学科是校本课程的内容之一，学校坚持开展体育小型比赛。高年级的足球比赛和低年级的围棋比赛吸引了无数爱好者的眼光。为继续搞好体育大课间，不断充实有趣、有益的内容，体育和音乐教师全力合作，新编了民族秧歌操、武术操。

音乐教学上，把器乐引进课堂，活跃了课堂气氛，丰富了教学内容，提高了学生学习兴趣。每年，学校管乐队、合唱团、舞蹈队招募新成员时，学生们总是非常踊跃。学校艺术社团参加洪山区首届课堂器乐大赛，获区一等奖第一名；参加武汉市首届电视舞蹈比赛，经过初赛、复赛、决赛，最后获得武汉市一等奖，并在武汉电视台上展播。

美术方面，学生的陶艺作品、书法、绘画、工艺制作等，无不表现出了较高的水平。学生参加省美术大赛分别获金、银奖。

在科技课堂教学中，教师采用多种方法提高学生的科技创新能力、动手操作能力，师生自制的多种教具在课堂上得到广泛应用。学生在国家、市区的科技探究大赛、航模、车模、建模、无线电测向等比赛中均获得了喜人的成绩。

2. 与主题实践活动相结合，以行引趣

兴趣是最好的老师。一旦学生对某一事物产生兴趣，就会产生强烈的求知欲，并会主动地去参与。哪怕遇到困难，也会努力地去克服。因此，学校通过各种途径了解学生的兴趣，围绕他们的兴趣组织开展各类主题实践活动，让他们在活动中体验快乐，获得发展。如"走进楚文化"、"绿色军营"、"争做校园美容师"、"队旗飘飘"、"七彩课间"、"感恩行动"等一系列生动有趣的主题活动，培养了学生情趣，减轻了学生压力，学生在活动中体验到了快乐的来之不易，懂得了自己的快乐与他人的快乐、集体的利益是紧密相连的。

假期，是一个漫长的过程。如何让假期过得充实，有意义？学校在"兴趣德育"理念引领下，基于"自主八动"原则，开展了"兴趣德育·彩色假日"活动：让孩子们在"手动＋脑动"的"红色加油站"里学会求知；在"心动＋情动"的"绿色体验吧"里学会做人；在"口动＋脚动"的"橙色俱乐部"里学会健体；在"自动＋互动"的"青涩故事屋"里学会生活。假期结束，同学们相互交流，形成了一张由一张张孝心卡、一篇篇"七色花儿的故事"、一份份"我的假日我做主"所组成的科学的、可行性强的假期作息时间表，学生得到了锻炼。

三、坚持了三条兴趣活动主线

兴趣文化活动的开展丰富了校园文化活动的内容，使学生在活动中受到教育和启迪。为了避免兴趣活动流于形式，学校坚持兴趣活动系列化、制度化。

1. 以重大节日和社会形势为主线，开展兴趣文化活动。如去年是奥运年，大队部在全校开展了"情系奥运，储蓄文明"活动，活动在"唱响国歌"活动中拉开序幕，队员们通过"学习奥运知识"、"争做文明之星"、"国旗下颂祖国"等一系列丰富多彩的小活动增长了不少体育知识。

2. 以校科技节、艺术节、运动会为主线，开展兴趣文化活动。结合学校实际，以文艺演出、书法、绘画为主的校园艺术节，在每年的5月份举行；以校运动会为主的校园体育节在每年10月举行。为了培养学生的主体意识，激发他们的创造潜能，学校发动学生为科技节、艺术节设计会标和宣传口号，并利用橱窗展示等方式让学生评选最受欢迎的会标和宣传口号。

3. 以"兴趣王国"为主线，开展各项社团活动。学校各种兴趣社团较多，为了防止社团建设流于形式，学校成立了"兴趣王国"，组建了"国会"。通过这一机构将各社团分类管理，遵循培养重点、带动全局的模式，让全校二十余个社团蓬勃发展起来。这些社团活动的开展不仅使学生学习的主动性大为增强，更使他们的创造潜能得到较大的发挥。

丰富多彩的兴趣活动课程

类　别	课　程　内　容	开发类型
实践体验	小记者、小主持人、小辩论手、小导演、小评论员	课程自编
文学艺术	服饰设计、经典欣赏、棋艺、摄影 舞蹈 绘画	课程改编
语言交际	演讲、讲故事、心理辅导、交往与礼仪、时事论坛	课程自编
科学技术	头脑奥林匹克、无线电测向、车模、航模、劳技制作	课程选编
学科延伸	快乐英语　趣味作文　诗文吟诵　数学新思维	课程选编

对这部分教材实行"菜单式"教学，让学生按照"菜单"自主选择，充分尊重学生的兴趣和爱好，学生可以以自己喜欢的方式、方法选择感兴趣的学习内容，还可以选择两个以上的兴趣小组。兴趣小组的学习，使学生在多个感兴趣的领域自主体验，自主创造，自主评价，自主奋进，成为一专多能的小人才。

特色活动展示

《春色光谷》案例

课型： 以唱歌为主的综合课

适应年级： 四至六年级

课时： 二课时（1）

教具： 多媒体、钢琴等

教学目标：

1. 学习歌曲，感受歌曲的优美。
2. 演唱歌曲，体现歌曲的意境。
3. 通过校本课程的开发和学习，激发学生对家乡光谷的热爱及对美好生活的向往。

背景分析：

《春色光谷》系校本课程开发系列中的其中一首。歌曲旋律流畅，歌词清晰，朗朗上口，充分体现了光谷地区优美的环境和快速发展的高科产业。

歌曲旋律跌宕起伏，其创作融传统的"启、承、转、合"和现代通俗音乐节奏为一体，利用大调的手法和鲜明的二段体结构使歌曲雅而不俗。歌词分为两段，第一段前半部表现光谷依山傍水，春色荡漾；后半部描绘了光谷的蓬勃发展及美好前景。第二段前半部体现光谷优雅的环境，折射出光谷独到的地理位置，后半部表现光谷文明的风范和良好的环境氛围。其结尾在重复歌词旋律时力度转弱、速度转慢，意图达到歌曲余情未了之彩。

教学流程：

教师活动	学生活动	设计意图
引导学生进行双基训练	发声练习	控制声音的抑与扬，并为常规教学做好准备
引导学生分析旋律线	学生分析两首不同速度旋律线起伏大小各异的乐曲	体会旋律线的变化对歌曲情绪的作用
新课导入	对《春色光谷》旋律线的分析和理解	引导学生初次感受《春色光谷》的优美（在分析旋律线中理解）
引导分析歌曲旋律	感受旋律线的结构	通过对歌曲旋律的分析与理解，体会歌曲情绪
引导学生感受歌曲的意境	观看课件	通过课件的辅助，理解歌词的表现内容
引导学生学习并演唱歌曲	听唱法学习演唱歌曲	旋律线辅助以表现歌曲
引导学生有感情地表现歌曲	用控制声音"抑"、"扬"的方法表现歌曲；领唱、齐唱和声部的组合	力度与速度的变化表现歌曲
小结	再次欣赏音乐	延趣

课后反思：

音乐不仅是听觉的艺术，它也是视觉的艺术。利用旋律线的分析和理解，让学生自己去观察旋律线的运动变化对表现歌曲情绪的作用。

在实际教学之中，通过多次的课堂尝试，学生能够在音乐声中表现旋律的起伏及发展的规律。

在课堂设计程序中，利用多媒体的教学手段，表现光谷地区这一熟悉的环境，能调动学生的演唱情绪。

歌曲的创作顺应了时代，其创作手法贴近了学生的心灵，系教之所需，学之所求，使课堂气氛十分活跃。

由于创作时间仓促，在旋律和歌词等方面尚有些许值得斟酌的地方。相信在以后的校本教材系列开发中，会渐趋成熟与完善。

附录：

春色光谷

作词、作曲：孙平稳

1=♭E 2/4
♩=72

```
3 3 35 | 3·2 1 | 61 11 2 | 5 — | 66 61 | 2·3 2 |
漫 步 磨山  脚  下， 泛舟 东湖 之  上，  遥望 高楼 入 云，
饱 览 湖光  山  色， 有观 光谷 景  象，  绿地 马路 宽 阔，

4 4 431 | 2 — | 33 35 | 6·5 3 | 4 3 321 | 6 — |
楚 天 春色 荡  漾。  山的 翠绿 装 扮  都市 的 色 彩，
院 校 鳞立 两  旁。  大车 小车 驰 骋  追逐 都市 时 尚，

5 56 1 | 2·3 2 | 22 265 | 5 — | 555 53 | 5·6 i |
水 的 秀丽 洗  净  江城 的脸  庞。  先进 的 技术 在 这里
莘 莘 学子 竞  争  岗 尽显 远大 志 向  文明 的 风范 在 这里

77 765 | 6 — | 433 23 | 26 1 2 | 33 35· | 2 — |
展现 神    气，  无数 的 光电 产业 辐射  世界 各  方，
得以 延    续，  众多 的 先进 事迹 频频  捷报 美名 扬

555 53 | 5·6 i | 7777 765 | 6 — | 65 4 3 | 23 6 |
时 代 赋予 光谷 人， 光谷人 的 使  命。  新时代 让 光谷 人，

55 53 | 3 | 22 11 | 1 | 6·5 5 5 |
甜蜜 洋溢，   智慧 流淌。   呜    呜
```

（执教老师 孙平稳 获洪山区教学案例评比一等奖）

"阳光一小时体育运动"活动指南

阳光具有驱赶黑暗的能力，能温暖每个人的身心；

运动能促进体内的代谢过程，带给人们身心的健康；

阳光的运动使生命的"炉火"燃烧得更旺，生命的活力更强大。

学校每周只有3—4节课的固定时间参与"阳光运动"，那么，在此期间，请你穿上舒适的运动装，带上你心爱的玩具，走到操场上，来到阳光下，充分享受阳光运动的快乐，享受健康的体魄吧！

一、指导思想

为了认真贯彻落实《中共中央国务院关于加强青少年体育增强青少年体质的意见》和《湖北省中小学校每天一小时阳光体育运动实施方案》，学校切实推动全校学生阳光体育运动，吸引广大青少年学生走向操场、走进大自然、走到阳光下，积极参加体育锻炼，保证学生每天有一小时的体育锻炼时间，增强学生的体质，培养学生的心理素质和道德素质，激发学生运动兴趣，培养学生自主锻炼的习惯，锤炼学生勇敢顽强、坚韧不拔的意志品格，促进学生身体、心理和社会适应能力等方面的健康和谐发展，使他们逐步养成坚持锻炼的习惯和终身体育的意识。

二、活动主题

阳光运动，健康成长。

三、组织领导

组长：叶枫岚　张红娟

副组长：杨祖文（常务）　张重阳　甘亚玲　马昆学　程丽芬　代菲　邓丽

组员：杨祖文 秦武 赵丽 赵宏 周鹏 李世珍 赵汉英 赵惠中 崔剑锋 龚小军 顾宏等。

组长是落实每天 1 小时阳光体育运动的第一责任人，负责活动落实的统一领导、协调、保障。

副组长是落实每天 1 小时阳光体育运动的组织责任人，负责活动的组织、监督、落实。

组员中，杨祖文负责活动的统一协调指挥；秦武负责活动时间的安排落实和具体方案的制定；赵丽和赵宏负责活动内容、场地器材的安排；周鹏负责活动器材设施的添置和维修管理等保障工作；李世珍、赵汉英要积极协助做好活动的开展；黄萍负责学生领操员的培训工作；顾宏负责活动的医务监督。分校具体工作安排由甘亚玲副组长负责分工并落实到人。

四、时间安排

每天 1 小时阳光体育运动时间构成：30 分钟的大课间、40 分钟的体育课、每天两次眼保健操、当天没有体育课的班级组织 1 课时的课外体育活动，共 80 分钟左右的体育运动时间。具体安排如下：

1. 大课间：每天上午第一、二节课之间安排 30 分钟的课间操，为大课间活动时间。

2. 体育课：一、二年级每周 4 节体育课，三至六年级每周 3 节体育课。

3. 课外体育活动：每天安排 1 课时的体育活动时间。当天没有体育课的班级，在下午的体育课外活动时间里，组织开展 1 课时的体育活动。

4. 眼保健操：每天上午第二、三节课间，下午第一节课和第二节课之间，当堂上课教师负责组织学生做好眼保健操。

五、内容安排

1. 课间操：队列操、校园集体舞、七彩阳光、韵律操、武术操

第一套：有序入场—队列操—武术操—分班自主活动—有序回归

第二套：有序入场—队列操—规定操—分班自主活动—有序回归

第三套：有序入场—队列操—韵律操—分班自主活动—有序回归

第四套：有序入场—队列操—纸棒操—分班自主活动—有序回归

第五套：有序入场—队列操—集体舞—分班自主活动—有序回归

2. 大课间活动：分班级特色体育活动。为了让学生"会玩"、"乐玩"，学校根据学生年龄特点，开展内容丰富、形式多样的趣味体育活动。

（1）童年经典：跳房子、投沙包、保龄球、滚地雷等

（2）趣味游戏：贴膏药、打龙尾、钓鱼钩、套圈等

（3）特色项目：滚轮胎、接力跑、流星球、踩高跷等

（4）合作项目：两人三足、双人跳绳、多脚虫等

（5）师生同乐：丢手绢、跳长绳、乒乓球等

3. 体育课：按照小学体育《课程标准》的要求组织开展教学活动。

4. 课外体育活动内容：充分利用学校场地和器材，以班级为单位组织开展篮球、排球、足球、乒乓球、羽毛球、踢毽子、跳绳、跑步、单杠、垒球、跳远等各种达标活动，开展形式多样的"快乐体育活动"。

六、活动具体要求

1. 体育课

按照小学体育《课程标准》及学校常规教学的相关要求组织开展教学活动。教师要备学生、备场地、备器材、备教材、备教法、备安全措施，每节课教师着运动装提前到场，清点人数，提出相关要求，按计划

进行有趣、高效的体育课教学，要求队列练习常规化，素质练习经常化，安全措施合理化。

2. 体育大课间：音乐指挥体育大课间，一切行动听指挥

有序进场（《小锣号》）、课间操（音乐每天不同）、分班活动（《课间十分钟》）、有序回归（《蜗牛与黄鹂鸟》）

音乐	小锣号	自编音乐	课间操音乐	课间十分钟	蜗牛与黄鹂鸟	领操
时间	5′	2′30″	5′30″	12′	5′	
周二	有序进场	队列操	武术操	分班活动	有序回归	秦武、杨俊、孙新伟
周三	有序进场	队列操	七彩阳光	分班活动	有序回归	黄萍、李世珍、张蓓
周四	有序进场	队列操	韵律操	分班活动	有序回归	赵丽、赵汉英、赵惠中
周五	有序进场	队列操	集体舞	分班活动	有序回归	秦武、李世珍、黄萍、杨俊、张蓓、孙新伟

（1）下课铃声响，授课教师应停止讲课，组织学生在教室走廊排队站好，班长举班牌带领学生到操场。

（2）听到《小锣号》的音乐声响，班长带队齐步走到操场。按楼层、教室顺序下楼，一楼先走，二楼后走，靠近楼梯的先走，离楼梯远的有序随跟而行。

（3）走到操场，班长站好位置（位置图每学年开学制定），将班牌放于班级数字后，摆放整齐，第一排的同学站好位置，其他同学从中间走到后面站好，并原地踏步。此时正、副班主任站于本班后面。

（4）《课间十分钟》的音乐响起，各班以班级为单位靠拢，并在老师带领下，整齐有序地走到指定的活动地点，在老师的指导下开展相应的体育活动（活动安排表另定）。

（5）《蜗牛与黄鹂鸟》的音乐响起，老师组织本班学生集合，齐步走

回教室休息。

3. 课外体育活动

根据学校课外体育活动安排表，任课教师组织学生进行活动。

4. 眼保健操

下课铃声响，授课教师应立即停止讲课，并组织学生进行眼保健操的练习，班长和体育委员带领同学练习。在室外上课的班级应在原地集合做操，如有必要，可提前让学生做好手部的卫生。

七、组织管理

1. 提高认识，精心组织。开展每天 1 小时阳光体育运动，是新时期加强青少年体育、增强青少年体质的战略举措，其目的是要在全校形成浓郁的校园体育锻炼氛围和全员参与的体育风气，有效地促进广大学生积极参加体育锻炼，切实提高学生体质水平。各有关部门要高度重视，精心策划，制定行动方案，确保每天 1 小时阳光体育运动在全校全面展开。

2. 加强宣传，营造氛围。利用晨会和班队会、广播、橱窗、黑板报、校园网络等阵地，大力宣传每天 1 小时阳光体育运动，形成鼓励青少年积极参加体育锻炼的宣传声势，营造全面开展群众性体育活动的氛围。

3. 明确责任，落实到人。明确落实责任人，建立健全多部门负责的学校阳光体育活动工作责任制和保障机制，确保活动时间充裕、组织人明确、活动内容有安排、场地器材有保障、安全及医务监督有保证，确保学校每天 1 小时阳光体育运动不折不扣地施行。

4. 加强教育，注意安全。在开展每天 1 小时阳光体育运动活动时，要切实加强体育活动的安全教育和管理，各处室和班主任、体育教师要加强对学生的安全教育，做到有纪律、有秩序、服从统一组织、统一指挥，确保活动安全顺利。

小小天使礼仪社，展现生活大舞台

清晨，当第一缕阳光洒在鲁巷实验小学校园时，一群身披红色绶带、笑靥如花的红领巾们已经站在校门口，准备迎接每一位老师和同学。他们会给每一位老师送上标准的队礼和一声真诚的问候，他们会提醒同学们戴上红领巾，不乱扔垃圾。他们就是校"小天使礼仪社"的成员。

鲁巷实验小学"小天使礼仪社"成立于2007年。礼仪团成员的确立须经学生自荐、班级审核、红领巾站批准公示三个程序。

在师资方面，学校邀请有特长的老师、家长、校外小辅导员担任指导教师。每周五，学校通过兴趣课的平台开设"礼仪小课堂"，为社团成员提供菜单式的礼仪课程学习。课程内容非常丰富：从语言、形体、行为、多媒体技术等方面对学生进行礼仪的渗透与指导。

丰富的社团活动更是让孩子们跃跃欲试，如周一到周五的礼仪值日、大型活动的迎宾任务、队前教育课、礼仪大课堂等。

通过"实战"，孩子们很快体会到了"学起来容易做起来难"。刚开始在校门口值日时，同学们就碰到了不少小麻烦：有的家长非要把孩子送进校园，有的同学硬要带零食进学校，还有的家长甚至把电动车骑进了校园……这时，大家才发现不是单靠"队伍站得好"、"队礼敬得好"就能守好学校大门的。

怎么办呢？我组织社团的同学们就这个问题展开了一次大讨论，对于大家想出的点子我不发表意见，只鼓励他们自己去试一试。

一周后，当大家再聚到一起时，同学们灿烂的笑容就已将答案写在了脸上。于州杰同学感慨地说："以前只觉得能站在校门口执勤特光荣，没想到还要学会和各种各样的人打交道。"

性子有点急的石一凡同学连忙说："是呀！那天有位爷爷不听我的劝阻，偏要把他孙子送进学校，要是以我的脾气非得跟他吵一架不可。可我硬是忍住了，并答应帮他把孙子送进教室。最后这位老爷爷只好'投降'。"大家七嘴八舌，纷纷讲述着自己一周的"战果"。

看着孩子们那一张张幸福得像花儿一样的脸蛋，我心里也漾起一圈圈涟漪：是呀，一个小小的校门口不就是一个浓缩的社会吗？我们社团的孩子能天天参加这样的社会实践活动，是多么幸福的一件事呀！

我相信，从我们社团走出去的不仅仅是"小淑女"、"小绅士"，而且是一只只能展翅高飞的雏鹰。

（执教教师　邓丽）

ABC 英语社团活动小记

由于小学生英语学习缺乏一定的语言环境，遗忘现象比较严重。通常会出现学时会，用时忘的现象，久而久之会导致一部分的学生对英语学习失去兴趣。因此，通过有效的、丰富多彩的社团活动来提高学生学习英语的积极性，非常有必要。

学校英语 ABC 社团正是在这种情况下应运而生的。它是课堂教学的辅助形式，是课堂教学的补充和延伸，旨在激发并延伸学生学习英语的兴趣，提高学生的听、说、读、写能力，帮助学生树立学英语的自信心，形成有效的学习策略，养成良好的学习习惯，丰富小学生的课余生活，同时也为他们今后的英语学习打下更好的基础。

作为该社团的指导老师，我亲眼看见孩子们自编自导英语童话剧，亲耳听到孩子们唱着动听的英文歌曲，亲身经历着一个个让我快乐又感动的故事。

在每周一的升旗仪式上，我团的成员轮番上阵，带领全校师生大声地练习英语礼貌用语，每次一至三句，最后还编成歌谣：

英语礼貌用语多，根据情景来选择。

"Hello!" "Hi!" 是 "你好!"，见面问好常用到。

"Goodbye!" 是 "再见!"，"Good night!" 道 "晚安!"。

同学多日不见面，相见问好 "How are you?"。

答语常用 "I'm fine. Thank you."。

打扰别人问问题，开口先说 "Excuse me."。

别人关心帮助你，感谢用语 "Thank you."。

致谢用语要牢记，"That's OK." "没关系!"。

有了过错表歉意，"I'm sorry." "对不起!"。

征求意见和请求，"May I...?" 先开头。

同意许可，"Sure. / Certainly." 别忘记。

记得一次，刘悟琨同学地道的美式英语一亮相就引起了现场的"骚动"，这个害羞的小"海归"得意地看了我一眼，我也会心一笑。那时那刻我已确信，他会更加乐意地帮助同学纠正发音，更加自信地展示自己。

在童话剧《小红帽》的准备过程中，参加表演的五位成员不顾天气炎热，利用中午时间自发磨合、背台词，非常辛苦。可是每次他们请我去指导时，现场都是气氛热烈，充满欢笑。"大灰狼"李为善于模仿，把那种得意、可恶、贪婪的样子表演得惟妙惟肖；"猎人"冯锐自己借了一把仿真猎枪,很重,但她每次都扛来扛去;最值得一提的是"旁白"魏嘉庚同学,他只有五句话的台词,没有任何表演性质的动作,可是他对自己走路的姿势要求非常严格,一遍又一遍地走过来走过去……大家先是哈哈大笑,可到了最后都对魏嘉庚投去了佩服的目光,我也感动了……

在英语角,我们每周一次交流;在多媒体教室,我们每月观看一次外国原版动画大片,如:《精灵鼠小弟》、《海底总动员》等。每学期,我们选择性地开展英语书法比赛、手抄报比赛、朗诵比赛、讲故事比赛等。我们还利用家长资源邀请外教来社团交流。

社团成员们无论校内外都积极参加各级各类比赛,都取得了优异的成绩。

我发现,我和我的孩子们在一起收获的不只是成绩,我们是在快乐地播种、自信地成长着。

ABC社团是学校学生运用语言能力,发展学习兴趣,培养交际能力的有效阵地。它为创设语言环境,营造语言氛围搭建了一个很好的语言平台,也是和谐校园文化的重要组成部分,我们会继续将它发扬光大,让它迸发出无限的活力。

(执教教师 刘 瑛)

第八章
教师发展

让教师的兴趣引领学生的兴趣,让教师的快乐影响学生的快乐,用兴趣去成就教师的理想志向,引导教师成为一个兴趣广泛,品位高雅,在工作中收获成功的快乐和幸福的人。

教师成长与兴趣教育

教师发展是教师人生价值实现的过程，是教师在充分认识教育意义的基础上，不断提升精神追求，增强职业道德，掌握教育规律，拓展学科知识，强化专业技能和提高教育教学水平的过程。兴趣教育的全新理念与角色转变要求教师的专业发展与其相应，也为教师的成长提供了空间。

教师素质对学生学习兴趣的影响

教师素质是教师稳固的职业品质，它是以人的先天禀赋为基础，通过科学教育和自我提高而形成的具有一定时代特点的思想、知识、能力等方面的身心特征和职业修养。调查发现，影响学生学习兴趣的一个重要因素是教师，现代教学理论强调最大限度地调动学生学习的兴趣，使其在愉快的情景中获得知识。教师的性格气质、专业素养对学生的学习兴趣也具有直接的影响。古人云："亲其师，信其道。"根据对学校高年级"你喜爱什么样的教师"的调查发现，最受学生欢迎的教师品质中，乐观、风趣的心理品质占第一位，而与认知相关的学识水平、授课有方分别占第二、第三位。最被学生厌恶的教师品质中，粗暴、忧郁、古板占第一位，教学无方尤其是照本宣科占第二位。从这里也可看出为什么同一个班级在不同的教师上课时会有不同的学习气氛。性格和学识等的差异,导致了"教师场"的不同,这个结果反映了当代学生要求教师具有良好专业能力的同时还必须具备健康的积极向上的心理品质。"学高为师,身正是范"。教师作为学生的引路人,其优秀的个性品质和优良的专业素养对学生学习兴趣的影响非常大。

一、教师优良的个性心理素质对学生的影响

教师的个性心理素质是指表现在教师身上的那些经常的、稳定的心理特征,它的内容十分广泛,包括:认知因素,注意力、记忆力、思维力、想象力和观察力等;一般情绪因素,情绪、心境、激情、热情等;意志及其品质,意志的果断性、顽强性、抑制性;性格因素,谦逊、勤奋、内向、外向等;气质因素,个性情绪和活动反应的强度等。

从以上可以看出:教师心理素质的内容是十分广泛的,它们之间既相互独立,又相互联系,共同构成了教师个性心理素质的内容。教师的职业特点及其在社会中扮演的角色和作用,决定了教师必须具备良好的个性心理素质。国内外的大量研究结果证明,教师的心理素质尤其是个性品质,对学生学习品质的形成和兴趣发展具有深刻的影响。

1. 教师敏锐的认知能力对学生兴趣发展的影响

教师良好的认知能力,是教师观察力、记忆力、想象力、思维力、注意力等认知能力的完善而合理的组合。教师要善于运用这些认知能力,从学生日常学习中去发现学生的知识状况、智力水平和个性特征,获得对学生全面的理性的认识,做到因材施教,有的放矢,及时地发现人才,并随时把握学生思想脉搏的变化予以疏导。

在教育教学中,我们发现有的学生内向,有的外向,有的对逻辑思维感兴趣,有的对语言文字感兴趣,有的爱学习,有的爱文体,有的善

于合作,有的善于独立思考。教师具备良好的观察力,就能依据学生的兴趣因材施教,就能把每个学生纳入自己的兴趣圈内,激发学生的学习内驱力。因此,教师应注意提高自己的认知能力,挖掘学生的不同兴趣潜能,引导学生从直接兴趣向间接兴趣过渡,广泛兴趣向中心兴趣发展。

2. 教师广泛的兴趣爱好对学生兴趣发展的影响

当前,社会需要的是一专多能的人才,为此,教师要培养学生广泛的兴趣和爱好,使学生全面的发展。教师为人师表,是学生的领导者和教育者,教师广泛的兴趣,对学生具有较强的感染力。

随年龄的增长,小学生的兴趣范围也越来越广,如对不同学科的兴趣、对课外书的兴趣、对课外活动的兴趣、对文学艺术的兴趣、对科技研究的兴趣、对劳技制作的兴趣、对时事政治的兴趣等。教师经常鼓励学生有多方面兴趣,通过广泛兴趣的培养,使学生经常关注多方面的新鲜事物,多层次地获取知识技能,多方面提高人文素养,多角度拓宽思维广度,给自己打下扎实的知识基础,以多才多艺善思多能的姿态应对将来丰富多彩的世界。

如果教师的特长和兴趣广泛,学生就会认为教师是博学多才的人,从而产生崇敬之情,这种情感更有助于培养学生广泛兴趣的活动的开展。

在教育教学过程中,教师热爱自己的专业,在自己的专业领域中有所成就,也会激发学生热爱这一专业。擅长解答数学疑难问题的夏超老师,开设"走进数学王国"信箱,喜欢阅读的王老师开办"王老师经典书屋",诗情画意的黄老师组建"兴趣苗圃诗社",这些社团的建立,就是用教师的兴趣引领学生的兴趣发展,开发学生兴趣潜能,发现并协助他们确立一个中心兴趣,把广泛兴趣与深刻的中心兴趣相结合,把小兴趣变成大兴趣,变成中心兴趣,进而成为学生的志趣,成为学生愿意为之奋斗终生的高尚志趣。

3. 教师坚强的意志对学生兴趣发展的影响

小学生的兴趣还不够稳定，往往不能持久，既可以很快产生，也可以很快消失。

教师的意志品质是学生学习的榜样，教师在学生面前表现出来的坚定、果断、沉着、冷静、耐心、自制等意志品质，直接对学生意志品质的锻炼和形成产生重大影响。意志品质坚定的学生，其兴趣品质才能持久稳定。

4. 教师饱满的热情对学生学习兴趣的影响

热情是一种较高级的情感形式，是对某种事物肯定的、强有力的、稳固而深厚的反应形式。热情是一个人发自内心的兴奋，是对他人的悦纳而表现出的友好，因而它散发着人格的魅力。由热情的教师带出的学生也是通情达理、乐于助人的，他们懂得与人合作，善待和关爱他人，而且对学习兴趣也有饱满的热情和持久的探究。因此，饱满的热情被心理学家称为"内心的神"。

教师对学生没有热情，就会呈现出冷默、排斥和虚伪的面孔，就不能和学生融洽地相处。而热情的教师在于他对教师职业的高度认同，是对学生爱心的自然流露。内心充满爱的人，其一举一动，言谈说笑，无不透出迷人的魅力。热情的教师是深受学生喜欢的教师，爱其师才能信其道，热情的教师，能激发学生对教师所教学科产生饱满的学习兴趣。

二、教师深厚的专业素养对学生学习兴趣的影响

培养学生的学习兴趣，可从多个方面着手。比如给学生创造良好的学习氛围；为学生提供良好的和谐的教学情境；运用激励机制，增强学习信心；加强学生学习方法的指导等等。这些方面都可以提高学生学习

的积极性和增强学生的学习兴趣,但最能够激发并培养学生学习兴趣的是教师深厚的专业素养。

以语文教师的语文素养为例:

学校甘亚玲、李怡、黄飞等几位教师素养较高,他们通过扎实高效的课堂教学、丰富多彩的语文综合性学习探究、文学社团等活动,使所带班级学生保有浓厚的语文兴趣,语文素养也比同年级学生高出一等。

语文素养是一个综合概念,它包括语言素养、文学素养、人文素养、教学技术素养等。在长期的语文教学实践中,我们注意到,教师语文素质高,其班上会有大批学生热爱文学,反之,教师的语文素质低必然会影响学生对文学的爱好。学生对学科的兴趣跟对教师的认同感是成正比的。教师有魅力,就能强有力地吸引学生,激起学生的学习兴趣。

我们想要让学生喜欢语文,教师首先必须是语文的爱好者,并有着较为扎实的语文功底和宽厚的文化积累,只有这样,才可能"厚积而薄发",才可能吸引学生、感染学生。语文教师是语文教材的第一阅读者和支配者。在阅读文本的过程中,教师借助自己的文化底蕴、文学素养和阅读兴趣,慢慢地将隐藏在文本文字表面下的文化内涵还原、强化并传递,用以实现教学目的。而这一份传递,受到语文教师知、情、意、行的影响,因为我们的语文教师自身是一个个充满生命特征的个体,他们充满着个性魅力,他们有着自己的独立意识、自主意识和自由的创造能力和人格理想,有着独特的人文素质。他们在解读文本的过程中也会有意无意地流露自己的倾向,而这份倾向又会对那些被动接受的学生产生不可抗拒、潜移默化的影响。

因此,一个合格的语文教师必须具备较高的文学素养,饱读文学经典,熟谙文学史籍。同样,文学素养既是语文课程的重要资源,也是充分利用课程资源的基本条件。从某种程度上说，有热爱文学的教师才有热爱文学的学生，才能让学生走进丰富多彩的文学世界。热爱文学、熟谙文学，这是成熟的语文教师在课堂上随机利用文学类课程资源的基本条件。课程资源的占有率越高，利用率也就越高。教师的文学素养与策略支持是学生在语文学习过程中保持对语文的浓厚兴趣，构建语文素养的基本条件。

兴趣教育与教师的幸福成长

践行具有兴趣特色的核心价值观，不仅仅是要让学生乐学、会学，更要让教师成为好学、善教的榜样。教师在教育教学中起主导作用，只有教师觉得快乐了，有趣了，学生才会感到学习的快乐和有趣，只有教师有了幸福感，学生才会产生学习的成就感和幸福感。因此，学校抓兴趣教育首先是培养教师的职业兴趣，让教师的兴趣引领学生的兴趣，让教师的快乐影响学生的快乐，用兴趣去成就教师的理想志向，引导教师做一个兴趣广泛，品位高雅，在工作中收获成功的幸福人。

一、在兴趣教育实践中认同核心价值观

学校坚持鼓励、支持教师的团队合作、专业发展和自主创新，积极营造教学科研共同体，促使教师形成乐学、乐教、乐研的教师观。学校用"整改委"的重点课题《小学兴趣教育文化建设的研究》来统领各项工作，成立了兴趣教育学术研究委员会；建立了三级课题网，即：备课组课题—学科课题—兴趣文化建设重点课题；组建了成熟专业研究、发展中研究等不同层面的学习研究团队；设立了"专家咨询室"；确定了校本研究日等，形成了鲁巷实验小学的研究特色。

在团队活动中,学校以教师自我评价和学科备课组相互欣赏为主,要求每一位老师利用自己的专业发展计划书,对学生的发展和个人的发展提出阶段性目标,并在学校各项活动中去实践、评价、反思和提升。把价值观内化为一种表现的态势,成为教师的自觉行为,让学校发展的双主体都体验到自我提升的乐趣,体验到自觉自愿的潜心静气和执着追求……正是在这种核心价值观的引领下,学校涌现出了一批批名教师、名班主任、减负增效能手、学科带头人……

二、在兴趣教育实践中落实核心价值观

"用爱心铺垫生命发展的底色,用兴趣点亮孩子智慧的心灯"是学校实施兴趣教育的基本方略。在实施过程中,学校要求教师在具体的教育教学活动中发掘自身教育智慧,树立正确的育人观、教学观和学生观,处理好兴趣教学与教师个性,兴趣教学与学科特点,兴趣教学与年段特征,兴趣教学与教学艺术之间的关系。依据儿童的特点,培养孩子的广泛兴趣和积极向上的意愿,帮助孩子初步建立对基础学科知识的热爱和乐学会学的意志,引导学生把不良的兴趣转化为学习、实践、生活的动力,让我们的课堂成为一个师生激扬兴趣、启迪智慧、体验成功快乐的"场",向学生传达出一个自主学习的意愿,使其自觉寻求学习的策略和方法。因此,学校要求教师以学习态度来解决育人方式,力求做到"五心五有":"五心"——忠心、潜心、爱心、热心、诚心;"五有"——有思想、有追求、有智慧、有修养、有作为。同时,学校在弘扬"常规做到极致是卓越"的传统之上,倡导人人有课题,个个会研究。人人有课题,年年出成果,无论什么课题都由教师本人选择,大小、级别不限;人人会研究,可以是课题研究,也可以是课例研究。要求年年出成果,但出怎样的成果,能尽到自己最大的努力即可。学校还利用星级教研组和星级教师的评比，将各项研究活动落实到平时真实的教育教学中，营造出一种你追我赶的浓烈学习氛围。就像一匹良马，如果没有另一匹马或一群马的追赶，它是达不到它的神速的。在这种学校全体乐学的大背景下，可以清晰地看到每位教师的进步和改变，同时教师自身也同样感受自己的提高与差距。

兴趣教师的角色转变

激趣—乐学，追求学习活动中的自主志趣和发现创造的乐趣，引导学生进入一种乐学的境界，这需要我们教师有深厚的文化底蕴、坚强的教育理想、深邃的教育智慧。我们主张学生自主学习，和谐发展，并不意味着消解教育的作用，而是对教师提出了更高的前所未有的要求。因为教育活动的本身就是一种价值引导，没有价值引导的自主学习、自主建构，就不成其为教育，就必然缺乏超越性学习和足够的发展。作为"价值引导者"，教师应从以下几个方面去实践：

一、优化课堂教学结构，增添学生学习的乐趣

整体优化课堂教学结构，有利于发挥学生的主体性，引导学生自主探究，让课堂焕发生命的活力，达到有效学习的目的。如在教学六年级《詹天佑》这一节课时，这样设计：

揭题引趣：教学开始时，教师利用詹天佑画像的诱因刺激，由介绍人物导入，使新知识与学生原有知识结构产生差异，引起学生探究的好奇心和求知欲。

比较悟趣：结合教学内容中"阻挠"、"要挟"、"嘲笑"三个动词，采用比较的方法，引起学生的认识失调，诱发学生的探索行为；通过了

解当时的时代背景，让学生认清帝国主义的侵略本性，突出詹天佑的爱国精神。

绘图激趣：教师指导阅读课文中的两种开凿方法，让学生扮演詹天佑这一角色，充当小工程师，亲自动手绘制开凿隧道的设计图，将抽象的文字符号形象化，通过联想和想象理解教学内容，轻松自如地集中注意去学习，激发学习兴趣。

演示增趣：为了进一步理解"人"字形线路的设计与作用，教师出示"人"字形线路的幻灯片，准备玩具火车，用游戏活动的方法让学生扮演小火车司机，在屏幕上边演示，边讲解，一步一步把小火车开上陡坡，从而加深了对詹天佑超群才智的理解，这是把学生对游戏或听故事等活动的兴趣迁移到学习上，通过这种迁移，激起学习兴趣。

二、改革教学方式，诱发学生参与探究的乐趣

学生的学习过程不是被动的吸收课本的现成结论，而是学生自主参与的丰富、生动的思维活动，是一个经实践和创新的过程。在新的历史时期引导学生乐学，教师要乐教，努力更新观念、变革教学方式，主要有以下几个方面的职责：（1）帮助学生检视和反思自我，帮助其明了自己想要学习什么和获得什么；（2）帮助学生寻找、收集和利用学习资源；（3）帮助学生设计恰当的学习活动；（4）帮助学生发现他们所学东西的意义；（5）帮助学生营造和维持学习过程中积极的心理氛围；（6）帮助学生对学习过程和学习结果进行评价，并促进评价的内化。教师在这些职责贯穿教学过程中发挥以下作用：（1）引起注意，唤起学习者的学习需要；（2）就教学所要达到的目标达成共识；（3）激活学习所必需的先前经验；（4）为学习者提供学习资源；（5）引出作业并适时提供作业反馈；（6）促进知识的保持和迁移。只有这样才能彻底解决当前小学生学

习负担过重而导致的厌学问题,才能促进学生的有效学习,进而促使学生全面的、有特色的、可持续性的发展。

教师的教必须服务于学生对学习过程的参与,要对传统的教学方式进行筛选和批判性的吸收和创新。如在四年级数学《梯形而积推导》的教学中,教师先创设了一个问题情境,让学生知道比较平行四边形和梯形面积的大小必须要计算各自的面积,平行四边形的面积学生会算,而梯形面积不知怎么算,必须知道梯形面积的公式才行。这时教师抓住了教学的契机引导学生,利用前面推导三角形、正方形和平行四边形面积所共识的方法来想一想,试一试,尝试推导梯形面积的公式。让学生在自主探索中学习,在交流合作中提升,教师在巡视中把握机会指导学生充分合作、探究。学生经过小组交流讨论后,说一说自己的推导过程和结果,最后,教师总结规律:梯形 S=(上底+下底)×高÷2,这样使学生获得成功的快感。

三、探索教学材料,引发学生勇于实践的乐趣

著名的心理学家布鲁纳说:"学习的最好刺激乃是对所学材料的兴趣。"如在教学四年级数学《求平均数》这一课中,教师将教科书作了这样的艺术处理,把学生带到了数学学习的实践之中。

(1)从实践中引入数学。课始,教师说图书室罗老师请四(2)班的同学把桌子摆整齐,同时教师将摆得不规则的图片学具发给各学习小组,并让每个小组合作动手摆一摆,然后各组代表交流摆的过程、方法和结果。通过讨论交流得出:采用移多补少的方法,把6、2、3、5各排不一样多的摆成了每排同样多(4张)。这时教师告诉学生,你们真是了不起,同学们的发现很有价值,这个同样多的4就是6、2、3、5的平均数,这种移多补少的方法就是求平均数最直接、最简便的方法。

（2）在开放活动中学习数学。教师接着说现在想了解一下每个学习小组学生的平均身高，你们说怎么办。学生说先统计各组每个同学的身高，这一点我们都能做到。教师又说怎么求平均身高呢？能否用刚才移多补少的方法直接得出呢？若不能该怎么办呢？（这个内容就是书上的例3，例3是求别的学习小组同学的平均身高，教师让学生求自己学习小组人员的平均身高，这有利于激发学生自主学习的意识和实践的欲望。）学生在实践中很快得出了在直接移多补少不便的情况下，可以用"总数÷份数＝平均数"的方法来计算。这一教学过程有效地渗透了移多补少的数学思想，帮助学生理解平均数的意义，掌握了求平均数的方法，引发了学生自主学习、自我实践的兴趣，培养了学生参与实践的意识和能力。

（3）运用现代化的教学手段，激发学生积极创新的乐趣。小学生的思维是以形象思维为主，融现代教学媒体声、光、色为一体的多媒体课件，能创造出形象直观、丰富多彩的教学情境，能很好地调动学生的学习热情，使之精神集中、兴趣盎然地投入学习。这种教学方式的变革是科技发展的结果，在小学任何一门学科的教学中均适用。

（4）上好综合实践课，培养自主提问、合作交流的实践能力和学习乐趣。关于"综合实践活动"的性质，新课标中有这样的界定：综合实践活动是基于学生的直接经验，密切联系学生自身生活和社会生活，体现知识综合运用的课程形态。在此基础上，学校根据校情、班情和社区优势开发校本课程、班本课程以及体育大课间。

（5）设计分层作业和跨学科的综合作业，升华学生学习的乐趣。有效的作业是巩固基础知识，形成技能的必要手段，是促进学习正迁移的必经之路，更是学生运用所学知识，解决实践问题，形成学习能力的需要。教师要在保证双基训练的基础上（必做练习），设计不同层次的练习

（选做练习），让学生根据自己学习的需要来选择作业的内容。另外，教师还可以根据教学内容有意识地设计一些跨学科的综合作业，比如：科学学科的《养蚕》这一课，要求学生观察蚕的生长过程，并写出观察报告，在写报告的过程中，语文教师可指导学生怎样写蚕生长过程的观察日记，同时学生在观察的过程中还渗透着教学课的统计知识和许多的自然、科普知识，这样的作业可谓是一举多得，既培养了学生的观察、分析、探究的科学精神，又让学生在获得深刻体验的基础上，写出真实而富有感情的文章，使学生体验了学习成功的乐趣。

（6）恰当运用课堂教学评价，稳定学生自主学习的乐趣。评价的内容：从学生自主、合作、探究的学习方式上去评价，从学生思维的求异和巧思上去评价，从学生参与学习的态度上去评价，对不同的学生进行不同层面的评价，把学生学习的结果与学习过程结合起来评价。

学校举措助成长

  管理学校的核心工作，就是帮助教师得到发展，"教师发展自觉"，是教师持续发展的内在的、稳定的动力系统。为此，学校把促进"教师发展自觉"作为实现学校行政价值领导力的着力点，通过激发、改善和提升教师的发展需求和发展水平，使"教师发展自觉"转化为一种现实的发展力量，让教师"想发展"，也"能发展"，进而享受发展的幸福。

一、价值导航，激发动力

  "教天地人事，育生命自觉"，这是叶澜教授对教育内涵的概括，她认为，一个具有生命自觉的人，无论在对外部世界的作用中，还是自我发展的构建中，都是一个主动的人。在实践中我们也自认体会到"生命自觉"程度愈高的教师，其发展的自觉程度也愈高。

  但教师在其生涯发展的一定阶段往往会表现出明显的职业倦怠，于是，学校从关注教师的精神、价值需求、成就、发展需求、归属、幸福需求等六方面，去引导教师思考人生、思考教育，建立正确的人生观、价值观、教育观，从而激发动力。

  为此，学校组建了中心理论学习小组、党员示范岗、兴趣教育研究理事会等不同层面的学习团队，通过四种学习系统（面向全体教育职工的学习系统、面向班子成员的学习系统、面向党员的学习系统、面向骨干教师的学习系统），利用专题学习、论坛、沙龙、讲座、座谈、演讲、报告会等丰富形式，开展"学理论提高认识，学先进引领前进、学礼仪提高素质"的三步走活动，引领教师对宇宙、对人生、对教育的真谛进行思考，把正确的人生观内化在教师心田，让大家明白：教师应是思想者，要守住心灵的宁静，不浮不躁，才能在教育这个领域最大限度地实现自己的人生价值，明白教育不只是职业和谋生的手段，更是值得倾注毕生心血的事业。现在，全体教师一起制订的学校发展规划和办学理念已化为全体教师的共识。

二、整体规划，分步实施

教师的学习应该是提升自我生命价值的学习，是发自内在需求并引发新的内在需求的学习，是解决实际问题并且引发分析问题的学习，基于这种理念，学校按先整体，再分步的原则，开展了"三个一"工程。

1. 一个目标体系

这个体系包括学校总目标和队伍建设工作计划。

（1）总目标

- 学校中层以上干部100％能独立主持科研课题；
- 教师培训率达到100％；
- 100％的教师能开展专题研究；
- 50％的干部和教师能熟练运用现代教育技术辅助教学与管理；
- 培养各类典型5—10人。

（2）队伍建设工作计划：满意工程计划，特色教师及骨干教师培养计划，班主任队伍建设，教师培训及管理措施，绩效考核，教师聘用、交流等。

2. 一份《教师专业发展计划》

要求教师根据现状，客观地对自己的发展做出正确的分析，确立自己的成长目标，尤其是确定详尽的3年目标。旨在通过制订《教师专业发展计划》，明确人生目标，体验真正的幸福感和工作的满足感。通过三年的实践，学校教师自主发展能力明显增强，教师实现了四个转变：即变"工作计划"为"幸福规划"，变"安排工作"为"自主选择"，变"完成任务"为"做到最好"，变"总结工作"为"主动反思"。

3. 一套实施模式

在对学校、教师进行整体规划的基础上，为实现"工作学习化、学习工作化"的目标，学校尝试"利用四种策略和形式"分步实施的模式。

四种形式：个人自学，团队学习，专家引领，学校间、社区中交流学习。

其中个人自学时要求教师确立个人学习专题和研究领域，开辟每周"两学时"的"学习日"，完成"五个一"任务（学一本教育理论或文化专著，参与一个研究课题，撰写一篇学习体会，上一节公开研讨课，发表一篇论文或案例），定期展示交流读书感悟和开展教学改革热点问题的辩论。团队学习以教研组、年级组、课题组、骨干教师组、名师（班主任）工作室等为学习单位，学校提供"诗意生活"、"幸福人生"、"第五项修炼"、"教师专业化发展"等主题。

四种策略：结合提高个人素质水平的学习策略；教育教学实践案例的学习策略；以解决工作中出现的问题为目的的学习策略；团队间相互交流的学习策略。

三、规范过程，精细管理

1. 规范先行，人文并举

为了教师的发展，执行越规范严格，教师越能够成为受益者。于是，学校推行了"规范先行,人文并举",从保障、推进、激励三个维度建构了"教师自主发展制度"的框架,形成了三大"教师自主发展制度"。

制度	重点关注	制度建设目标
一、保障制度	自主发展的权利和义务	保障组织内成员的基本权利,个体通过对组织义务的承担而取得基本权利的保障,是教师自主发展制度的基础,它为教师自主发展约定了最基础的发展底线和界限,以制度保障教师在界限内的发展权利不会受到侵犯。多以基础性的保障、培训制度为主。
二、推进制度	自主发展的能力和过程	通过跟踪、指导,加速教师自主发展,以服务性的措施为教师自主发展提供可持续发展的动力,并以制度的形式加以固化。制度是教师自主发展制度中的必要条件,也是教师自主发展过程中的必需条件,为处于不同发展期的教师个体提供动力、牵引力和互助力。多以指导型、服务型的制度为主。
三、激励制度	自主发展的状态和预期	通过有效的激励机制,为教师自主发展提供稳定的心理预期。遵守规则的教师在交往上获得空间的扩大和时间的延续,并从中获得自身发展的更大收益。而违反规则的教师则失去了在交往空间上的扩大和自身发展的收益。达到了自然惩戒的效果。多为各种评比、奖励、评价制度。

2. 精细管理,促进成长

"人是靠精神站立,又是靠业务行走的",为让教师享受专业成长和事业发展的幸福,教职工在制度的保障、推进和激励下,扎实开展了校本研修活动。

(1) 基于"教学问题"的校级课题研修,构建教师科研文化

每学年初,围绕学校省级重点课题《小学兴趣教育文化建设的研

究》，结合年段特点，各备课组组建了不同的研究团队，将教学问题提炼成研究课题，并向学校教科室提交课题实施方案，这是鲁巷实验小学的优良传统，即人人有课题，个个在研究，也是鲁巷实验小学智慧教师的气质和科研兴校的特色。

围绕"兴趣教育"这个主课题，建立三级课题网。学校层面，由课题研究核心组成员和校外专家组成的"策划、开发项目组"，负责研究的计划、指导和评估。年级层面，由课题核心组成员分别领衔，年级组长和部分骨干教师参与的各专题研究项目组，他们的任务是按计划要求，以课例为载体推行试验，总结方法和经验。科研组层面，由组长主持的专题研究行动小组，他们将专题研究项目组提供的经验和方法融入到组内的研究课，加以实证，并将验证的信息及时反馈给有关层面。

各研究小组根据本学科特点、教学的难点和教师自己关注的问题，有选择地开展研究：有的研究课堂质疑或提问，有的研究分层练习或作业设计，有的研究学生之间的差异资源开发，有的研究教材的重组，还有的则研究课堂教学中的评价。如（1）关于教材解读的研究，要求通过集体备课这一形式，引导教师在解读教材的过程中学会以教学的眼光看教材，从而确立有效教学目标。（2）关于课堂教学的研究，主要通过每月一课的研讨课、说课、评课和名师录像课的观摩、交流、讨论，学会构建有效的课堂教学。（3）前瞻理论的研究，主要通过主题论坛的活动，引导教师关注理论，学会研究，学期初就公布一学期的教研主题，要求教师去学习，去搜索相关资料，在此基础上形成自己的观点，在研讨活动中教师应积极发表自己的学习体会、实践观点等。

不同的研究兴趣，使一个个子课题组独立存在，而学校总课题则犹如一根主线将各个子课题串联起来，形成一条美丽的课题网链。课题组的教师在"寻找问题—提出方法—实践证明—反思讨论"的良性循环中不断成长。而组际间的交流与研讨则拓宽了教师们的研究思路，使每个课题组找到新的研究生长点，在引起反思、生成观点、产生顿悟的同时，找到了大家在研究中所概括的一些共性的规律。

（2）基于"激趣—乐学"高效课堂的循环递进式同课研究，形成教师教研文化

循环递进式同课研究积极关注和提升教师解读教材、设计教学、课堂智慧等专业素养。其核心是深度备课，即发挥备课组成员的合力，深度解读教材，使教学目标、教学内容和教学过程趋于合理和完善。其模块有：自主备课——尝试课；小组议课——诊断课；集体定课——展示课；个性补课——赏析课。在循环递进式同课研究中，老师们经历了三实践两反思，个性备课与集体备课、个人创意和同伴互助相得益彰，取得多赢的教研效果。

同课研究积极关注教师个人研究教材的能力、教师之间交流的广度、多课螺旋递进的坡度，更关注如何将集体备课的成果转化为课堂实践，从而提升教师对集体备课的期待值，推进学案的整体质量，提升教师教研水平。每学期一次的循环递进式同课研究是学校备课组建设的常态工作，也是检验备课组建设是否有成效的重要手段之一。

（3）基于"教学反思"的兴趣教育论坛，打造教师发展品牌文化

每学期期末的兴趣教育论坛是打造学校教师素养的品牌活动，各位教师带着在课题研究、同课研究中的感悟，带着一学期积累的备课教案集、教学问题集、教材关键点分析集、学生优秀作品集等，走上兴趣教育论坛。其中有丰富的案例、生动的讲述，有尖锐的提问、巧妙的回答，或慷慨陈词，或幽默风趣，内容丰富，形式多样，既有专家高屋建瓴的

理论指导，又有多层次、多学科的课堂教学实践探索，更有教师之间思想的交流、观点的碰撞。兴趣教育论坛使教师之间既彰显个性魅力，又互相吸纳智慧，形成了提高教师素养的学习共同体。

通过坚持不懈的多样校本研训，学校逐步形成了"品味创造，收获成功，拥有快乐"的教师发展目标和"快乐学习，自主生活，阳光成长"的学生发展目标，教师和学生共发展，乐教与乐学相统一，形成了"基于兴趣，发展兴趣，为学生终身幸福奠基"的办学理念，构建了"激趣—乐学"教师发展文化，让教师走上一条成就事业、成就人生的幸福之路。教师们在一次次的教学研讨中，在一节节有趣有效的课堂中，在一回回互动交流的论坛中，感受到了收获成功的愉悦，也感受到研究探索的乐趣，更感受到同伴互助的温暖，从而提升了教师职业的幸福度。

要成为一名合格优秀的教师，必须明确自身素养对学生学习兴趣的影响，明确自己烛光的角色。在现代教育中，只有具备优良的个性心理品质和深厚的专业素养的教师，才能在学生心中树立威信，才能得到学生的尊重和信任，才能激发学生学习的兴趣，才能使学生在快乐中学习与成长。在教与学的互动中实现师生的快乐发展，共享兴趣教育。

四、扎实研究，系统活动

学校每学期至少举行一次全校性的、具有一定规模和有相当质量的研究活动，如开展"用名模、创名法、上名课"活动，参加上课的有63名教师，其中课题研究课有16节，说课、评课是全员参加。在具体的教学研究活动中，要求教师上课做到"三不"、"五结合"。一不教眼中无人的课；二不上打句号的课；三不满足于教材、教参，要为学生创设积极参与、人人参与、主动发现、主动探究、合作互动、相互促进的学习环境。在教学过程中，以"趣"导学，抓住学生的"心"，激发学生的

"情",活跃学生的"思",发展学生的"智",培养学生的"能"。基于这一理念,结合《小学生兴趣发展研究》课题,学校开展了走进新课程,变革教学方式的学习—研讨—行动—反思—再实践系列活动:

活动之一:"学习新课程,思考一个研究专题"。在这一活动中学校要求全体教师人人有课题,个个能研究,年年出成果。

"学"是知识接受、积累和思考的意思,"习"是行,是行动和研究的意思。"学习"本身是一个知行统一的过程,因此学校变过去行政的"传声筒"为教育教学"诊所",凸显以问题解决为本的"学"与"习"。

活动之二:"实践新课程,上一节有创意的好课"。以学科教学中的问题研究和综合实践课尝试探究为切入点,将新课程理念与鲁巷实小的"乐学型"课堂相结合,并在具体的教学研究活动中推广和改进前期研究成果,不断完善"乐学型"课堂教学模式,充分体现模式中的"趣、巧、活、实"的特点。在整个活动中学校坚持一个原则:学习—研究—提升。沿着两个方面:学科课程和综合实践研究。采取三项措施:学习动员,制订方案—实践反思,反思实践—多层交流。

在这一活动中学校采取了组内研讨、学科竞赛、校级、片、区间展示交流三步走的方法。在组内研讨中,学校的做法是开展循环递进式教研活动(如右图所示)。

整个教研路线是开放的、连贯的、递进的。每个阶段都有教研主题与教研主角。先由教研主角在集体备课的基础上,围绕教研主题执教"尝试课",在集体对话交流后,提出整改方案,由另一位教师上"会诊课"。这个过程一般包括"假设→验证→迁

移"3个环节。(如下图所示)

```
    假设            验证      反思(讨论、评析)    提升
────────────── ────────── ────────────────── ──────
个人设计,集体备课  尝试课    会诊课1、会诊课2    欣赏课
```

研究小组提出的整改方案,可以说只是一种理论假设,它能否成为教学现实,必须经过验证。在这一阶段,"会诊课"最具有借鉴价值("会诊课"有时不止一节,若在首例"会诊课"后又出现新的问题,则需做二次"会诊")。最后,通过大家的整体优化,由教研主角上"赏析课",在校、片对话交流中提升对主题的认识。在循环递进式教研活动中,教师经历了三实践两反思(如图)。

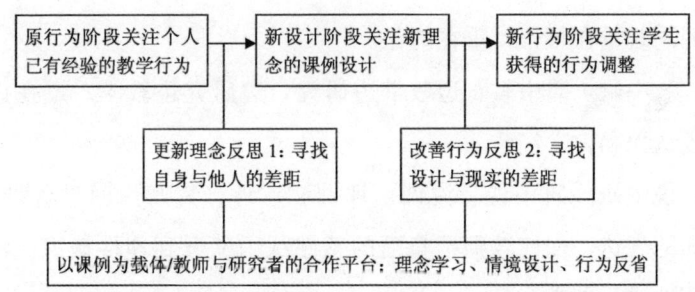

这样,让教师的智慧进行碰撞、提升,取得"多赢"的教研效果。

活动之三:"反思之我行,写一篇改革实验专题小报告"。通过教学反思,使教师不断更新教育教学观念,变更教学行为,提升教学经验。学校要每一位教师以一节课为例,在教学前与同科教师进行前瞻性反思,在教学中进行监控性反思,在教学后和听课教师一起进行理性化的反思,提高了教师对自己教学的总结和评价能力。另外,还为教师创设必需的学习、交流、研讨与展示的机会:

(1)创办教改信息窗,让教师学会开放心灵,接纳别人的意见,让教研组争议起来。

（2）举办教育教学论坛会，让教师充分表达自己的想法，在与同事、教学研究人员和领导的平等对话中一展风采。

（3）举行教学成果展示、交流会，定期将教师撰写的论文、优秀教学设计、教学反思、案例等在会上交流，或汇编成册，或张榜公布表扬，还有的制成音像资料归档，使教师认识到自身的价值，享受到成功的快乐。

就这样在系列活动中逐步引导教师实现自我超越，同时也促成了乐学型校本教研文化的沉淀。经验总结如下：

（1）学中研，研中学。向书本学，在交流中学，从自己实践中学。在学习的同时重在领悟，重在内化。

（2）教中研，研中教。边教学边研究，边研究边教学。重在提高自己的教学认识和教学经验。

（3）说中研，研中说。说课、评课、点评、答辩。通过各种机会，不同形式的表达，促使教师把自己的感性认识上升到理性认识，重在自觉、清醒地进行教学。

（4）写中研，研中写。写教案，写个案分析，写教学随感，写阶段总结，写专题论文，写研究报告等等，重在教师教学行为的系统化、理性化。

上述系列活动促使了乐学型校本研究学习共同体的形成，它的形成对鲁巷实验小学而言意义非凡。作为新课改理念下的乐学型教师，必须要站在教育改革的前列，把握时代的脉搏，遵循教育规律，致力于学生的兴趣发展和综合素质的提高，着眼于学生的终身发展，尊重学生的兴趣，把课堂还给学生，让学生的童年生活有趣、有志、有梦，充满生命的活力和创造欲，用自己的教育智慧去不断地挑战自我，进而实现师生共同发展的办学理念,凸显乐教与乐学的统一,学生的乐学与会学的统一。在这一思想的指导下,把教师的学习共同体发展到全校师生的学习共同体,在课堂教学中以激发学生跃跃欲试的学习兴趣为教学的起点;通过活泼的师生共同活动来培植教学所需要的气氛;把师生所获得的愉悦情绪或学习成功作为不断强化学习需要的动力,作为师生学习共同体共进共退的追求目标。这一学习共同体的形成有效地促进了师生的共同发展和学校品牌的提升。

其一,它改变了学校的发展状况,重塑了学校的育人精神。学习共同体的系列活动,改变了过去那种只注重校园硬件建设,忽视人文化的软件建设的现状,重塑了以师生的成就管理为支点的"乐学型"校园文化建设新风貌,利用文化墙、教育专栏和各种有意义的活动来设计一些具有吸引力、个体近景和远景生活目标清晰的、富有感召力的教育活动,把创造还给师生,为他们搭建充分展示自我、发展自我、超越自我的舞台。

其二,它改变了教师的行为方式,引导教师专业化发展。学习共同体对参与的个体来说就是一个主题仓储,是已经过滤的信息库,并且这个信息库中包含了有形和无形的知识。有形的是已经显性化的教学资源内容,而无形的是这个共同体的人,以及蕴藏在人与人之间的若隐若现的智慧资源,而这些资源只有通过共同体内部的交流、沟通,才能被互相吸收,起到同伴相互促进的作用。在这种相互的引领、促进中可以有效地把握蕴藏在不懈努力、不断进取的优秀教师身上的成长动因和经验,让每一个人都在不知不觉中将自己的教学行为朝着现代需要的方向转变。

其三,它改变了学生的生存状态,引导学生快乐成长。构建"乐学型"学习共同体的核心概念是"一切为了人,为了一切的人",在这个学习体中,不仅学生要读书,教师更要读书,家长也要读书。在新的社会需求中学生、教师、家长都有学习需要,而学习共同体就是要促进这三者之间的交流,将个体交流中生成的学习需要和教学方式变革中展示出来的力量积聚在一起,缔结为"由交往走向学习共同体",让我们的"乐学"课堂无限延伸到家庭和社会,为学生的终身学习和发展奠基。

学校的一切工作是为了学生,而学生学习知识、学习生活的主阵地在课堂,课堂生活质量直接关系着学生生活的质量和学校教育的成败,构建理想的课堂生活应是所有学校学习共同体的永恒追求,我们将不懈地追求,不断地改进和完善,以实现学习共同体的最佳效应。

教师体会

生本课堂　唯美绽放

古人云:"古之学者必有师,师者,所以传道受业解惑也。"传统教育中的"师道尊严"、"严师出高徒"的观念,让教育曾经是一种压抑人性的驯服,学生畏惧,但未必尊敬;学生听从,但未必认同;学生歌颂,但未必佩服。在压抑中学习,在强制中成长,最终,孩子学会的要么是虚伪与忍耐,要么是决绝与叛逆。

一、我的兴趣教学理念

随着教育教学改革的推进,原本师者居高临下的传道,授业,解惑模式被打破了,取而代之的是学生主体的课堂,即生本课堂。在学校二十余年兴趣教育文化的熏陶和感染下,我力图打造以生为本的语文兴趣课堂,唯美地展现母语魅力,让学生爱上语文,学好语文。

"亲其师"则"信其道"。教育的对象是学生,他们未成年,虽天真并非无知,虽单纯并非无情,他们同教师一样,有着情感丰富的内心世界,他们每天都在用自己那双清亮的眼睛观察世界,用那颗明净的心灵感受人生,他们能用自己的方式辨别善恶美丑。作为一名小学语文教师,我奉行"尊重、信任、欣赏"的教学理念,在课堂上学会倾听,学会放手,学会关注,学会赞美,致力于帮助学生达成"乐其道,乐其业,乐其惑"的学习目标。

所谓"乐其道"不再是奉师者之道唯命是从,而是通过教师的倾情相授,用真诚打动学生,为学习活动做好良好的情感准备,从而使学生愿闻师之道,品师之道,悟师之道,进而独创其道,形成"感受—认同—内化—创造"的知识学习过程。

所谓"乐其业"不再是寒窗苦读,而是通过生本课堂中的多种趣味活动,让学生感受到快乐,进而快乐地参与学习,在自主学习中体验成功的喜悦,直至自发运用所学,向课外拓展,形成"乐而享之—乐而从之—乐而知之—乐而为之"的情感体验过程。

所谓"乐其惑"不再是接受式等待教师的解答,而是通过多元的趣味评价,用目标激励学生,诱发学生自觉提出疑问,并自主尝试解决,在解决问题的过程中领悟学习的方法,在掌握并运用方法的过程中提高能力,形成"读而生疑—疑而求解—解而悟法—法而得能"的能力培养过程。

二、我的兴趣教学策略

1. 唯美情境,融情入景,激发阅读之趣

《一条大鱼》讲述的是汤姆钓到了一条大鲈鱼,而爸爸却让汤姆放掉这条从未见过的大鱼,因为当时离允许钓鲈鱼的时间还有两个小时。课文表现了爸爸和汤姆遵守社会公德和社会规定的良好品质。

在教学中,我用彩色粉笔勾勒出一幅湖光月夜图作为开课板书的背景——蓝紫色的夜空,一轮朗照的明月,如纱般朦胧的月光映照在深蓝色的湖水中,多么平静的湖水,多么迷人的月夜,却发生了一个多么不平静的故事……

教室里瞬时安静下来，阅读就在这样唯美的气氛中拉开序幕。

在语文课堂中，我时常运用一首抒情的音乐，一段优美的描述，或一幅彩色鲜艳的简笔画来创设情境，向学生展现语言文字的唯美内涵，激发学生对母语学习的兴趣，使学生在语文学习的过程中"乐而享之—乐而从之—乐而知之—乐而为之"。

记得多年前教学一年级《山行》的那课上，我对于"停车坐爱枫林晚，霜叶红于二月花"这句话读得好的学生，就奖励一片火红的枫叶，然后让孩子们贴在简笔勾勒的板书背景上，当时有个学生不由自主地说，"这枫叶真红呀"，执教的我顺势对他说："你能带着赞美的语气读一读吗？"在一幅师生共同完成的《深秋枫叶图》的背景下，学生饶有兴致地一遍又一遍地品味着"霜叶"的红，那简笔画板书上片片枫叶的深红封存进学生的脑海，多年后跟我谈起来，仍然记忆犹新。赋予那片"红"更多的感触和理解，激发了阅读兴趣，让学生能通过更多途径，领悟到红叶在寒霜下的风骨，了然作者在逆境中的寄托，而这一切，都是源于那节平凡的语文课。

2. 自主阅读，个性体验，绽放智慧之花

"学生是学习的主人"。生本课堂就是以学生为本，让学生敢想、敢说、敢问的课堂。还生本课堂以本色，才能让智慧之花绚丽绽放。

《伟大的出征》是六年级的一篇课文，一篇充满民族豪情的课文，我将本课设计按四个步骤展开：

初读课文，质疑定向；自读课文，勾画品悟；精读课文，充分交流；放声朗读，升华情感。

课堂交流片断再现：

生1："5时28分，身着乳白色航天服的首飞航天员杨利伟迈着从容而稳健的步伐,从问天阁航天员的专用通道,微笑着向大家走来……"从"从容、稳健",感受到杨立伟的英雄形象。他此时表现得很镇静、沉着,迈着稳健的步伐是那样气定神闲。

生2:大家读这段话时,有一个词给我留下了深刻印象!"微笑",这是一种自信的笑。我会想到这一刻的背后,杨立伟一定经历过很多艰苦的学习和训练。

师小结:是啊!宝剑锋从磨砺出,梅花香自苦寒来!谁来带着这种感受读一读(指名读)。

生3:我联系上文,"这一天,中国人已经渴望了很久。这一刻,中华民族已等待了千年"。千年梦圆在今朝,杨利伟将代表全中国人,代表一个光荣的民族完成这次飞天之旅,他此时的笑又是一种自豪的笑!

师:正是因为这样,"杨利伟迈着_____"。(引读12自然段读出感受)

过渡:还有哪些地方给你留下深刻的印象?你从中感受到什么?

生4:"出发!……刚劲有力的话语中蕴涵着几多信任、几多期待!"这句话中的"出发",虽然只是短短两个字却蕴涵着很强烈的情感。

生5:总指挥简短的话语令我们仿佛看到了无数的科学家、科研人员及航天员孜孜不倦的研究,没有他们甘于寂寞的研究,没有杨利伟等宇航员的刻苦训练,也不可能有今天!

师小结:是的,正是成千上万人的不懈努力,才有总指挥的几多信任!几多期待!千言万语都蕴藏在这庄重的"出发"两个字中!让我们一起来读一读,读出信任,读出期待,读出我们一定能成功的自信!

……

师总结:通过同学们的交流,我们深刻地感受到这真是一个伟大的

时刻!"这是一次英雄出征。""这是中华民族历史上一次伟大的出征。"(回扣上文,相机板书)

果断放手,退隐课堂,让学生通过自主阅读体会到的"自豪",才是真正的自豪。显然,本课教学所展现的生本课堂中,学生"读而生疑—疑而求解—解而悟法—法而得能",进而"能而乐读"的良性循环模式已经形成。

在生本课堂上,教师应学会倾听,走下讲台,隐身课堂,做学生的"粉丝",为每一个孩子的见解喝彩。只要教师对学生充满信心,在课堂上多给学生提供锻炼的机会,学生就能在有限的时间里有效地完成学习任务,绽放智慧之花,成就精彩课堂。

3. 以生为本,寓乐于读,唤醒活力之源

以生为本,却并不意味着教师撒手不管,放任自流。"放手"不同于"放任",教师在课堂中隐退并不是无事可为,相反,教师要更细心地关注课堂,仔细倾听,要善于总结学生的发言,承担各环节的过渡与衔接,帮助他们形成有机的知识链接,做情感的催化剂,在关键之时点燃学生的激情……更重要的是作为课堂的组织者,教师要善于运用各种深受学生喜爱的教学组织形式诵读,寓乐于读,让每个孩子都有体验动口动脑的机会,让课堂成为每一个孩子的乐园。

王××,我才接手的五(5)班学生,被认为是学习无可救药的学生,五年级的识字量还达不到二年级水平,接手后,我在课堂上很快发现了他,因为他根本就不读书,甚至于一节课书都不拿出来,连混都懒得混一下。于是,每次读书我都会有意无意地点他起来,为了不让他产生心理负担,在课堂上,我常选择最简单,也是最受学生喜爱的"开火车"游戏组织读书,一横排或一竖排点过去,孩子们一个接着一个地读,轮到他看似十分自然。一开始他站起来，习惯性地低头，沉默。我不甘心，于是，就让别的同学先读，他跟读，再不会，就再让个孩子读一遍，他再跟读；慢慢地，我点他读句子，同样是先让别人读，再让他跟读；接着读诗，读名言……他慢慢也知道我每读必点他，点他必不放过他，就逐步开始有意识地听别人读了，甚至在自由读的时候，会悄悄地向别人请教某个字该怎么读，他终于发现，读书并不是那么难，他是能读会的，有了几次成功的体验，他居然开始主动举手要求起来读诗句，现在他可以和同学们一道背下当堂学习的古诗……只一年，虽然他的阅读能力还是有限，但和之前比，是有了长足的进步。

不放弃一个学生是生本课堂的重要体现。课堂属于机敏活泼，善于表现的孩子，也属于性格内敛，沉默寡言的孩子；属于勤学好问的优等生，也属于愚钝迟缓的后进生。在课堂上教师既要能关注爱发言的学生，更要留心课堂中不发言的学生，特别是像王××那样的"隐性学生"。让每一张嘴都说话，让每一个脑袋都思考，让每一颗心灵都充实，是素质教育的基本要求。

4. 倾情相授，教学相长，尽显人文之美

生本课堂既要张扬学生个性，同时也要张显教师的个性。一个没有个性的教师是教不好学生的。俄国教育家乌申斯基这样说过："只有个性才能作用于个性的发展和形成，只有性格才能养成性格。"

教师是学生的引路人，教师应该充分向学生展示自己的个性和学识底蕴，倾情相授，尽显示范之效——用优美的语言感染学生，用深情的朗读打动学生，用规范的书写吸引学生，用精辟的见解说服学生，使自己成为学生学习的偶像。学生从心里佩服你，喜欢你，他就愿意模仿你。

在小学低年级，教师更要善于在语文教学中，充分发挥自身的示范性，展现母语的魅力，创设唯美的教学氛围，感染学生，引导学生，唤起学生对学习语言的热情。学生安静地聆听也是其学习主体意识的体现，只有孩子们静下心来，有意识地开始"听"了，学习的过程才真正地开始。所以，当我们走进一年级喧闹的课堂时，不妨试着轻轻地讲个美丽的小故事，或许比教鞭的恐吓更有效。

中高年级，教师可适时在语文教学中，真情流露，酣畅表达自我的观点，对学生实施有效的个性影响，让学生能在学习知识的同时得到更多人生的启迪。

小学四年级语文教材中的《伯牙断琴》是一个美丽的民间故事，结尾处伯牙的知音钟子期去世了，伯牙断琴铭志谢知音，从此不再抚琴。

学生对文中的伯牙断琴这一感人举动大为不解。因为学生通过对前文的阅读，对伯牙的琴艺有了足够多的了解，所以孩子们，都不禁为伯牙感到惋惜：一代著名琴师仅仅因为失去一个朋友，就放弃了自己的事业，太不值得。孩子们十分关心伯牙，都希望伯牙能够从失去知音的悲痛中解脱出来，化悲痛为力量，更加刻苦地练琴，取得更多的长进，他们认为这也是子期希望看到的，再说伯牙今后的路还很长，他也许能再度遇见像钟子期一样了解自己的知音，但是他一旦断琴，这一切都成了泡影，不是很可惜吗？

当听到学生们自然、真实、充满个性的发言，作为教师真的由衷地为学生感到自豪，四年级的小学生能够这么有深度地思考问题，真是不简单。但我的课堂并没有到这里戛然而止，我向学生大胆坦露我的心扉：伯牙断琴谢知音的故事之所以千古流传，经久不衰，不正是因为伯牙的这一不俗举动向世人表明了，钟子期在他心目中的地位是无可替代的吗，这不正反衬出了知音的意义和价值所在——亲情何足兮？前途何足兮？

皆不如子期。这是一种悲剧的美，它让人感受到一种心灵的冲击，领略到"古来仁义包天地，只在人心方寸间"，体会到伯牙一生最重情谊。中国传统中，人与人的交往，重相交，也重过往；重相识，更重相知，在乎的就是那么一种情感的交互和积淀。恩德相结，谓之知己；腹心相照，谓之知心；同气相求，方谓之知音。也正因为如此，一曲《高山流水》成了期盼相知最高境界的千古绝唱，《伯牙断琴》的故事也流传于世，千百年来经久不衰。

当课程进行到此，教室里安静极了，每一个孩子坐得端端正正，他们在聆听，在思考，一些孩子先前的观点开始动摇，他们为伯牙那种重相知的情义所感动，领悟到了知音同甘共苦的珍贵；还有一部分孩子更加坚定了自己先前的看法，认为伯牙摔琴并不是表达情义的唯一方式，练就更出色的琴艺是对知音子期更有意义的缅怀。

此时，我微笑了，还有必要再做任何地评价和引导吗？对于伯牙摔琴的值与不值并不需要争出一个结果，而这种师生毫无掩饰的真情对话，却让无论是持哪种观点的学生，都感受到了知音的真正含义。

尊重学生在阅读中的个性体验，学生才会大胆发表自己的见解，毫无保留地倾情相授，师生才能充分地个性交融，教学相长。

三、我的兴趣教学成效

我从事语文教学十九年，自"九五"以来，就一直被吸纳为学校课题实验组成员之一，所带班级为实验班。我为教育课题研究提供了多方面的实验数据和资料，为实验课题的顺利结题做出了不懈的努力。仅"九五"实验期间，先后执教实验研究课三十余次，获奖无数。

在教育研究的同时，能进行及时、认真地总结，所写论文教案多次在国家、省、市组评比中获奖。代表论文有《论教师倾听的艺术》、《一咏三叹读古诗》、《识字教学新说》、《以评促教》、《让学生体会作文的乐趣》等，代表课例有《两个铁球同时着地》、《小马过河》、《秦兵马俑》、《山行》、《一条大鱼》、《鞋》、《竿上取物》等。所带班级语文及格率为100％，优生面85％以上，多次在校夺标比赛中获一等奖，指导的学生作品多次发表。

近二十年的刻苦钻研，勇于探索，我逐步形成了独特的语文教学风格：教学意境美、课堂活动趣、文字训练实，让学生的语文素养有实实在在的提高，正所谓生本课堂，唯美绽放。

（教师　李怡）

趣味课堂　实在有效

在教育的一线工作已经15年了，历经多次教育课改，我深深体会到，现在的教学是在追求创新的前提下更务实了，更加追求实在、有效了。这种音乐教学活动能够较好实现教学目标、使音乐课堂更加有效，简单地说就是"向四十分钟要质量"。音乐是传达人类感情的一种艺术形式，能触动人的心灵，陶冶人的情感，具有极大的感染力。下面我就如何选择最佳方法进行授课，如何把握课堂，在实效而有趣的教学环境下激发和培养学生学习音乐的兴趣，让低年级的学生实在有效地学习，提高音乐课堂教学效果谈谈我的一点体会。

一、我的兴趣教学理念

合理把握课堂，创设愉悦的课堂环境，让学生在快乐中学习，获得知识。

当社会文明进步到了一定阶段，大家就会开始关注自己的生存环境。

我们的教育也一样,当新课程实践到一定的程度,就要抓住"人"这一最活跃最基本最具有生命力的细胞来实践。肖川先生提出课堂"唤醒沉睡的潜能,激活封存的记忆,开启幽闭的心智,放飞囚禁的情愫",应该说在低端的音乐教学中,教育要以课堂教学为着落点,着力营造一种和谐的、充满活力的、可持续性发展的教学环境,尤为重要。学生年龄小,学习的随意性大,在教学中一要唤醒学生自然的学习意识,二是开启日常生活中的知识积累,三能呵护萌动中的表现欲望。我在教学中时时注重以"兴趣"为指引,与"审美"同目标,与"巧妙"做合伙,与"快乐"常伴随,让学生觉得易学,让音乐课从被动状态转化为"我要学,因为我喜欢"、"我要学,因为我快乐"的主动状态。着眼于低年级儿童内涵的整体丰富,为儿童的自主学习提供有利的条件与广阔的空间,引导他们愉悦、主动、领悟、表达音乐的内容,让他们在自然活泼、充满趣味的教学环境中学习,在新课程中茁壮成长,使课堂呈现一种生动活泼的氛围,这样的趣味课堂才是学生所喜爱的、我一直所追求的音乐课堂。

二、兴趣教学策略

音乐课是学生学习音乐的主要途径,教师是教学活动的设计者、组织者、指导者,要根据学生的特点,让学生积极主动地参与教学活动,成为学习的主人。在课堂教学中,尽量保证形式多样化、兴趣化,让学生在轻松、活泼的气氛中,燃起学习音乐的兴趣,通过自己动手、动脑、动嘴、用耳,去感受音乐,去理解音乐,并进而掌握音乐知识。在低年级音乐教学中,我根据学生年龄小、生性好动、好奇、模仿力强的特点,在教学形式上尽量采用孩子们喜闻乐见的学习方式,如以舞蹈的形式、游戏的形式、讲故事的形式、歌表演的形式、图画的形式、猜谜语的形式……

课例一：教唱歌曲《猫虎歌》时，教师以讲故事的形式让学生揭题，激发孩子们学习歌曲的兴趣。歌曲掌握之后，根据歌曲《猫虎歌》及"照猫画虎"寓言故事创编音乐剧，让学生去唱、去演，有人扮演老虎、有人扮演猫、有人扮演大树、庄稼等。通过这个活动，培养学生的想象力、创造力、表现力，帮助学生加深对歌曲的体验和理解，同时很快也很快乐地学会了歌曲，课堂轻松活泼充满趣味，教学目标很快掌握并且易记。教学效果非常好。

反思：在传统教学中，教师的角色是比较单一的，在教学中处于中心地位；然而在当下，虽然教师作为文化传承执行者的基本职能并没有改变，但往往通过更加间接的方式实现文化传递的职能，以各种方式调动和引导学生参与学习活动，引导学生在经过精心设计的情境中进行探索。没有人喜欢一成不变的生活，同样，没有哪个孩子喜欢一成不变的音乐课堂。这就要求音乐教师要学会灵活运用教材，要善于发现孩子们喜欢的课余活动，并将之应用到教学中来，用各种手段丰富教材的内容，让孩子们在玩中乐、动中学。并且这种讲故事、演故事的教学形式非常适合低年级的学生，让学生在进入学习情境的同时，获得了知识。

课例二：教授《母鸡叫咯咯》一课，教师巧妙布置了教室，"同学们，让我们开着小车去音乐农场了。"教师带着学生跟着音乐节奏做两步一摇的开车动作进入教室，突然出现了母鸡的声音：

"听，什么声音？"

"原来是母鸡呀，它怎么叫得那么着急，一定发生了什么事，走，让我们去看看。"

简单的几句日常对话激起了学生的探究愿望，为接下来的教学铺垫了良好的体验情绪。

反思：巴尔扎克说过"打开一切科学的钥匙都毫无异议的是问号"，新课改倡导的音乐课堂充满趣味的提问，有趣有效的课堂提问能引起学生的学习兴趣，激发探究欲望和思维能力。要注意的是问题设计一定要源于学生的生活实际和具体的音乐情景，具有一定的新颖性和趣味性，让问题本身成为激发学生主动探究的原动力，落实趣味课堂的有效性。

三、兴趣教学感悟

低年级学生具有很强的向师性和可塑性，我总是瞄准时机对学生进行适时适度的期望表达，这是启动学生表现自我、发挥潜能、追求进步的强有力的动力。在教学中，我根据低年级学生的年龄和心理特点，采用学生喜闻乐见的形式表达对他们的期望，对他们进行认知指导，使他们自觉愉快地朝着我所期望的方向去努力。

1. 认真备课是课堂教学成功的首要条件

《尚书》上有句话说得好："思则有备，有备无患。"这就是说，善于思考，才能有可能对各种情况有所准备；有所准备，才能做好工作，才能防患于未然。有位年轻的主持人问央视著名主持人董卿，上台前要干些什么，董卿回答了七个字"准备准备再准备"。我们音乐教师走进课堂之前要干些什么呢？我想，不外乎也是"准备准备再准备"，不同年段教材对学生有着不同的要求，音乐教师要抓住重点、难点，由浅入深，由易到难，有步骤、有层次地进行备课。更主要的是不断提高自己对音乐作品的熟悉程度，包括创作背景、诠释风格、作品结构，了解音乐中的轻重缓急、力度变化、情绪变化，熟悉播放音响时音量的控制以及自己对音乐的独到见解等。同时，备课不仅是"备教材"，还得"备学生"，如何在备课时，把学生在学习过程中容易出现的问题囊括其中是至关重要的。套用一句老话：我们要给学生一杯水，自己就要有一桶水，因此音乐教师不断提高自己的音乐修养。

2. 在教学中要具有教学机智，灵活应对

什么叫教学机智？就是在课堂上解决突发问题的能力。这种能力从哪里来？是靠平时课堂教学的积累。如何体现教学机智，最重要的一个理念是尊重学生、以人为本。面对学生，发现学生的闪光点，激发学生的兴趣，在以学生为主体的原则下适当引导，才能最大限度地实现有效教学。音乐课堂需要时时创新，需要特色，但这创新与特色需基于自己的特长或对音乐的独到见解，要能体现自己所长。《音乐新课程标准》指出："音乐教育要关注学生音乐素养的提升，充分调动他们的主体意识，为他们创设参与体验、主动探索、积极实践的条件，鼓励学生进行个性化的艺术活动，帮助他们认识自己的独特性和价值，以期待学生在真正生活世界中人格的完善、精神的丰富。"因此，在我们音乐教学中，关注成长中的学生的整个生命的活力，构建开放和谐、动态生成的音乐课堂尤为重要。

3. 引导孩子思考，尊重孩子的创造，在趣味的课堂中收获知识

每个学生都是创造的天才，把一根木棒给他，他绝对能给你即兴敲出不同的节奏、声响、音色。这是他的潜能，他的兴趣，他的探索，他的表现，他的自我肯定。孩子们有了兴趣，就愿意积极、主动地参与到教师组织的活动之中，既感受了音乐的情绪，又加深了对音乐的理解。教师只有在了解孩子的基础上，善于捕捉他们的兴趣点，才能使学生的学习过程变得轻松而快乐。用充满童趣的语言启发孩子，以丰富多彩的音乐活动吸引孩子，在平等交流中引导孩子。

总之，小学低段音乐教学是一个由浅入深、逐步提高的过程。教师

要在轻松愉快的氛围中，让学生更快地融入体验音乐的殿堂；培养学生音乐兴趣，使学生真正成为音乐课堂的小主人。

四、我的兴趣教学成效

在15年工作之中，我积累了一定的教学经验，也有了点滴的收获，多次参加洪山区的"进取杯"课堂教学比赛，不断地锻炼自己，曾取得了一等奖，二等奖的好成绩。在这样的比赛中，多次的提炼与升华，让自己的教学水平有了很大的提高。同时我也不忘提升自己的专业知识，多次参加区内的教学研讨课，取得较好的效果，在武汉市洪山区的音乐教师五项技能比赛中，曾获得了一等奖，二等奖的好成绩。多年的工作也得到了上级部门的肯定，获得武汉市优秀音乐教师称号。这些收获让我更加坚定了在教育这片热土上洒下自己辛勤汗水的决心。

肖川教授说："有探索者的地方，就会有心；有心的地方，就会有发现；有发现的地方，就会有欣赏；有欣赏的地方，就会有爱；有爱的地方，就会有美；有美的地方，就会有自由；有自由的地方，就会有快乐。"用我们的睿智走近学生吧！坚定一个信念——不管这世界如何纷杂，我都要为自己和学生保留这份执着。教师乐教，学生乐学，就是我向往和追求的境界！

（教师　杨丽萍）

以人为本，精心营造语言学习氛围

一、以人为本，精心营造课内语言学习氛围

1. 以学生为主体，创造外因、激发内因

现代教学理论认为，学生是学习的主体，是学习的主人。把学生置于恰当的位置，可以充分调动学生的学习积极性，提高教学效率。

第一，教师应根据教学目标和学生的特点选择教材和教具，设计好教学过程。如小班教学的特点是课时相对较多，班额相对较少，那么我为他们加选了一套《剑桥少儿英语》的教材扩展他们的视野，让他们感受地道的英语。

第二，成功的教学过程离不开学生的积极配合，为了引起学生的注意，唤起他们的学习需要，我通常会用丰富的肢体语言和面部表情达到这一目的。例如上 A Party 这一课，遇到生词 Bring。我边说 Hot dogs and bread, bring them to the party，边做出抱着很多食物赶路的样子，学生带着好奇的眼光推测出老师是带着东西去聚会！

第三，要在课堂中与学生建立友好和谐的师生关系，平等地与学生进行讨论，共同解决问题，决不能以自己的认识去支配学生的思维，以自己的标准评判学生的活动，从而限制了学生的思维活动。

第四，要帮助学生树立学好英语的信心，克服在英语学习中的害羞和焦虑心理，乐于向学生提供帮助，关注学生的生活世界，创设融洽和谐的学习氛围，促进师生间的情感交流。

总之，在课堂中，教师不仅是知识的传播者，更应体现出崇高的师德，发挥好育人的作用，激发学生的创新精神，帮助学生学会在实践中学习，在合作中学习，为其终身学习奠定基础。

2. 以兴趣为支点，让学生沐浴轻松、愉快

托尔斯泰说："成功的教学所需要的不是强制，而是激发学生兴趣。"小学英语是入门教学，应该把培养学生学习英语的兴趣放在首位。

学习兴趣不是先天就有的，能否产生学习兴趣，主要取决于下列因素：(1) 事物本身的特性。凡是比较强烈、不断变化、带有新异性和刺

激性的事物，都会引起人的兴趣。（2）学生已有的知识经验。有些东西虽不具有新异性，但与学生已有知识经验有密切联系，并能满足学生获得新的知识经验的需要，也会引起兴趣。（3）学生对事物的愉快情感体验。学生在学习过程中获得别人认可或积极的情感体验，往往会加强其学习兴趣的稳定性。

遵循兴趣性原则，我有时在每节课前举行英语歌曲联唱，用富于感染力的音乐激发情趣，让学生以饱满的愉快的情绪进入英语学习；有时用图片、优美的体态语、简笔画、照片、多媒体课件进行直观教学活动；有时选用学生们熟悉的内容或游戏方法，如：Golden Touch, Hangman, Bingo, Guessing games 等方法，使学生的兴趣点达到高潮。对学生在游戏中的出色表现，我总是给予高度评价，充分肯定他们的聪明才智，分享他们在游戏中所获得的乐趣。

我的经验是：只要把握好了兴趣这个支点，就能通过课堂教学这根杆，促进学生的发展。

3. 以交际为手段，让学生体会多样的情境

众所周知，语言的社会属性是指它在人类社会生活的各个方面起着沟通与交流的作用，人们必须要看场合、时机和对象，根据整个语言环境以及双方的身份，正确得体地使用语言，这就要求我们的小班教学注重创设多样、真实的情境，培养学生准确的交际能力。

首先，我们要利用现行教材所提供的语言材料，培养情景对话能力。让学生在熟读时注意语音、语调，表情自然到位；然后熟记关键语句，强化常用口语，如：Hello! Glad to meet you! Thank you! You're welcome! See you! So long! 等等；最后创新、活化语言。单纯模仿、机械重复不仅学了不会用，还会降低学生的学习积极性，影响学习效果。因

此，教师应及时创设情景，利用书上的材料扩充交际语境，培养学生在真实情景中的口头交际能力，如把教室布置成商店，让学生来购物，或把教室布置成肯德基，让学生来点餐，这样可以训练以下句型：Can I help you? I want some…How much is it (are they)? (40 rmb) Please. Here you are. Thank you. Goodbye!

其次，我让学生适时了解英语国家的社会文化、风俗习惯，提高交际的准确性。"语言是文化的载体"，当人们开始学习另一种语言时，他们从某种意义上就加入到另一种文化中了，在课堂中，教师教授语言知识的同时，要渗透文化知识，把语言教学置于跨文化交际环境中，抓住文化障碍、误解和冲突的焦点，有针对性地培养学生正确得体的跨文化交际能力。如英美人视个人的宗教信仰、行动去向、年龄、婚恋、经济状况等方面的问题为个人隐私，因而提醒学生在与之交往时要采取回避态度，教学时如正逢西方节日，应该为学生讲述有关节日的故事及风俗。

4. 以任务为途径，让学生能用英语"做事"

所谓"任务"，简言之，就是"做事"。它具有以下的特点：（1）以意义为中心，而不是以操练某种意义不大甚至是无意义的语言形式为目的。（2）任务的焦点是解决某一交际问题，这一交际问题必须与现实世界有着某种联系。

"任务"之所以在英语课堂上被广泛使用是因为它能满足现代语言教学的需要。在小班教学中，可以设计出更多具操作性的任务。

首先，我让学生设计出个人信息卡，然后要求学生用所学语言知识表达个人喜好，与同学交流。很显然，学生在完成任务的过程中，注意力集中在意义而不是集中在语言的形式上，自然、有意义地增进目的语的习得，增强了语言的实际运用能力。

其次，我让"任务"进一步激发学生的学习兴趣。师生进入课堂的目的从某种角度来看有差别。教师的主要目的是让学生掌握尽可能多的知识与技能，而学生的目的更多在于寻找一种快乐，游戏、唱歌等活动会让他们兴奋不已。因此，我认为教师的主要作用是如何在课堂教学中创造一种有利于学生外语习得的条件。任务变成了一种媒介、桥梁，它把教师的目标在自然而然中变成学生自觉追求的目标，让学生在兴趣中参与语言训练，如设立服装表演的任务，学生就会自主地把自己准备的服装用英语表达出来。

5. 联系实际，让学生感受生活英语

《英语课程标准》要求教师"创造性地设计贴近学生实际的教学活动"，吸引和组织他们积极参与，要能够使学生获得处理和使用信息，用英语与他人交流，用英语解决实际问题的能力，使学生充分体验英语交际所带来的成功感。

在小班教学中，通常由学生自己设计出生活中的真实场景，并在课堂上表演。

二、以人为本，精心营造课外语言学习氛围

1. 端正学生的思想

课后多与学生谈心，告诉他们学英语要"Open your mouth"。

2. 尽量用英语与学生对话，激发他们使用英语的欲望

凡是学过的简单句型常被用于课间十分钟。如"How are you today? Are you all right?"（问候类的）"What's this? Is this your pen? It's your turn."（询问类的）"Wonderful! Good job!"（赞许类的）等。

3. 布置网上作业，让学生主动获取更多、更新的信息

如快到圣诞节时，我让学生们上网查找关于圣诞节的资料，他们都

非常踊跃,在课堂上交流时,个个滔滔不绝!

4. 开展丰富多彩的活动,让学生感受快乐、成功

(1) 组织特色小队:故事小队、歌谣小队、小品小队、制作小队等,均用英语不定期进行表演。

(2) 定期举办个人英语小报展。

(3) 不定期举办小比赛如日语比赛、五分钟写单词比赛、三人小组写句子比赛等等。

(4) 积极参加各类市、区比赛。

(5) 不定期与英美籍人士交流、座谈,让他们参与英语教学,我们小班曾举办小型餐会,同时学习有关句型和礼仪。

5. 与其他科任老师配合,让学生在课外也能听到英语

小班各科教师的配备状况允许我们做到:只要有机会,就要尽量抓住机会与学生用英语交流!因此,老师用英语组织课堂教学,时时刻刻渲染英语氛围。

6. 布置教室,让学生常常看到英语

我常常让学生自己设计、布置教室环境,科代表板书英语作业时也是用英语,这样可以让学生眼里常有英语,更熟悉英语的书写规范。

不难看出,"课内"、"课外",你中有我,我中有你。只要在小班英语教学中实实在在做到以人为本、以学生为本,就能营造出一种良好的英语学习氛围。小班教学,有利于英语学习!

(教师 刘瑛)

后记：印象与风景

1

有些人，或许因为与我们很熟悉很亲近，所以我们常常在柴米油盐的愉悦中，对他们的认识太过具象太过细节，以至于他们生活的另一面，难免在有意与无意间，被浮光掠影，仅仅成为一个轮廓一种印象。

而另一面，恰恰是他们的一道最不应该忽略的风景。

叶枫岚老师之于我，便是如此。

2

那年，有朋友知道我与叶老师熟识，便来找我，说他孙子想上鲁巷实验小学，但听说竞争相当激烈。

这时，我才知道，叶老师不仅仅是叶老师，还是鲁巷实验小学的叶校长。

朋友说，现在的鲁巷实验小学可了不得，不仅校园环境日新月异，更重要的是在兴趣教育理念的引领下，教学质量好，学生还轻松快乐，因而很多家长想方设法，都要把孩子送到鲁巷实验小学。

叶老师成为叶校长我并不诧异。我知道她非常热爱孩子和事业；我知道她在自己的领域里一直是出类拔萃的；我也是她如何启蒙她的儿子直至把儿子送进北京大学全过程的见证者。

不过，在我的印象里，她是一个家庭观念很强的女人，数十年来，她似乎一直把"做丈夫温柔的后花园"作为自己的信条。

因此，当她在自己的事业上也能弄得风生水起的时候，我多少有些意外。

3

经过二十年的积淀，鲁巷实验小学已然形成了自己独特的兴趣教育文化，并正在向特色校本型态转化着。

在管理中，叶老师用"兴趣"统领学校的核心价值观；

在研究中，叶老师用"兴趣"诠释教材、学生、教法的完美结合；

在实践中，叶老师和她的同行们用"兴趣"实现教与学、知与趣、意与行的和谐统一；

"乐学型"班集体建设，减轻学生的课业负担；"教师成就管理"档案，缓解教师的职业倦怠；"家校信息沟通"桥梁，解除家长的育儿困惑……

4

几天前，我接到叶老师电话。

当听到她说退休了的时候，我着实吃了一惊。昨天还是风华正茂、年富力强，怎么今天就退休了呢？岁月之无情大概就在于此，但她对梦想的追求并未止步于此。

她说——老了,是该歇歇了。只是当了一辈子的"孩子王",还真搁不下那些孩子。

她说——闲下来的这些日子还真闲不住,就与学校的几位老师一起,把我们这些年在教学上成功的做法整理成了一本书。专家和出版社看了我们的书稿后,对我们的教育理念给予了充分的肯定。

她说——一个优秀的小学教师,不仅仅是知识的传授者,更应该是开启孩子天眼的智者。如何开启孩子的天眼?这就得激发孩子们的学习兴趣,在愉悦和快乐中学习,是求知的最佳途径。

兴趣,是人类精神沃野上美丽的花朵。

世界上一扇扇未知的大门,都是凭借兴趣的手叩开的。

5

在叶老师及其同仁们把自己的心血凝成文字并即将面世的时候,作为家长,作为朋友,我试图通过这些简单的文字和粗浅的印象,表达我内心深处对他们最真挚的敬意。

毕竟,"我们给后代留下什么样的世界取决于我们给世界留下什么样的后代"。

《情感读本》杂志社副总编　胡昕

发现教育智慧
助力教师专业化成长
致力于高效课堂模式的推广与应用
服务于"新学校""新课堂""新教师""新学生"

教育发现书系隆重推出

类　　别	书　　名	作　　者
高效课堂	高效课堂理论与实践——我们的教育学	李炳亭 著
	杜郎口"旋风"（修订版）	李炳亭 著
	高效课堂22条	李炳亭 著
	高效课堂九大"教学范式"	李炳亭 著
	我给传统课堂打0分	李炳亭 著
	高效课堂导学案设计	张海晨 李炳亭 著
	问道课堂：高效课堂理念与方法的26个追问	李炳亭 褚清源 著
	问道课堂Ⅱ：解读现代课堂常识与行动	郭瑞 梁恕俭 主编
	发现高效课堂密码（修订版）	于春祥 著
课改论道	兴趣是最好的教育	叶枫岚 编著
	教育即人学：一个教育局长的行动研究	任永生 著
	课改立场：一个区域教育的实践样本	李炳亭 褚清源 张志博 著
	中国当代课改档案	李炳亭 洪湖 著
	善待杜郎口——李镇西教学随笔	李镇西 著
	民主教育在课堂	李镇西 主编
	教育即道德	田保华 著
	蒋自立与自我教育	蒋自立 著
	问道中国教育：仰望教育的天空	雷振海 李炳亭 编
	问道中国教育：撬动教育的支点	雷振海 李炳亭 编
	问道中国教育：追寻教育的幸福	雷振海 李炳亭 编
	问道中国教育：改变教育的思维	雷振海 李炳亭 编
	问道中国教育：追溯教育的原点	雷振海 李炳亭 编
班主任修炼	发现班主任智慧：追求充满人性的教育	郭文红 著
	班级问题诊断	高影 编
	治班有招	高影 编
	治班有道	高影 编
	问题学生诊断	高影 编

教育发现书系隆重推出

类 别	书 名	作 者
校长修炼	学校管理的N个创意	王红顺 著
	活的教育	陶三发 著
	学校智道	褚清源 著
	校长之道	姚文俊 著
	学校管理智慧：教师成长	吴盈盈 编
	学校管理智慧：管的艺术	吴盈盈 编
	学校管理智慧：找到学校的魂	吴盈盈 编
	学校管理智慧：校长成长	吴盈盈 编
教师成长	冯庆元老师讲语文：一个乡村中学教师的语文人生	冯庆元 著
	教师成长那些事	林金炎 著
	师道：为师亦有道	马朝宏 主编
	李平老师讲语文	李平 著
	做幸福的老师	翟幸福 主编
	使人成为人	司家栋等 著
	课堂问题与争鸣	叶飞 编
	教师成长密码	叶飞 编
民办教育	中国民办教育观察	褚清源 著
区域课改之殷都样板	殷都样板：小学低年级导学案点评	姚文俊 金耀林 主编
	殷都样板：小学英语导学案点评（3—6年级）	姚文俊 金耀林 主编
	殷都样板：小学数学导学案点评（3—6年级）	姚文俊 金耀林 主编
	殷都样板：小学语文导学案点评（3—6年级）	姚文俊 金耀林 主编
	殷都样板：中学导学案点评	姚文俊 金耀林 主编
	为了学生的学	姚文俊 金耀林 主编
	分数大变脸	姚文俊 金耀林 主编
	做智慧教师	姚文俊 金耀林 主编
	模式就是生产力	姚文俊 金耀林 主编
	"主体多元"在殷都	姚文俊 金耀林 主编

地 址：山东省济南市英雄山路189号山东文艺出版社　　邮 编：250002
购书热线：0531—82098775　　投稿信箱：jiaoyufaxian@126.com
投稿热线：0531—82098789　　读者交流QQ群：69362448

图书在版编目(CIP)数据

兴趣是最好的教育/叶枫岚编著．—济南：山东文艺出版社，2013.3
ISBN 978-7-5329-3165-1

Ⅰ.①兴… Ⅱ.①叶… Ⅲ.①少年儿童－兴趣－培养 Ⅳ.①B848.3

中国版本图书馆 CIP 数据核字(2012)第 313231 号

兴趣是最好的教育

叶枫岚　编著

主管部门	山东出版集团
集团网址	www.sdpress.com.cn
出版发行	山东文艺出版社
社　　址	山东省济南市英雄山路 189 号
邮　　编	250002
网　　址	www.sdwypress.com
读者服务	0531－82098776（总编室）
	0531－82098775（发行部）
电子邮箱	sdwy@sdpress.com.cn
印　　刷	山东德州新华印务有限责任公司
开　　本	710 毫米＊1000 毫米　　1/16
印　　张	19.5　插页/2
字　　数	208 千字
版　　次	2013 年 3 月第 1 版
印　　次	2013 年 3 月第 1 次印刷
书　　号	ISBN 978-7-5329-3165-1
定　　价	32.00 元

版权专有，侵权必究。如有图书质量问题，请与出版社联系调换。